En esta colección de 18 novelas cortas, agrupadas
en seis volúmenes —que hemos titulado 18 para los 18, porque
nos interesa principalmente que se asomen a ellas lectores
cuya edad ronde los 18 años—, nos hemos esforzado por ofrecer
una selección de narraciones de escritores mexicanos
que han pasado por los ojos de miles de lectores, muchos
de ellos de la misma edad que tú; por eso creemos
que hay más de una que va a interesarte; es más, va a conmoverte,
a entusiasmarte o a inquietarte profundamente.

William Pescador

Christopher Domínguez Michael

EDUCAR A LOS TOPOS

GUILLERMO FADANELLI

Las hojas muertas

Bárbara Jacobs

3/6

MÉXICO
2010

Primera edición, 2010

William Pescador / Christopher Domínguez Michael. Educar a los topos / Guillermo Fadanelli. Las hojas muertas / Bárbara Jacobs ; semblanzas de los autores de Cristina Mayer,
Josué Ramírez y Pablo Sánchez Gutiérrez. — México : FCE, SEP, 2010
   287 p. ; 21 × 14 cm — (Colec. 18 para los 18 ; 3) Textos recomendados para jóvenes
   ISBN 978-607-16-0227-5 (obra completa)
          978-607-16-0230-5 (libro 3)

   1. Novela Mexicana 2. Literatura Mexicana — Siglo XX 3. Literatura Mexicana —
Siglo XXI I. Domínguez Michael, Christopher II. Fadanelli, Guillermo III. Jacobs, Bárbara IV. Mayer, Cristina, semblanzas V. Ramírez, Josué, semblanzas VI. Sánchez Gutiérrez, Pablo VII. Ser. VIII. t: Educar a los topos IX. t: Las hojas muertas

LC PQ7297   Dewey M863 V.3

Distribución en México

Esta publicación forma parte de las actividades que el Gobierno Federal organiza
en conmemoración del Bicentenario del inicio del movimiento de Independencia
Nacional y del Centenario del inicio de la Revolución Mexicana.

Agradecemos la generosidad de las siguientes personas, agencias literarias y editoriales
por hacer posible la edición de esta colección: Paulina Lavista, Jorge López Páez,
Ignacio Solares, Juan Villoro, Casanovas & Lynch Agencia Literaria,
Ediciones Cal y Arena, Ediciones Era, Editorial Anagrama, Editorial Planeta Mexicana,
Nexos Sociedad Ciencia y Literatura y Random House Mondadori

Semblanzas de los autores: Cristina Mayer, Josué Ramírez y Pablo Sánchez Gutiérrez
Sugerencias de lectura: José Ramón Ruisánchez

Diseño de portada: León Muñoz Santini

© de las novelas:
De *William Pescador* (primera edición, 1997)
D. R. © 2010, Ediciones Era, S. A. de C. V.

De *Educar a los topos* (primera edición, 2006)
© Guillermo Fadanelli, 2006
D. R. © 2010, Editorial Anagrama, S. A.

De *Las hojas muertas* (primera edición, 1987)
D. R. © 2010, Ediciones Era, S. A. de C. V.

D. R. © 2010, Secretaría de Educación Pública
Argentina, 28, Centro; 06020 México, D. F.

D. R. © 2010, Fondo de Cultura Económica
Carretera Picacho-Ajusco, 227; 14738 México, D. F.
Empresa certificada ISO 9001: 2000
Comentarios: editorial@fondodeculturaeconomica.com
Tel. (55)5227-4672; fax (55)5227-4694

ISBN 978-607-16-0227-5 (obra completa)
ISBN 978-607-16-0230-5 (libro 3)

Impreso en México • *Printed in Mexico*

Invitación a la lectura

Tienes en tus manos un libro y estás leyendo estas palabras. Si la lectura ya es una de tus aficiones, puedes saltarte a la página 13, donde empieza *William Pescador;* en ese caso habremos cumplido con poner a tu alcance esta colección de destacadas obras breves de la literatura contemporánea de México. Pero si no sueles leer por puro gusto, déjanos tratar de convencerte de que lo hagas ahora.

Este año se cumplen 200 años del inicio de la Independencia y 100 del inicio de la Revolución Mexicana. Hay que festejarlo de muchas maneras, pero vamos a conmemorarlo con un gran sentido cultural. Tú debes ser el beneficiario de la herencia de esos movimientos históricos. Sin duda conoces ya parte de la historia de México, de nuestras costumbres y tradiciones. Y será de gran beneficio, para tu futuro y tu formación, conocer parte de la literatura mexicana y sumarte al hábito, extraordinariamente enriquecedor, de la lectura.

En esta colección de 18 novelas cortas, agrupadas en seis volúmenes —que hemos titulado 18 para los 18, porque nos interesa principalmente que se asomen a ellas lectores cuya edad ronde los 18 años—, nos hemos esforzado por ofrecer una selección de novelas de escritores mexicanos que han pasado por los ojos de miles de lectoras y lectores, muchos de ellos de la misma edad que tú, y por eso creemos que hay más de una novela que va a interesarte; es más: va a conmoverte, a entusiasmarte o a inquietarte profundamente. De seguro has oído hablar de algunos de los autores de esta colección y es probable que en la escuela te hayan pedido leer alguna de las novelas elegidas. Todos los autores nacieron en el siglo XX, desde Rubén Salazar Mallén, en 1905, hasta Álvaro Enrigue, en 1969. Las novelas en conjunto forman un menú muy variado de temas, ambientes, personajes y tratamientos literarios. No conforman una tradición literaria de corte oficial, ni un canon que se pretenda incuestionable: las obras son más bien parte de nuestra tradición literaria, animada por la imaginación y la sensibilidad de sus autores.

Nadie puede obligarte a leer, pero si te animas con cualquiera de estas novelas tendrás una vivencia nueva, que va a cambiarte un poco. En primer lugar, confirmarás que la lectura es una actividad fascinante, que no requiere otra cosa que un libro como éste, y que podrás, si te aficionas, repetir cuantas veces quieras, cuando tú lo decidas, solo o en grupo, de día o de noche, de manera gratuita o con un pago razonable, que no exige mucho tiempo y no necesita que te conectes a la luz o a internet. Hay aquí historias muy breves, que te llevará una o dos horas leer, pero al hacerlo verás cómo el tiempo dentro de un libro transcurre con otra velocidad. Comprobarás cómo un montón de palabras ante tus ojos se transforman en imágenes en tu mente; que aparecen lugares, paisajes, objetos, personas, hasta en sus rasgos más insignificantes; que oyes hablar a los personajes e imaginas su voz; que de pronto estás dentro de la historia. Ésta es la maravilla de la literatura.

Experimentarás además la satisfacción que da llegar al final de una historia, dar vuelta a la última página de un libro que a partir de entonces será tuyo para siempre. No sólo porque querrás conservarlo —tal vez incluso con este volumen empieces a formar tu biblioteca personal—, sino porque esa historia será ya parte de tu propia experiencia: habrá quedado en tu memoria, como cuando ves una buena película o escuchas una canción que te gusta y luego las recuerdas con facilidad y las compartes con los tuyos.

Te invitamos pues a apropiarte de cualquiera de estas historias. Verás que al terminar eres dueño de una nueva habilidad, como cuando aprendiste a andar en bicicleta o a tocar la guitarra, lo que también, al menos al principio, requiere de algún esfuerzo. Verás que la lectura no sólo es muy entretenida sino que puede enriquecer muchísimo tu vida, tanto como irte de viaje o conocer a una persona interesante. Con la literatura verás la vida de otro modo. Pero sobre todo la lectura es una manera de seguir aprendiendo por tu cuenta. Leer cualquiera de estas novelas puede ser el principio de un camino a lo largo del cual irás encontrando otros libros y otros autores, lo que te permitirá pasar de las obras de la imaginación —los cuentos, los poemas, las novelas— a las del pensamiento —la historia, la filosofía, la crítica de arte, la ciencia, la tecnología y los manuales— y contribuirá a formarte una opinión sobre cualquier cosa, a desarrollar nuevas habilidades, a aumentar tu conocimiento, a tener un criterio propio y a conquistar tu independencia intelectual, que es la más importante de todas. Verás también cómo te haces más dueño de tu lengua y que poco a poco podrás expresar con más precisión, mayor claridad y de manera más personal lo que quieres decir, desde una declaración de amor hasta la idea más rara que se te ocurra.

La Secretaría de Educación Pública espera haber cumplido con el propósito de reunir un conjunto de novelas que favorezcan la afición de la gente joven por la lectura. La SEP asume, desde luego, la responsabilidad en la selección final de los títulos que componen 18 para los 18 y quiere agradecer el apoyo y las sugerencias de Cristina Mayer, Josué Ramírez y Pablo Sánchez Gutiérrez, así como la opinión de Joaquín

Díez-Canedo, Julio Ortega, Laura Emilia Pacheco, Ignacio Padilla, Rafael Pérez Gay, Cristina Rivera Garza, Consuelo Sáizar, Jesús Silva-Herzog Márquez y Gabriel Zaid.

Alonso Lujambio
Secretario de Educación Pública

Índice

William Pescador

Christopher Domínguez Michael

CHRISTOPHER DOMÍNGUEZ MICHAEL nació en la Ciudad de México en 1962. Crítico literario, biógrafo, historiador de las ideas y novelista. Ha sido columnista y colaborador en prestigiadas revistas y periódicos como *Proceso, Vuelta, Letras Libres* y el suplemento cultural *El Ángel* del diario *Reforma*. Ha recibido los premios Xavier Villaurrutia (2004) y Nacional de Ensayo Literario y Crítica Política Guillermo Rousset Banda (1997). Entre otros, ha publicado *Antología de la narrativa mexicana del siglo XX, Literatura mexicana del siglo V, Servidumbre y grandeza de la vida literaria, Toda suerte de libros paganos, La sabiduría sin promesa* y *Vida de fray Servando Teresa de Mier.*

SUGERENCIAS DE LECTURA
La historia triste y hermosa de infancia que se cuenta en *William Pescador* te puede llevar a releer *Un mundo para Julius,* de Alfredo Bryce Echenique, y *Los ríos profundos,* de José María Arguedas; como siempre, la literatura nos muestra las infinitas variedades de lo parecido.

Aunque Christopher Domínguez no ha publicado más narrativa, su libro *Vida de fray Servando* es una de las mejores obras que se pueden leer. Este libro no sólo habla sobre fray Servando, sino que es al mismo tiempo una biografía y un libro de historia de finales del siglo XVIII y de principios del XIX, donde aparece al igual la aventura que el comentario sobre otros libros para leer.

A mi hermano Daniel
A Enrique Vila-Matas

Cuatro veces brilló espléndida Omorca a la luz del día; cuatro veces se perdió y los hombres dejaron de verla. Una vez por vanidad, una vez por infidelidad, una vez por avaricia y una vez por discordia. Cuatro veces ha cambiado de nombre Omorca. Primero se llamó Wagadu, luego Agada, luego Gana, luego Sila. Cuatro veces volvió el rostro Omorca. Una vez hacia el Norte, una vez hacia el Oeste, una vez hacia el Este, una hacia el Sur. Éstas son las direcciones de donde viene y en las que perdura la fuerza de Omorca, lo mismo si está construida de piedra, madera y tierra, que si sólo vive como una sombra en la memoria y en la nostalgia de sus hijos. Pues en sí misma Omorca no es de piedra, no es de madera, no es de tierra. Omorca es la fortaleza que vive en el corazón de los hombres, y unas veces puede reconocerse porque los ojos la muestran, porque los oídos oyen el ruido de las espadas y los golpes que llueven sobre el escudo, y otras veces es invisible porque se duerme, cansada y perseguida por la indocilidad de los hombres. Omorca pudo dormirse primero por vanidad, segundo por infidelidad, tercero por avaricia y cuarto por discordia. Pero cuando Omorca sea recobrada por cuarta vez, arraigará con fuerza en el corazón de los hombres, que no volverán a perderse y nada podrá contra ella la vanidad, la infidelidad, la avaricia y la discordia.

LEO FROBENIUS, *Paralipómenos al Necronomicon negro*, 1927

Bob Sachs usaba una nariz roja de payaso, robada de los camerinos del circo de Moscú. Tras una juerga en el Club de Corresponsales Extranjeros, aquel hombre osó enfrentar el frío cara a cara, y el General Invierno le arrebató su propia y ganchuda nariz. Fue entonces cuando consideró justo tomar una de repuesto a cuenta del Estado soviético.

Bob Sachs fue el último de los antiguos camaradas de Atlantic City en conservar el sombrero gris sobre la cabeza. Cuando cerró para siempre la oficina del Partido en aquella ciudad, no quiso lanzar la llave al arroyo. Y no pudiendo guardársela en el corazón, la colocó bajo su sombrero.

Bob Sachs había ingresado al Partido Comunista durante la Depresión. Judío de Galitzia, hablaba varios de los idiomas eslavos. El don de lenguas le franqueó la corresponsalía del partido norteamericano en algunas capitales de Europa.

Bob Sachs se estableció en Atlantic City cuando Earl Browder mandó disolver el Partido. Se acomodó en la Ciudad del Juego con Sary, su mujer, y una única hija, a la que llamaré Milde.

Ignoro cómo fue que Bob Sachs logró que sus camaradas aceptaran la pasión de su vida. Feliz poseedor de una valiosa colección de arte africano, su celo de anticuario parecía incompatible con su condición de funcionario a sueldo del Partido.

El origen de su colección africana es incierto. Antes de la guerra asistió a los cursos del doctor Leo Frobenius en la universidad de Frankfurt. Ese sabio había recopilado el *Libro del Necronomicon negro* y contagió a Bob Sachs de su obsesión por el arte efímero del África central. Sus primeras piezas las adquirió en Moscú. A condición de no delatar a un sospechoso internacionalista mexicano, que huyendo de las tropas expedicionarias del Duce en Abisinia habría caído en una mazmorra de la Lubianka, Bob Sachs le aceptó en prenda dos o tres estatuillas africanas. Su acervo creció cuando el Ejército Rojo precintó a la URSS las ricas colecciones etnográficas de los museos de Dresden y Berlín. A partir de 1945, las valijas diplomáticas de los países comunistas llegaban hasta Atlantic City con nuevas y numerosas joyas para el museo negro de Bob Sachs.

A Bob Sachs nunca le gustó participar en controversias. Actuó en el comunismo tan fatigado y feliz como un extra en *El ladrón de Bagdad*. Y cuando esa ciudad de los sueños fue abandonada, Bob Sachs trepó en una alfombra voladora, y se perdió como una mosca en la pantalla del cine.

Guardando una llave inútil bajo el sombrero gris, Bob Sachs recorrió durante años Atlantic City luciendo su hermosa nariz roja de payaso.

Bob Sachs fue mi abuelo.

I

El imperio ha caído en manos de los niños. Recorremos el departamento abandonado como un ejército que recoge las armas del enemigo que escapa. En la alcoba vacía de nuestra madre enfrentamos la inmensa tarea que nos espera. La cama está deshecha y su confusión evoca el trato de los cuerpos. Ropa en el suelo. Monedas dispersas —poca cosa— sobre el tocador. Las ruinas del armario están intactas desde el día en que mi hermano le prendió fuego. La madre debe de haber considerado de utilidad pedagógica su conservación. El incendiario se adentra entre los vestidos carbonizados. En su interior los nuevos poderes tienen que organizar la partición del reino. Suscito el entusiasmo de Nicolás en un proyecto largamente meditado y pospuesto hasta la fecha. La mesa del comedor está limpia. Construiremos sobre ella una ciudad de plastilina, que habrá de ser cruzada por canales, digna de ser mirada desde suntuosos balcones. Sabremos amalgamar la aceitosa dureza que produce el comercio entre la plastilina y el agua. Pero los hermanos no habrán de precipitarse. Hay que calcular infinidad de recursos humanos y materiales, pues lo que comienza es la eternidad.

Sellado el compromiso entre el poder y sus arquitectos dejamos el armario. Convenimos en que cada vez que haya que tomar grandes decisiones volveremos al refugio. Viajamos al baño. El botiquín ofrece numerosos elementos para la construcción y el decorado de la ciudad futura. Con las cremas de la madre daremos al castillo el sabor de los pasteles. Dejamos caer las medicinas. Antibióticos, anticonvulsivos, antidepresivos y antihistamínicos. Grageas naranjas y cápsulas bicolores adornarán las almenas y los torreones. A veces olvidamos el gran proyecto, embelesados con las pócimas de la salud y la belleza. Mi hermano Nicolás inunda su ombligo de crema. El algodón y los aerosoles, las toallas femeninas y los tubos para peinarse. Los despojos de los hombres clandestinos también son de uso legítimo: loción para aromatizar los salones del rey y tabaco para sembrar los jardines de la Especie. Levantaremos una gran ciudad sobre la mesa, extendiendo la civilización hasta convertir el baño de la madre en una finca solariega para príncipes y embajadores.

Las hordas serán disciplinadas y las guerras abolidas. Ya habrá tiempo para escribir la historia. Del depósito de plastilina parten los trenes del Viejo Oeste. Indios y Vaqueros, soldados de plomo arrastrando las artillerías napoleónicas, robots inutilizados por la oxidación de sus pilas rojas, escoltan cada viaje. Aviación civil y militar sobrevuela las tierras yermas de la edificación.

Nicolás convoca a sus bestias africanas para trasladar los toneles de agua que habrán de inundar los canales. Mis sabios investigan las maravillas de la vegetación acuática y cultivan nenúfares en los invernaderos. Cada estancia va siendo ocupada con timidez y luego con soberbia. Una legión de espías previene todo acto de sabotaje. Seres oscuros, armados hasta la sofisticación, se apuestan en los sitios estratégicos. Observan el mundo desde las lámparas y matan el ocio derribando moscas. Su jefe se oculta tras el reloj despertador. La anciana muñeca de mi madre ha sido expulsada de su vitrina y la soldadesca ríe después de vejarla.

Tenemos hambre. Descartamos una excursión a la calle en busca de dulces. Sería una precipitación en el uso de nuestra libertad y un retraso imperdonable en la construcción de la ciudad. Contamos con una alacena presumiblemente bien abastecida y con ella, la promesa de la sabiduría gastronómica. Los oficiales piden calma a las huestes tan hambrientas. Alcanzo la estufa con una silla y cocino huevos fritos que se queman. Mi hermano, siempre hábil con el fuego, logra asar un par de salchichas.

Cuando comen con sus mayores los niños lo hacen en soledad. Esta vez convocamos a la gran máquina: encendemos la televisión. Olvidamos a nuestros servidores y dejamos maltrechas varias tribus indias, arrastradas tras el paso de las pijamas mullidas de orines. A esa edad seguimos gozando de la incontinencia nocturna. Orinarse en la cama es navegar otra vez por los ríos de la placenta, es advertir el calor mientras se duerme y conocer el frío al despertar.

Bugs Bunny y Elmer Gruñón dejan la pantalla. Gigantes de cartón devastan las capitales japonesas. El Hombre Araña cruza las cúspides de Manhattan como Tarzán las copas selváticas. A las seis de la tarde, segundos antes de que una roca marca ACME sepulte la frágil figura del coyote, la televisión se apaga. Se fue la luz.

Ya van a cumplirse doce horas desde la partida de nuestra madre y el ama de llaves no aparece. Estamos solos en la casa. Los combatientes destinados a construir la gran ciudad vuelven a ser muñecos abandonados en el desorden. Dispersión de objetos inútiles. Las cosas rechazan la vida que impostaron. Ni amor ni gobierno. Una débil señal telegráfica nos advierte que el espía apostado tras el reloj despertador ha desertado.

La administración de Omorca instaló enrejados rústicos en las ventanas de cada edificio para impedir la eventual caída de niños al vacío. Nos parece improbable avistar en la calle a algún amigo desobediente y pedirle auxilio desde el quinto piso. Ojalá y el humo del vendedor de camotes que se aleja pudiera tener la respuesta a una señal luminosa. Nuestra madre apagó la luz de la ciudad antes de irse.

Los niños se preguntan si habrá velas en la cocina. Será mejor ocultarse en la sala y levantar con cojines y sábanas una tienda de campaña en el desierto. Recuerdo el dedo índice de Nicolás atrapado en mi mano.

Pero la cerradura se mueve. Una llave dubita, entra y sale sin hallar la clave, no descifra el acertijo del cautiverio de los niños. Cuando la puerta se abre, el viento acaba por derribar a los soldados abandonados. Hemos sido entregados a la Llorona.

La bestia entra en el departamento. Camina a oscuras y oímos crujir una venerable división Panzer bajo el peso de una sandalia. ¿Dónde están las tropas que nos juraron fidelidad por un milenio?

La oscuridad es ahora nuestra fuerza. Tendremos oportunidad de ejercer las artes de la resistencia. El intruso busca luz en la habitación infantil y al estrujar las literas confunde la ropa de cama con los cuerpos de sus víctimas. Acaso delatados por cuatro luciérnagas que brillan, ella nos cree tan inocentes como para saltar desnudos a la olla.

Los niños en silencio imitan la respiración de la madera. La bestia se pierde en el planeta de los tímpanos. Caen las bolsas de arroz, se dispersan granos y féculas, corren las naranjas. Sabemos que nos olfatea desde la cocina.

Luz. Bajo el quicio de la puerta, como las ancianas cuando tiembla, Felicidad, ama de llaves y Reina de las Sirvientas en su día, busca entre la confusión de un departamento abandonado el imperio de los niños, a quienes habrá de amar y gobernar.

Felicidad teme. Avanza intranquila entre los juguetes dispersos. La mujer es enorme y su cabello blanco. Soporta la cera ardiente que cae de la vela entre sus nudillos. En la mano izquierda trae su encomienda. La sirvienta llamada al gobierno.

La criada se permite tropezar y cada una de las vacilaciones es un tramo del terreno que se acorta. Regresa a la cocina y da con una caja de veladoras abandonadas por una empleada piadosa. Las enciende por la casa. Los niños deben rendir la plaza. No podemos morir para la bestia. Si no somos su alimento estamos perdidos.

Los pabilos centellean sobre las ruinas. El día del abandono llega a su fin. Tanto viajar para arrepentirse de la expulsión del paraíso.

Felicidad se deja caer sobre el sillón que nos oculta. ¿Y si ha muerto? Habrá que salir para que las veladoras no se apaguen e impedir que el cuerpo de la criada se congele.

Somos ratones. Criaturas laboriosas que abren huecos en

estancias diminutas. Los hermanos roedores cruzan la sala, olvidan la edad imaginaria y buscan queso. Volvemos a la guarida pero Felicidad no se inmuta. Masticamos con la boca abierta para despertarla.

Si escucha, acecha. Si acecha, conoce la farsa. Si la conoce, estamos salvados y ella es el Lobo Feroz nuevamente trasvestido en bondadosa abuela. Insistimos con toda clase de ruidos y nos llamamos a gritos, esperando que el Gran Cañón del Colorado multiplique nuestra voz entre los seres.

Nicolás es más joven y posee esa suspicacia que yo, precoz arquitecto del imperio, perdí al mordisquear los frutos del árbol. Él sabe tocar. Mi hermano menor sabe contar los dedos de los pies. Ya ha cultivado flores en el zapato de una sirvienta. Sin pedir mi consentimiento estira el brazo hacia la sandalia azul de Felicidad y su mano infame busca entre aquellos bichos cansados. Pide ser presentado en la corte.

Mi hermano arranca una cálida blasfemia. Los niños van trepando al sillón. Ya somos cientos de ratones desertores del oficio del queso que tocan, lamen y muerden el empeine de la vieja.

Felicidad deja caer la mano hacia nosotros. Nicolás es el pionero que empieza a subir por la montaña. Una cabeza de simio helado busca el sueño sobre un seno viejo. Menos hábil, como el colono que se establece con timidez en las laderas, me acurruco cerca de una axila.

La casa huele a cera. Las veladoras se consumen. Reposando sobre el cuerpo de Felicidad, recuerdo una última sentencia de mi hermano en el intersticio de un párpado que cae.

II

Felicidad era nómada. Hoy son raras las sirvientas que permanecen muchos años en una sola casa. La vida moderna rechaza a las antiguas amas de llaves que asistían a la extinción de las familias. Aquellas viejas heredaban enseres domésticos, una serie de mezquinos regalos de Navidad, la modestia de una pensión inesperada.

Felicidad se había elevado por encima de esa tribu solitaria y numerosa, ausente de los censos económicos y de las estadísticas del trabajo asalariado. La criada ya era una mujer de edad cuando las agencias de colocación aparecieron en el país. Estaba acostumbrada a las cartas de recomendación, pasaportes que le permitían emigrar de hogar en hogar, favorecida por el sello de la buena administración, y visada por su excelencia en el manejo de los niños. Pero hubo de aceptar el nuevo sistema de trata de domésticas.

Milde, mi madre, había reclutado a Felicidad en una agencia. Aguardaba su turno entre sirvientas de todas las edades y regiones. Mi madre recorrió la fila de mujeres en compañía de la patrona, que interrogaba con garbo a sus muchachas, alzando la voz para señalar virtud o negligencia. Se premiaba el silencio, las dotes culinarias y la resistencia física. La patrona no tenía empacho en calificar a alguno de sus prospectos con el estigma del robo, la lujuria o la intriga. Había quien las prefería así.

A Milde le gustaron los ojos azules de Felicidad. Le sorprendió esa claridad en una empleada doméstica. La patrona tomó nota de su curiosidad:

—Es doña Felicidad. No es de sangre azul. Algunas gatas viejas pierden fuerza en la vista y los ojos se les ponen grises.

—Me la llevo —dijo mi madre, mientras revisaba la ficha técnica.

—Sí —apuntó la patrona—, nunca hemos tenido quejas de ella… Puede llevar una casa, *dinero inclusive,* como las sirvientas de antes.

—¿Un ama de llaves? —concluyó Milde al cerrar el trato.

Felicidad era la persona que mi madre necesitaba para viajar a Atlantic City sin remordimientos. Milde adoptaba con facilidad. En casa era común hospedar gatos apaleados, jóvenes poetas de provincia y hasta niños olvidados por parejas en crisis. Seguramente vio en los ojos de Felicidad esa necesidad de cobijo a la que no podía resistirse.

Milde le explicó a Felicidad sus obligaciones, le advirtió que ella no la recibiría en persona y que los niños sabrían aguardarla en calma. Le dijo que un amigo, el doctor Fangloire, se encargaría de cumplir con todas y cada una de las necesidades domésticas.

Felicidad quedó satisfecha con el sueldo y dio las gracias a Dios. En aquellos días las señoras preferían a las criadas más jóvenes y con hijos en brazos, pues el arrendatario sabe que la madre soltera es la víctima perfecta. El niño la ata al hogar, por él soporta toda clase de empresas, y alimentar una boca más es una minucia a cambio de la plena servidumbre.

La nueva ama de llaves sintió que nunca volvería a pisar la Agencia de Colocaciones. La gringa auguraba un último ciclo en su destino. La oferta le ahorraba el rito de pasaje que toda sirvienta cumple al presentarse a trabajar.

Las empleadas domésticas suelen presentarse en sus nuevos domicilios al atardecer. Y en esta ocasión no habría señora que instruyera a Felicidad con impaciencia sobre los invariables hábitos de su familia. Criada y señora conocen las condiciones de ese ritual y por eso el cambio de guardia dura poco. Ambas se concentran en los matices. Si las partes no se avienen con rapidez el contrato se rompe de común acuerdo.

Felicidad recordaba todas esas ocasiones en que había sufrido idéntica prueba. Preparar la merienda de los niños, asqueados por principio ante el alimento aderezado por manos extrañas. Pan tostado duro o blando. Leche con chocolate o chocolate con leche.

Aprende a servir aquella que modifica las cosas sin alterar su apariencia. Desprecia el frío en esos cuartuchos que escasamente se toman la molestia de decorar, pues la sirvienta es ave de paso, e ignora cuándo cesará de oficiar entre lo crudo y lo cocido.

Felicidad memorizaba el fin de cada primera merienda, el lavado de platos, esa televisión que se apaga en la habitación de los señores, mientras intercambian observaciones sobre la recién llegada. Ésa es la hora oscura y silente en que la criada busca un rincón, y queda a la escucha de la noche, cuyos mensajes le indicarán si la casa será suya un día, unos meses, años. Mirará la alacena, inventariando los frascos de embutidos, las especias dignificadas por el polvo, grabándose las marcas electivas de aceite, las cajas de avena o gelatina, las pastas y las sopas, el vinagre, las salsas picantes. El pan y la sal en sus infinitas metamorfosis.

Fueron varios los refrigeradores que Felicidad abrió con temor y muchas las veces que se tranquilizó al pegar la oreja y escuchar el flujo helado de la electricidad. Tocaba los blanquillos, el jamón y la mantequilla. Observaba la morgue donde duermen los pollos congelados, ateridos fénix que aguardan la resurrección del fuego. Tras el escrutinio polar, Felicidad examinaba la estufa y sus hornillas, así como el número y la vejez de los sartenes. Metía la nariz entre la fruta y las legumbres.

Felicidad sopesaba la forma y la abundancia de las vajillas. Era una arqueóloga que determinaba la violenta antigüedad de las minúsculas civilizaciones domésticas analizando las fisuras de los trastes. Recorría los artículos de limpieza y extrañaba alguna pócima de su confianza para la desinfección del baño. Adoraba las escobas y las plumas marchitas del plumero. Cuando se generalizó el uso de la aspiradora, llegó a esperar con ansiedad el alegre ruido matutino de la elefanta.

La vieja criada detectaba cuidadosamente los vicios peculiares en cada una de sus nuevas residencias. Una caja de puros, un limón seco amargando el azúcar, una botella de brandy Terry. Reconocía la personalidad de su predecesora por la profundidad de las quemaduras en el burro para planchar.

Felicidad entendía que la sirvienta había sido llamada al mundo para separar la materia orgánica de la materia inorgánica. Labor de un demiurgo sin fuerza para modificar la conducta humana pero indispensable para garantizar su permanencia en la tierra. Y como Dios, la sirvienta tiene un domingo para aburrirse en los parques.

Omorca es una pequeña ciudad rodeada de ciudades. Felicidad sospechaba que ese lugar era la aduana donde se empeña la servidumbre y se sueña con el poder. Sentía como nunca antes el desasosiego de la primera noche de una sirvienta en casa ajena.

III

Mi hermano no quiere quedarse solo. Felicidad me asea y mientras tolero los trabajos del agua, el jabón y el peine, él aguarda un turno que no llegará. Al saber que no hay lugar para él en la travesía, se aparta, sin adivinar las razones, tan profundas, de su exclusión.

Salimos de Omorca. Recuerdo la escena como el cuadro de una película muda donde Nicolás nos mira alejarnos desde la alta ventana. Pega la cara al cristal y dibuja una cortina de vaho con el aliento. El calor de su respiración nos separa, y él pasa a perderse en otra historia. Felicidad camina de prisa, la dejo adelantarse dos o tres pasos, mientras agito la mano hacia mi hermano. La táctica de la sirvienta es la separación de los niños. No volvimos a trabajar juntos en el levantamiento de una ciudad.

Felicidad toma mi mano en la avenida. Al capturarla, descubro que esa mano de criada es distinta a todas las que me han hecho suyo. Esa mano seca y poderosa me consuela de las lagunas de sudor que más tarde me ofrecerán las mujeres.

Milde practicó en privado su conversión al catolicismo y yo crecí sin religión. Guardó su piedad con el celo de un filatelista. Coleccionaba santorales, estampas descoloridas e instrucciones parroquiales que desentonaban con sus doctas lecturas juveniles. Olvidó el yídico en el que leyó a Bashevis Singer. El mal gusto es otro de los caminos al crimen.

Felicidad me conducía hacia la Parroquia Votiva de Santa Teresa. Un templo sin torres y sin campanarios, fachada instalada como por obligación curial entre comercios y restaurantes. Al llamar a misa, el monaguillo encendía una grabadora de alto poder que reproducía célebres campanadas de tierras algo más legendarias que la nuestra. El lunes, Reims. El martes, Parma. El miércoles, Lima. Jueves, el Tepeyac. El sábado, San Pedro de Roma. El domingo, una tras otra, las siete grabaciones.

Era mi primera visita a una iglesia en horas de culto. Ignorante de toda liturgia, me sentía acompañante de Felicidad en la reclamación de una prenda descosida en una gran tienda de autoservicio.

"Es la casa de Dios", me dice Felicidad, y Dios es el ciego que pide limosna en la puerta, con el brazo tieso de sostener en el aire esa palma abierta que devora monedas. Es un cofre mágico, pues el metal desaparece al caer entre las líneas de la enfermedad y la muerte, sin dejar huella.

Misa de siete. La fachada tan vulgar impide imaginar la congregación que oculta. El niño y la criada se hincan. El niño viaja con un par de automóviles en los bolsillos. Son mi equipaje. Felicidad cierra los ojos y reza. Yo desplazo mis vehículos por el reclinatorio, cuidando de sisear discretamente la locomoción de mis juguetes. Estoy rodeado de grullas que se sostienen sobre una sola pata.

En la iglesia se exhiben criaturas postradas tras las vitrinas, como en el Museo de Historia Natural. Cristos torturados, estilizados en yeso, salpicados de moretones y de pintura roja sobre los sudarios, excitan mi curiosidad. Ésa debe de ser otra de las casas del Gran Dinosaurio. En alguna sala, ganando una puerta secreta, sostenido desde el techo por hilos invisibles, debe dormitar el risueño gigante de los huesos blancos. Dios será su guardián, que lo protege de las manos sucias de los mortales, y es probable que la multitud que me rodea esté aguardando su oportunidad para mirar al dinosaurio. Mientras Felicidad dormita, el niño piensa en escapar a su vigilancia, aunque es de sirvientas cabecear con un ojo abierto. Descubriré el pasadizo hacia el Gran Dinosaurio para anunciar con júbilo su ubicación precisa a la comunidad suplicante.

El hombre del altar levanta la voz y las ancianas se ponen de pie. La mano de Felicidad me atrapa y nos movemos hacia el pasillo central. Niño y criada toman su lugar en la fila y veo al sacerdote acompañado de un enano con falda blanca. Un canguro con una paloma parada en el hombro. El cura pone la oblea en la boca de los fieles. Los niños ríen al recibir el pan y se alejan saboreándolo.

El sacerdote huele a dentista. La iglesia ya no me parece el Museo de Historia Natural sino un consultorio veterinario. Cualquiera de los santos puede ser el pobre de Asís, y echo de menos al perro de San Bernardo con su tonel de licor en el cuello.

El dentista pone la oblea sobre mi lengua. La muerdo, la mastico, y entonces Felicidad me alza en vilo, aprieta el tórax, y la tráquea duele, vomito saliva y bilis y —lo sabré más tarde— el cuerpo transubstanciado de Cristo. A los pies del sacerdote Felicidad recoge la basca con un pañuelo desechable. "Avance Usted, por favor", le dice el canguro. "¿Te duele la panza?", me pregunta la paloma. "Hay niños a quienes la Religión perturba", opina una de las grullas.

Los fieles siguen su camino, y tras comulgar aconsejan a la criada sobre la naturaleza de mi indisposición. Cada cual tiene un remedio que sugerir. Osos, cacatúas, leopardos lanceados, salen de las vitrinas para externar su parecer. Me apoyo en una de las piernas de Felicidad.

Salimos de la Parroquia Votiva de Santa Teresa. Felicidad me explica que la hostia no se muerde. Hay que dejarla deshacerse en la lengua como las grageas para la tos. La necedad de mis preguntas la convence de que el niño no ha recibido bautismo ni primera comunión. Nada sabe del manto de la Virgen. La cruz que colgaba del cuello de Milde la confundió.

Busqué su mano, promesa de reconciliación, convencido de haber cometido un error tan grave como impreciso. Pero Felicidad no volvió a darme la mano y desde ese día caminamos por la calle como iguales, aunque se viera mal que una sirvienta negara hasta el brazo a su niño al cruzar las avenidas. Ocasionalmente volvimos a la iglesia. Felicidad no volvió a hablarme de Dios y renunció a esa parte de sus obligaciones preceptivas. En la parroquia no me fue pedido otro voto que el de silencio, y me perdí en el templo, libre de la falsa comunión, perseverante en la búsqueda del Gran Dinosaurio.

IV

Omorca era una ciudadela habitada por mil familias con sus hijos y sus sirvientas. La gran ciudad había crecido tanto que cada una de sus partes ganó una engañosa autonomía, administrando los servicios indispensables para que nadie saliera a vagar sin propósitos claros fuera de sus límites. El gobierno central controlaba estrictamente la vida social y comercial de cada uno de sus antiguos barrios.

Los niños de Omorca evitábamos visitar la panadería, famosa por su variada oferta de repostería tradicional, pues su enorme horno tenía fama de devorar a los muchachos desobedientes. Era el infierno en la tierra. Lejos de aquellas llamas preferíamos el estanquillo papelero donde vendían gomas de borrar cuyo aroma invitaba a morderlas. El taller de reparación de bicicletas, finalmente, era el corazón de la existencia infantil en aquella nuestra pequeña ciudad-Estado.

Cierta mañana Felicidad me ordenó sacar la bicicleta del desván. Y me dio dinero para repararla. Debo regresar en el tiempo para hablar de esa bicicleta, cuya aparición entre mis juguetes resultaría fatalmente premonitoria.

El doctor Jean Fangloire, amante de mi madre, regenteaba una compañía de espectáculos, mientras ejercía distraídamente la ginecobstetricia. Cuando cortejaba a Milde había querido ganársela por partida doble. Durante una función de circo los payasos premiarían con una bicicleta al niño que fuera el feliz poseedor del número 1962. Fangloire —colocando la ficha bajo mi asiento— se las arregló para que yo fuera el ganador. Enorme fue mi satisfacción cuando me vi aclamado por la multitud y bajé a la arena a recibir la flamante bicicleta, rodeado de camellos y contorsionistas. La Mujer-Traga-Espadas me besó. Pero al enterarme de que debía el triunfo a las argucias del doctor Fangloire antes que al dictamen de la diosa Fortuna, repudié el velocípedo y mi madre ocultó su consternación.

Si Felicidad no hubiera sido tan sensible a los consejos ajenos esta historia no hubiera tenido lugar. Las proverbiales habladurías del vecindario la convencieron de que sus niños deberían ejercitarse. Alguna entrometida llamó la atención de Felicidad sobre nosotros; pálidos, devotos de la televisión y de los libros, necesitábamos la imposición de un régimen más sano.

Hasta la reparación de la bicicleta, aquellas vacaciones habían transcurrido bajo las condiciones de una paz memorable. Felicidad tejía. Nicolás y yo hacíamos lo que se nos daba la gana. La criada, cabe recordarlo, cumplía con la alimentación y el vestido con una diligencia que Milde jamás había mostrado. Pues con mi madre desaparecieron esos pasteles de mariguana que inexplicablemente no nos dejaban comer; cesaron las llamadas telefónicas en las que Milde se enfrascaba durante horas, exigiendo silencio mientras lloriqueaba con sus amigas, y nunca volvimos a toparnos con un borracho perdido que confundía la habitación infantil con el cuarto de baño.

La repulsa unánime que provocó en Omorca la deserción de Milde, y la al parecer equívoca situación que vivíamos, bajo las solitarias órdenes de una criada, creó ese ambiente de integración deportiva que atentaba contra mis ocupaciones predilectas, como la elaboración de mapas y el ejercicio de la pintura rupestre. Trazaba seres antediluvianos en las paredes, convencido de que para escribir la historia de mi reino éste necesitaba de una edad de las cavernas, y me había propuesto inventarla para poder registrar su antigüedad mediante el carbono 14. Nicolás, cuya desobediencia civil tan innata como irreductible siempre admiré, se rehusó sin taxativas a salir a jugar, pues necesitaba de las veinticuatro horas del día para la televisión. Era un fiel espectador de las barras cromáticas, las clases de cocina, la secundaria para adultos; dedicaba un ojo a la programación infantil y otro a las películas mexicanas, mientras meaba y defecaba en el propio cuarto de la televisión, dado que le era materialmente imposible alejarse del aparato más de cinco metros o tres minutos.

Cuando Felicidad me prescribió la bicicleta, no encontró actividad física que imponer a mi hermano, y éste, san Juan Crisóstomo en el desierto, ni siquiera escuchó las alusiones del diablo. Yo, débil de carácter o reo de la obediencia debida, cogí tristemente el velocípedo y me fui a jugarme la vida entre los bárbaros de Omorca.

Para triunfar entre ellos había que volar como pájaros y mi bicicleta, para colmo, cargaba con dos ridículas llantas auxiliares. Rodeado de pegasos, naves del espacio e ícaros obstinados, sufrí las humillaciones de rigor entre las bandas infantiles. Regresaba al departamento con las rodillas raspadas, la camisa ultrajada y el ánimo destruido, pero Felicidad me pedía perseverar, pues mi futuro, según ella, dependía de la capacidad de adaptación al medio ambiente.

Los guerreros de Omorca, como suele ocurrir, se regían por normas y rituales. La admisión en sus batallones requería de una oferta que les fuera tan atractiva como para librarme de la ordalía impuesta a los suplicantes. Mis mapas podrían interesarles. En ese momento de su confección se limitaban a las dimensiones del departamento. Habría que ampliarlos para que incluyeran azoteas, pasillos interiores y subterráneos de Omorca. Podrían ser un código secreto de gran utilidad para la tribu a la hora de la escapatoria o del combate.

Desplegué los mapas ante los guerreros en el lote baldío donde tenían lugar las ceremonias de iniciación. Y tras algunos reparos, fui admitido, con la dispensa de tocar todos los timbres del Edificio H y salir corriendo; de igual forma se me eximió de revolcarme en el lodo bajo la lluvia. No pude librarme, al fin, de chupar la verga del jefe ante la algarabía de los camaradas.

Felicidad ignoraba que, al lanzarme a la calle sobre mi imperfecta bicicleta, me estaba dando los medios tan útiles de mi salvación postrera. Con los mapas bajo el brazo, me volví un expedicionario augusto, un guía respetado que mal aprendió a hacer la guerra pero que se vio aliviado de participar en los combates singulares. Omorca se convirtió en el sitio de una epopeya cuyo autor era yo mismo, un niño llamado William Pescador.

Recuerdo la batalla de la Rata Blanca. Una tribu lumpemproletaria, dedicada al aseo de calzado, osó asaltar a un amigo nuestro que paseaba con su rata blanca. Los intrusos —pues venían de más allá de la Puerta de los Niños Héroes— lo golpearon y huyeron tomando prisionera a la mascota. Y volvieron un día después, atacándonos con la saña propia del invasor cebado con una primera victoria. El odio de clase nos impuso una azotaina inusual entre los niños bonitos. Un grupo de adultos tuvo que intervenir para dispersarlos. Era tarde. Aunque los guerreros de Omorca habían logrado romper el cerco, no repararon en su ilustre cartógrafo, quien quedó a merced del enemigo en retirada. Hube de entregarme. Era un pajarraco inmovilizado por el petróleo. Me quité la camiseta blanca y la blandí en el aire. Mi primer acto público fue una rendición.

Dejaron a nuestros pies el cadáver de la rata blanca. La habían lanceado en el interior de su jaula. Intenté revivirla, ante el esperanzado silencio de los guerreros, con gotas de Triduralta en dosis pediátrica. Eso hacía Milde cuando nuestros hámsters sufrían de ataques epilépticos. Fracasé. Prometí al desconsolado propietario de la mascota que levantaría un mapa para localizar a la Rata Blanca en el mundo de los espectros. Bajo esa solemne promesa, dimos sepultura al roedor, y durante algunos días el niño siguió recorriendo las noches de Omorca con la jaula vacía.

V

Milde nos invitaba a dormir con el Gran Libro Verde de los Mapas. Se tendía en la cama entre un par de niños absortos en la eventual desaparición de los continentes. Mi madre se mojaba los dedos con la lengua antes de pasar cada plana, señalando los países más pequeños del mundo y los mares de agua dulce. Antes de cerrar el mapamundi, nos pedía que señaláramos a ciegas un punto en el tríptico de los hemisferios. Al abrir los ojos sabíamos que el sueño al que nos guiaba transcurriría en Alto Volta, por el río Tíber, en algún paraje de la Mongolia Interior.

Felicidad me entregó el gran libro. Tuvo que subirse en un banco para alcanzar el tesoro, colocado en el estante más alto del librero. Hojeándolo, recordaba el dedo índice de mi madre apuntando sobre las montañas del Cáucaso, como Dios o como el viento, capaz de volarle el sombrero a un campesino.

Hice del Atlas mi tratado. Dibujé sobre sus mapas los esperpentos de la avestruz y del tigre, acompañando las siluetas de Alaska, Marruecos o el Mar de las Sirtes. Privado de las enseñanzas geográficas de Milde, veía televisión antes de dormir y ponía al Gran Libro Verde de los Mapas bajo un plato de huevos estrellados, dejando caer las gotas de yema sobre la superficie del archipiélago malayo. Fui creador de fantasías insospechadas, cuando el chocolate se deslizaba sobre un páramo helado de Groenlandia. Deformé sin remedio la Oceanía, Sicilia y el Perú. Recorría el departamento con el mapamundi, y si Felicidad no lo hubiera impedido, lo habría llevado conmigo al mercado o a la tintorería.

Felicidad y el niño tributaban al Atlas un culto severo y circunspecto, aunque cada uno por razones distintas. Para ella era la garantía del silencio infantil, y para mí, la llave de todos los signos. Esa comunión se rompió cuando la criada constató las penosas condiciones en las que se encontraba el gran libro. Imaginó la probable reprimenda que recibiría por el maltrato de un objeto que por su peso y tamaño consideraba de alto valor. Felicidad desatendió mis súplicas y escondió el Atlas.

Acabé por encontrar resignación. Había babeado los cinco continentes durante meses. La memoria de las formas geográficas se convirtió en imaginación práctica. Ajusté mis diseños cartográficos a las dimensiones del departamento. Mi habitación fue un reino amurallado que separaba a Gengis Khan de los cobardes chinos. Al norte nacía el desierto de Gobi con sus esquivos gatos salvajes. En los países de William Pescador el mundo se preparaba para la Historia. Estrabón antes que Herodoto: la vida política y militar necesitaba de un mapa donde transcurrir. El niño ya leía y escribía, pero me reservaba ese conocimiento para el porvenir. Apuntaba al calce notas escuetas que proyectaban toponimias. Intenté un alfabeto en clave, para narrar esas historias ordinarias de crímenes y migraciones a las que deseaba condenar a mis súbditos. He olvidado todo aquello. Es una más entre mis lenguas muertas.

La promesa pronunciada ante la tumba de la Rata Blanca, una vez fracasados mis poderes taumatúrgicos, me obligó a insistir en ese mapa del mundo real que prometí a mis camaradas y que abriría el camino de los espectros. Olvidé las cortes derrocadas y las aldeas devastadas por las inundaciones. Dejé morir entre los caníbales a una delegación científica destinada a las Islas Afortunadas.

El pequeño dictador topógrafo arriesgó proyectos más ambiciosos. La profundidad de mi indagación en el espacio trastornó las nociones del tiempo. Ansiaba saltar al siglo dormido. Creí que el acceso estaba en la puerta de servicio que conectaba al departamento con los pasillos interiores de Omorca. No me equivoqué.

Aunque recuperar el alma de la Rata Blanca era una obligación de mago y caballero, me las arreglé para engatusarlos con falsos auspicios. Cualquiera cree en los cuentos de hadas con un poco de indulgencia. Necesitaba de un pretexto trascendente para levantar el mapa interior de Omorca.

Pronto encontré una respuesta. Hacía un año que Sitnorb había muerto. Fue mi mejor amigo, estrella infantil del cine de vanguardia, y como yo, experto en la zoología de los mamíferos, materia a la que consagrábamos las tardes libres. A Sitnorb lo atropellaron mientras cruzaba la avenida en busca de la entrega semanal de *La vida maravillosa de los animales* en fascículos encuadernados. Agonizó tres días.

A veces recordaba haberlo visto morir, aunque es probable que la memoria confisque narraciones ajenas, pues es incierta mi presencia en el momento del accidente fatal. El niño creyó simplemente que Sitnorb había desaparecido. Y lo que desaparece, por lógica, está en otro lugar. Había que buscar a Sitnorb como a cualquier otra de las cosas que se pierden.

Esa convicción me llevó a inspeccionar detalladamente los edificios centrales de Omorca. Descubrí que no sólo mi piso, sino todos, contaban con esa puerta estrecha abierta hacia los pasillos, galería habitualmente sellada para uso de las sirvientas y de los teporochos, pasadizo que conducía igualmente a la azotea, la calle y los sótanos.

Semejante ampliación del universo me abrumó. Pero no podía desistir. El nuevo mapa habría de ser tan preciso como para conducirme hacia el acróbata Sitnorb. Íntima y secreta, la cartografía de Omorca permanecería lejos de esas manos nefastas que gustan de deshilvanar las conspiraciones. El niño ignoraba que otra conjura estaba fraguándose mientras buscaba la senda de los espíritus.

VI

Había una vez un joven húngaro que velaba en un jardín zoológico. La guerra alcanzó su reino. El guardián de las bestias se mantuvo en su puesto. La tierra se incendió. Y cuando la población civil tomó la vereda de las montañas, el húngaro siguió alimentando a los animales, hasta que se agotó la carne de caballo, convertida en artículo de primera necesidad para los seres humanos. El velador vio morir de hambre a las águilas y a las panteras. El rinoceronte se quedó parado sobre sus enormes patas y antes de fenecer esperó como estatua el regreso de los pájaros. El ejército invasor alcanzó el zoológico. El húngaro escapó. Salvó del desastre a una osa recién nacida, ganó un barco de refugiados y atravesó el mar guardando el cachorro en su baúl.

El gitano y la osa vieron tierra lejos de Veracruz. Y tiempo después aprendieron a ganarse la vida bailando para los niños de la gran ciudad. Preferían el domingo para presentarse en la plaza pública. Cada vez que visitaban Omorca, la calle central de los edificios se transformaba en un estadio que recibía con júbilo a los danzarines. Las amas de casa, como los hombres sin mujer, peleaban su lugar en las ventanas para mirar a la pareja, junto a las sirvientas y sus niños.

Felicidad y yo aplaudíamos al cíngaro. Tenía una mirada astuta, bigote engomado y puntiagudo, traje raído y sombrero verde de cazador de liebres. Sujetaba a la osa con una cadena. El grillete que rodeaba el cuello de la bestia le carcomía la pelambre. El gitano golpeaba la pandereta y la osa bailaba la danza de la lluvia.

La osa levantaba una pata y luego otra, hasta saltar como cojo y rugir. Los recuerdos no siempre son misericordiosos, y ahora me repugna el espectáculo de la osa babeante, pagando un rescate que no pidió, con las tetillas caídas que no conocieron la leche, y esas garras inútiles melladas por el pavimento.

La danza de la osa provocó una tormenta sobre Omorca. Las telas limpias se secaban al sol en la azotea. Mientras el húngaro recogía las monedas en el sombrero, perdió el control de su esclava, un *Ursus middendorffi*, y el animal se levantó contra la multitud, aterrorizado por una tormenta que se arrepentía de haber provocado.

Perdimos de vista a la osa, pues toda la ropa limpia y colgada cayó sobre la calle, impulsada por el ventarrón de lluvia ácida. Felicidad, como todas las criadas, bajó a toda prisa las escaleras, intentando rescatar o interceptar las prendas. ¿De quién era esa colcha azul colgada del pretil de una ventana? ¿Dónde estaban los propietarios de esos manteles enlodados por la lluvia? Los niños brincaban sobre la ropa.

Los administradores de Omorca contenían a las amas de casa, poniendo en orden a las sirvientas, intentando organizar la búsqueda de las prendas y la devolución a sus legítimos dueños. Dado que las familias habían perdido la costumbre de lacrar la ropa de cama, Omorca se convirtió en un tribunal de apelaciones que sesionó hasta el amanecer.

Menudeaban los insultos y amagaban las bofetadas cuando se descubrió el cadáver de una sirvienta entre la ropa desordenada. ¿Aquella infeliz había aprovechado la confusión para suicidarse, impulsada por alguna melodía para corazones rotos? ¿O había tropezado en su celo por detener las prendas a su cargo? El caso es que estaba muerta.

Aparecieron los bomberos, la policía y la prensa. Una osa había provocado la furia del cielo. Durante la tormenta cayó desde la azotea una joven empleada doméstica. Toda una noticia.

La Cruz Verde forcejeaba con una turba de sirvientas que exigía el cuerpo para velarlo en la azotea. Ellas temían que las autoridades sanitarias regalaran el cadáver a los estudiantes de medicina, que le cortarían las manos para asustar a los transeúntes desde los altos de la facultad. Fue entonces cuando una voz anónima acusó a Felicidad de haber arrojado a la criadita al vacío durante la tempestad. La multitud adora al chivo expiatorio, la policía gusta de las soluciones expeditas y la prensa de los desenlaces rojos. Omorca guardó silencio cuando Felicidad fue arrestada sin presentar resistencia y conducida a la oficina de averiguaciones previas. Nada volvimos a saber de la osa y el húngaro. Desde entonces los niños envejecen en domingo.

VII

El doctor Jean Fangloire sacó a Felicidad de la cárcel. Nadie tenía pruebas consistentes en su contra y aparecieron los testigos que aseguraron haberla visto a mi lado antes de la tormenta, en la ventana de nuestro departamento. Aunque víctima inocente de la maledicencia del vulgo, el episodio del gitano y la osa agrió el carácter de Felicidad. Pero la consecuencia más penosa del incidente fue el nacimiento de una intimidad inconfesable entre la criada y el doctor.

Era natural que fuera el doctor Fangloire quien intercediera por Felicidad, dada su responsabilidad sobre los asuntos de la madre ausente. Hasta ese momento el ginecólogo sólo aparecía por casa los días de paga de la sirvienta y en esa ocasión saldaba los gastos domésticos. Los niños, acostumbrados a los amantes de Milde, no le prestábamos mayor atención. El doctor procedía sin hacerse notar. No tenía intenciones de fungir como padrastro.

La muerte de la criadita lo obligó a presentarse con mayor frecuencia. Estaba preocupado por el desquiciamiento nervioso que padecía Felicidad. Tras setenta y dos horas en prisión preventiva, regresó visiblemente alterada, hablando sin orden ni concierto, omitiendo el sujeto de las oraciones o interrumpiendo las frases intempestivamente. Fangloire le recetó calmantes, pero el efecto de los ansiolíticos en una naturaleza esencialmente homeopática, complicó el cuadro. Se empezó a arrancar mechones de pelo blanco y acabó por presentarse ante propios y extraños como la Reina de las Sirvientas.

Felicidad se mudó a la covacha que nos correspondía en la azotea de Omorca, entre los lavabos de pie y los tinacos de agua. Ese cuarto había servido de taller de reparaciones caseras del difunto tío Juan. La autoproclamada Reina de las Sirvientas pasó a morar rodeada de la historia universal e ilustrada de las mujeres que aquel tío había elegido como decoración: calendarios de ferreterías y recortes de revistas baratas, que incluían desde indias con trenzas hasta una Jane Fonda mojada y desnuda, pasando por las piernas más formidables del medio siglo, con las de la divina Ninón Sevilla presidiendo la ergástula. Felicidad se acostaba en el camastro donde el tío se curaba las borracheras, rodeada de frascos con alcayatas, tornillos oxidados y clavos de una pulgada, lo mismo que de inútiles piezas de relojería. El desván llevaba varios años abandonado.

La gente decente de Omorca aceptó de mala gana la versión oficial del suicidio como la explicación más sustanciosa de la muerte de la criadita. Esa idea, la de una empleada doméstica que se arroja al vacío al ver volar la ropa que vigilaba, sedujo a la servidumbre. Aquellas mujeres encontraron en la palabra *suicidio* una fuente insospechada de saber y dolor. Y fue Felicidad quien se ofreció como oficiante de ese sacerdocio.

Tras el Domingo de la Osa, las sirvientas se empeñaron en representar un permanente velorio de cuerpo ausente. Le dieron un valor nuevo a la noche, y la convirtieron en la vigilia de las plegarias y las consejas. Las más consternadas rodeaban a Felicidad, que se fumaba las colillas que hallaba en el suelo, farfullando letanías al estilo de que a la suicida *no se la llevó Dios. Se fue porque no hubo mano hermana que la detuviera.* Hablaba de una inminente rebelión universal de las criadas. Tanto el accidente, como la falsa acusación que cayó sobre ella, le parecieron señales del cielo que la designaban al frente de las sirvientas, dueña de la promesa en blanco de su redención. Soñaba con incendios purificadores que saltaban de azotea en azotea, consumiendo a su paso las sábanas blancas, y con peregrinaciones al Tepeyac, o a un mar bravo que les devolvería a la muerta en una ola de detergente biológico. Las sirvientas lloraban con Felicidad, aturdidas por la vehemencia de sus profecías, o pasmadas ante la congoja de su alma.

En los primeros días de duelo, abuelas y jovencitos sintieron compasión por el dolor de las sirvientas. Las viejas colgaron milagritos y encendieron veladoras en el cuartucho de la difunta, y los adolescentes prestaron sus lámparas Coleman para iluminar esas tertulias dolientes, que a la distancia simulaban un campamento de verano animado por las fogatas nocturnas.

Pero la gloria funeral de Felicidad se fue extinguiendo. Aburridas de la tristeza, las criadas volvieron a tararear melodías románticas mientras lavaban. Las amas de casa, ansiosas de normalizar la vida doméstica en Omorca, recurrieron al Señor Administrador, y éste se presentó ante la Reina de las Sirvientas para ordenarle que cesara ese absurdo velorio. Felicidad lo ignoró. Fue necesario tomar medidas más estrictas.

La administración amenazó severamente a quienes encendieran lámparas Coleman en la azotea. La cercanía de las instalaciones de gas podría ocasionar nuevas desgracias. Fueron decomisados los aparatos de radio, pues se atribuía a las coplas del amor desgraciado el estado anímico de la servidumbre. Hubo escasa resistencia entre las criadas fieles a su reina. Y para terminar, algunas de las casandras fueron despedidas por sus patronas para que se fueran a bailar a Chalma.

Felicidad fue víctima del anatema en calidad de elemento social perturbador, y no teniendo Señora que la pusiera en su lugar, la fugaz Reina de las Sirvientas se convirtió en anacoreta. El doctor Fangloire hubo de empeñar su palabra con la administración por el comportamiento de Felicidad, alegando que ella no albergaba segundas intenciones políticas o sindicales, y escudado en su opinión de facultativo, aseveró que se trataba de una crisis depresiva, quizá maniaca, pero inofensiva y transitoria.

El ginecólogo visitaba a Felicidad en la azotea. El niño ignoraba entonces que con el pretexto de vigilar su salud mental, el doctor Fangloire comenzaba a susurrar en el oído de la criada cosas que no tenía por qué saber, y cuyo conocimiento indebido atraería ciertas secuelas que justifican nuestro relato. Imagino la persuasiva y doctoral voz introduciendo en aquel cerebro desquiciado voces extrañas de origen inconfesable.

Privada del consuelo de las sirvientas, Felicidad se empeñó en sufrir por su cuenta y riesgo. Aquella fuga espiritual, empero, no la colocó en situación de descuidar las necesidades básicas de sus niños. Hemos dicho que las buenas criadas saben dormir con un ojo abierto. No nos faltó comida caliente ni ropa limpia. Pero Felicidad, en el fondo, había renunciado a nosotros.

El duelo de Felicidad me causó problemas. La reticencia de Omorca me involucraba en la locura de la errática Reina de las Sirvientas. Los guerreros me evadían y las puertas de algunos hogares se cerraron para mí, evitando que completara el mapa con la observación de otros accesos. Nicolás,

desde luego, no manifestó ningún interés por los escanda-
losos acontecimientos que habían trastornado a Omorca y
que conoció a través de la televisión.

VIII

El exilio interior de Felicidad me permitió descubrir, mientras extendía los borradores del mapa por la sala, ya sin temor a sus miradas indiscretas, a un ser que vivía conmigo, y
en el cual no había reparado a pesar de una convivencia tan
larga como mi breve vida.

Trabé amistad con mi pene. Me sorprendió su indiferencia. Lo tocaba y lo estiraba. Guardaba un secreto que empecé a sondear aplicándole cremas para las manos o esas po-
ciones aceitosas de mujer que Milde había olvidado. Me
saludó con una erección. Esperé esa caudalosa orina blanca
que mi esmerada educación sexual me invitaba a presenciar.
Aquella baba nunca apareció, y a cambio sufrí las consecuencias irritantes del jabón y de la espuma para afeitar en
el prepucio.

El pene crecía. Despertado de su sueño sin memoria por
la masturbación infértil, se convirtió en un diosecillo inso-
lente capaz de gobernarse a su capricho. Trataba de leer alguna revista sobre las pirámides de Egipto pero él sabía impe-
dirlo, obligándome a correr al baño para bendecirlo; me
bajaba los pantalones para sentarme en una taza decorada
con una colección filatélica, y allí lo miraba con disgusto, su-
plicándole que regresara a su laxitud habitual; como respuesta me sonreía como un molusco liberado de su concha. Y me
resigné a traerlo colgando entre las piernas por el resto de
mis días, sometido a sus cambiantes estados de ánimo, a su
festiva y venérea existencia.

Felicidad no tuvo inconveniente en permitirme circular con toda libertad por las azoteas. Logré una visión panorámica de Omorca, la adecuada para medir base y altura de la ciudadela. Comprobé que no estaba en sus techos la clave para entrar en el mundo espectral.

Esas excursiones vespertinas me enseñaron algunos detalles de la vida servil. Era edificante ver lavar a las criadas. Se situaban frente al lavadero inclinado, con sus ranuras transversales para fregar las telas. Ningún lavadero tiene la altura necesaria para que la sirvienta lave con comodidad, y cada una debe hacerse de un ladrillo para que la inclinación del cuerpo no lastime la curva de la espina.

El poder de una sirvienta se basa en el conocimiento que de una familia adquiere a través de su ropa sucia. Lágrimas, grasa animal, sudor, semen, perfumes, caca, menstruo, todo es información que la criada descifra y guarda en las palmas blancas de sus manos. Al lavar, la sirvienta reconstruye nuestro periplo y verifica la ruta que habremos de tomar al día siguiente. Las inocentes secreciones de mi pene, que no dejaban otra mancha que la combinación entre la crema y el orín, podían delatarme.

Mi ropa interior no debía caer en el lavadero donde Felicidad restregaba su locura. Y tampoco confiaba en la discreción del impertinente molusco. Aprendí a usar la lavadora automática del departamento y protegí mis secretos de la adivinación por agua sucia.

El doctor Fangloire apareció una mañana y conminó a Felicidad a abandonar esa acedia tan perjudicial para todos. Amenazó con despedirla. La vieja criada se asustó y el doctor quiso consolarla con un ingreso extra, ofreciéndole trabajo los jueves en la noche en el Club del Médico Ajedrecista instalado en la panadería de Omorca. Eso la distraería. Serviría café y cognac a los doctores. La depuesta Reina de las Sirvientas aceptó y convino con Fangloire en que yo la acompañaría en algunas ocasiones.

Uno de los misterios de la biografía de mi madre era su pasión por el ajedrez. Las mujeres no solían jugarlo. Se entusiasmó cuando llegamos a Omorca y descubrió que el maestro panadero albergaba a un grupo jupiterino de médicos ajedrecistas. Y allí conoció al doctor Fangloire.

Milde no era una jugadora de excepción. Perdía más partidas de las que ganaba. Pero dominaba varios de los aspectos del Juego Ciencia y exasperaba a sus corteses contrincantes por la pulcritud de sus Defensas. Tenía un sentido cronométrico del juego y, aun derrotada, exprimía el reloj hasta el último de los segundos. En un gesto infantil, siempre se negó a aceptar las tablas y no se permitía dejar caer a su Rey. Quizá Milde encontró en las tediosas combinaciones del ajedrez otro campo para dirimir su habitualmente brutal comercio con los hombres. Recuerdo los largos cabellos de mi madre, libres de sus pelucas de modelo ocasional, cayendo sobre la frente y obstaculizando su apreciación de la fatalidad de un Caballo atrapado entre Torre y Dama.

Aprendí el ajedrez observándola jugar. Pero nunca jugué con ella. La oportunidad de esa batalla me habría dado precisiones de su guerra con los hombres, aquella campaña en la que no podía tomar parte. Como un ajedrecista retirado en un asilo, desprovisto de los trebejos del juego, imagino movimientos y posiciones de una partida con mi madre pospuesta para siempre.

Me alegró saber que volvería al Club del Médico Ajedrecista como acompañante de Felicidad. El doctor Fangloire me permitiría jugar con algún médico sin rival. Cruzaría las piernas con fuerza, aprisionando al molusco, temeroso de que alguno de sus desvaríos distrajera mi atención del tablero.

Los nervios de Felicidad se fueron calmando. Abandonó

la covacha en la azotea. Las largas vacaciones de verano se
acercaban a su fin.

IX

Felicidad me entregaba la carta semanal de Milde con una
pompa digna de mayordomo inglés que francamente no iba
con ella. Los niños ignorábamos las misivas de nuestra madre. Eran notas de cuatro líneas. Recomendaciones y buenos
deseos. Nunca hablaba de la cuantiosa herencia, pretexto de
su escapatoria, de la cual sabíamos, vagamente, que consistía
en bienes raíces y en una legendaria colección de arte africano. Tampoco brindó detalle alguno de los funerales de su madre, la abuela Sary, cuya muerte había precipitado su viaje a
Atlantic City, la ciudad de sus mayores.

Es significativo mencionar que Milde nos escribía en inglés, lengua que apenas conocíamos, precisamente por vo-
luntad de nuestra madre. "No quiero que mis hijos hablen la
lengua del maldito imperio", decía a quienes objetaban su
obstinación en mantenernos ignorantes de su idioma materno. Puesto que estaban en inglés, no leíamos esas cartas. El
motivo por el cual comprendí el mensaje que recibí esa mañana era elemental. Era una carta en español.

En el momento en que Felicidad abrió el sobre y me mostró la carta, me sorprendió una temblorosa y desconocida
caligrafía. No era una carta de Milde. Era del abuelo Bob:

Atlantic City, 20 de julio de 197...

Querido nieto William, es muy doloroso para mí informarte que
tu madre murió. La enterramos en un lugar muy hermoso cerca
de un río. Es necesario que vengas a Atlantic City a recoger tu
herencia y la de tu hermano el pequeño Nicolás. Estoy muy vie-

jo y no puedo viajar, pero sé de tus conocimientos geográficos, así que confío en que sabrás llegar sano y salvo. Te espera tu abuelo, Bob Sachs.

P. D. Nuestro interfono no funciona muy bien. Te mando la llave del departamento para que puedas entrar sin dificultad.

Cuando desperté del desmayo causado por semejante noticia tenía bien apretada en la mano una llave herrumbrosa. Vi las caras sonrientes del doctor Fangloire y de Felicidad. El doctor releía la carta con aparente incredulidad.

—Quiero la carta de mi abuelo —grité. Tenía la sensación de estar dormido y de no ser escuchado.

El doctor Fangloire me la devolvió con calculada indiferencia y continuó una conversación con la criada, al parecer interrumpida por el despertar súbito del flamante huérfano.

—... es increíble la irresponsabilidad de ese viejo gringo orate. Comunicarle de su propia mano y de esta forma una noticia así a un niño de once años y pedirle que viaje solo por una herencia... Es absurdo y criminal. La muerte de la señora Milde debió de ser intempestiva, un accidente quizá, pues no mandó instrucciones para una circunstancia de esta naturaleza, ninguna indicación sobre el futuro de sus hijos. Ya veré cómo lo arreglo...

El doctor Fangloire consideró que ya era hora de dirigirse a mí:

—La situación es triste y complicada. Pero, mi querido William, mientras yo esté aquí me ocuparé de su bienestar. Felicidad los seguirá cuidando... Por lo pronto no podrás ir a la escuela durante los primeros días del próximo curso, pues tu mamá no me dejó dinero suficiente para pagar la inscripción y necesito tiempo para solicitar la dichosa herencia en *tu* nombre, desde luego.

El atribulado ginecólogo se despidió, al parecer molesto por los problemas que le ocasionaría el pequeño hospicio que su amante acababa de heredarle.

No se necesitaba ser un niño prodigio para determinar las coordenadas de la situación. Milde había muerto antes que su padre y éste, bien intencionado, senil y quizá loco, quería proteger a sus nietos, ignorando que no estaban en edad ni en condición de reclamar una herencia. La muerte había vuelto a adelantarse a la vida, y el dinero quedaría en manos del doctor Fangloire, probable apoderado de la difunta... Era lógico, finalmente, que el doctor se negara a mandarme a la escuela. Él sabía que yo pediría protección y consejo a las profesoras. Quería mantenerme incomunicado mientras robaba la herencia.

Esas dolorosas especulaciones me tenían tan atareado que tardé un rato en notar que mi hermano había desaparecido. Un ominoso silencio me rodeaba: por primera vez en años la televisión estaba apagada. Felicidad, cuya indiferencia ante mis preguntas revelaba su creciente complicidad con el médico, me contó que antes de caer desmayado con la fatídica carta en las manos, corrí al cuarto del televidente y le anuncié a mi hermano Nicolás la muerte de nuestra madre.

Felicidad refirió que Nicolás no se había inmutado ante la noticia. Apagó la televisión y empezó a desarmarla metódicamente, con la sangre fría de quien desactiva una bomba de tiempo. No obstante su mutismo, el doctor Fangloire le administró un sedante y ordenó a la criada que lo llevara a la casa de una tía. Antes de quedarse tiernamente dormido, mi hermano pidió a Felicidad que empacara en un veliz las piezas de la televisión. La vieja criada cargó con mi hermano al hombro, con el aparato tan amado de Nicolás, y con su cepillo de dientes.

Inútilmente traté de llamar a casa de la tía. Felicidad o el doctor habían desconectado el teléfono. Hubiera querido utilizarlo para hablar con mis amigos de la escuela. Perdía mi tiempo pensando en que los niños pudieran dar un pésame y en aquella época feliz, además, los huérfanos no estaban de moda. En cuanto a Nicolás, sólo deseé en silencio que pudiera reactivar el televisor en su nuevo domicilio.

Mis recuerdos pierden consistencia tras el escarnio de la mala nueva. Sufrí la muerte de Milde de una manera evasiva. O quizá mis sentimientos fueron tan ingobernables que la memoria los desechó por impúdicos y aberrantes. Seguramente recordé los aspectos luminosos de la personalidad de mi madre. Pasaba horas inmóviles ante el tablero de ajedrez, adelantando el P4D e imaginando la Defensa Italiana que Milde podría utilizar en esa partida imaginaria... Además, considerados los antecedentes, mi idea de la muerte era ambigua. Pensé otra vez en Sitnorb. Más que la disolución definitiva del ser, la muerte me parecía un juego perverso en que las personas cambiaban de lugar en el tiempo, y la puerta de éste, pensaba, no podía estar fuera del espacio. Esas ideas volcaron mi mente hacia la herencia y su pesquisa, pues ésta era la única huella a seguir en la búsqueda de mi madre o de su muerte.

El doctor Fangloire no alteró su rutina. Pasaba cada semana a darle el gasto a Felicidad. Me recordaba que estaba tramitando mi herencia. Tu madre ha muerto, decía, pero serás el niño más rico del mundo. Con los días me di cuenta de que efectivamente querían aislarme del mundo. El teléfono no volvió a funcionar, irregularidad tan común en Omorca que nadie le daba importancia. Fue inútil, a su vez, preguntar por qué no me enviaban a reunirme con mi hermano en casa de la tía. Para el doctor y la criada yo era un tipo peligroso. Esa idea alegraba mis noches. No podían deshacerse de mí, puesto que ante la ley yo era el beneficiario de la herencia, y aunque careciera de personalidad jurídica, mi existencia era indispensable para sus planes. En este último punto me equivocaba.

Esas sospechas me obligaron a fingir demencia. La soberbia logró que yo, William Pescador, fuera el arquitecto de mi propio destino. El mapa tomaba la dimensión de una explicación certera del devenir, que una providencia secreta había puesto en mis manos para afrontarlo. Engañaría a los adultos con la verdad. Me concentré en la afinación del mapa, simulé retroceder en la vida infantil hasta la edad rupestre, para no suscitar la atención de la criada, y mientras tanto estudiaba los pasillos en busca de esa senda de los espectros donde sólo Sitnorb podía guiarme. Con el compás en la mano, la creación del cielo y del infierno me pareció cosa de niños.

X

El hilo de la fortuna enredó a Felicidad. La muerte de Milde y sus prestigiosas consecuencias dieron un nuevo valor a su vida. Su trato con el niño se tornó tan obsequioso como estúpido. Y soñaba enternecida con la catarata de oro que caería sobre nosotros desde los rascacielos de Atlantic City, calculando que alguna baratija quedaría en su poder, como retribución por su sacrificio en aras de los huérfanos. Pensaba en voz alta y de oídas, hablándome sobre las grandes universidades, las hermosas mujeres y los lujosos automóviles que el futuro me depararía. Dibujaba con un suspiro el lugar que creía ocupar en esa auspiciosa constelación.

Libre, el niño ansiaba la pubertad como la gran edad de las ilusiones perdidas. Sin madre, regido por extraños, a la espera de una herencia desconocida y oculta en una ciudad misteriosa, alejado de la escuela y sus turbios rituales, el niño vagaba por Omorca.

Sospechaba de todos y temía por mi vida. Felicidad no me dio motivo de alarma hasta que desaparecieron las medicinas. Interrogada, la criada dijo que cápsulas, jarabes y grageas habían caducado —no supe cómo adquirió ese conocimiento—, y que era hora de deshacerse de la enorme cantidad de pastillas que mi madre había dejado en el baño. A su muerte, agregó, no había necesidad de conservarlas. Y era cierto que la mayoría de las patentes eran viejas.

Mi extrañeza ante la mal disimulada desesperación con la que la sirvienta desmontó la farmacia doméstica se volvió franca suspicacia cuando, ante la insistencia del niño, Felicidad aclaró que como me veía tan huérfano, temía un rapto de desesperación en que me hiciera de las pastillas y tentara al suicidio. Me reí en sus narices aunque había un antecedente en mi contra. Poco después de la partida de Milde, en ocasión de un incidente sin importancia, yo había amagado a la criada con envenenarme. Pero revertí el temor de Felicidad. Era ella quien quería envenenarme.

Para comprobar los planes criminales de mi sirvienta decidí inspeccionar su covacha en la azotea. Desde que mi pene logró manifestarse, frecuentaba con mayores precauciones esos dormitorios de sirvienta de los que con tanta fruición hablaban los guerreros de Omorca. La eventual desnudez de las criadas al lavarse el pelo junto a los tinacos me inquietaba y aquellos deseos enturbiaban mi convivencia con el irredento molusco. No sin excitación subí a la azotea. Felicidad dormía nuevamente en el departamento desde la advertencia del doctor Fangloire, pero guardaba sus trebejos en el antiguo desván del tío. En rigor, los cuartos de las criadas no tienen cerradura pues deben estar dispuestos a la arbitraria inspección de las señoras, siempre alertas ante la posibilidad de descubrirlas en algún connubio clandestino. La hostilidad comunitaria contra Felicidad había impuesto la excepción y su covacha estaba bajo llave.

Hacía tres semanas que Felicidad abandonaba el edificio los jueves, de nueve a doce, por la noche, cuando se presentaba a servir a los médicos en el club de ajedrez. Decidí no acompañarla en la siguiente ocasión y aprovechar su ausencia para realizar mis averiguaciones.

El jueves Felicidad no mostró interés por el catarro intestinal que fingí y salió rumbo al club. Confieso que ya para entonces mis sospechas habían menguado. El día anterior encontré en la basura dos bolsas con los medicamentos desechados. Envenenamiento descartado. Por orgullo, insistí en el allanamiento de su morada.

Sabía que forzar la cerradura sería difícil. Mientras buscaba en mi improvisado veliz de ladrón una ganzúa me topé con la llave herrumbrosa que mi abuelo Bob Sachs me había enviado junto con su carta fatal. Sin ningún presentimiento de salvación probé la llave y mi sorpresa fue enorme cuando abrió al instante la puerta del cuartucho. Era una llave maestra que mi deschavetado abuelo me había enviado providencialmente, supongo que para superar los obstáculos de la existencia.

En el desván del tío todas mis hipótesis cayeron una a una, sintetizando la futilidad de la imaginación infantil. No encontré sogas, rifles con silenciador o una pistola calibre .38. Sufrí al no hallar el proverbial frasco de veneno con la etiqueta del pirata. Estaba ante el viejo antro del tío, tal cual lo conocía, más el modesto e improvisado tocador de Felicidad, y sólo encontré novedad en ese olor a lejía y queso producido por la fricción entre sudor y plástico en la curtida chancla de Felicidad.

Ocioso, pensaba en aprovechar la visita para derramar crema para las manos sobre mi pene, cuando la curiosidad del bibliófilo alteró mi destino. Había una caja con libros en un rincón. ¿Libros en el cuarto de Felicidad? Acaso serían historietas de lágrimas y risas.

No. Encontré en la caja una decena de libros ilustrados sobre el arte del África negra. ¡Felicidad pensaba en la colección artística africana que formaba parte medular de la herencia del abuelo!

Me conmovió pensar en la vieja criada husmeando en las librerías, con pocos pesos, tras ejemplares de difícil posesión, muestras a color y laminadas, sobre ese enigmático arte africano del que nada sabía hasta hace poco tiempo. La ternura se volvió estupor cuando palpé el trabajoso examen de iconografía que Felicidad había trazado, a lápiz, en el cuaderno de los gastos domésticos. La criada copiaba y calcaba, con la vehemente impericia de un nahuatlato del siglo XVI, figuras y croquis de piezas, zonas estilísticas y tradiciones dinásticas del arte negro, que poco después me serían familiares.

Felicidad había dibujado, como quien pretende memorizar un modelo, los terciopelos vegetales de Ba-Kuba del Congo, las piedras esteatitas de las regiones kissi y mendi, trabajos de los oba de Benín, la estatuaria de los Senufo y las máscaras gbon de la Costa de Marfil. Mossi, bobo, dagón, eran palabras que se repetían en ese abigarrado códice negro, transfigurado por una sirvienta mestiza del siglo XX, pieza que figuraría en cualquier museo como un asombroso misterio de atribución, y un fabuloso galimatías iconológico.

La verdad, la terrible verdad, estaba ante mis ojos. Felicidad había escuchado sin comprender las vagas conversaciones de los hermanos con los amigos y vecinos sobre la colección africana del abuelo en Atlantic City, asunto del que se hablaba con curiosidad desde mucho tiempo atrás de la partida de Milde, quien vivió obsesionada por la riqueza que traería a su peculio la venta de esa ansiada herencia. La criada, como yo mismo, ignoraba las proporciones y el valor del acervo, pero se preparaba, con celo entre académico y chamánico, para apropiarse de las máscaras y las estatuillas del abuelo, confiada en que, por la razón o por la fuerza, sería nuestra albacea. La calculada maldad de una mujer ignorante, que había fracasado como Reina de las Sirvientas de Omorca, la impulsaría a intentar salirse con la suya. Felicidad trataría de eliminarme para hacerse de esas figuras cuya imaginación ya veneraba. Salí de su cuarto y borré las huellas de mi nefanda incursión. Me quedaba el dudoso recurso de una conversación franca con el doctor Jean Fangloire.

XI

El jueves siguiente, guardando toda discreción, acompañé a Felicidad con los ajedrecistas. El Club del Médico Ajedrecista funcionaba en la trastienda de la panadería. Asistían entre diez y quince doctores que daban consulta en los hospitales que rodeaban a Omorca. Ninguno de esos aficionados había llegado a los tableros nacionales y los médicos renombrados jugaban el ajedrez fuera del gremio hipocrático. Entre los asistentes a la panadería recuerdo a los doctores Domínguez, psiquiatra; Lara-Vals, pediatra; Teresa Guerra, cardióloga; Campillo, teratólogo; Lachica, médico familiar, y al ginecólogo haitiano Jean Fangloire, de quien el lector tiene ya sobrada noticia, y en cuyas manos pensaba confiarme para resolver el enigma planteado por los estudios africanos de Felicidad.

Desde el lejano día de la bicicleta, Fangloire no había logrado ganarse mi afecto. Antes de la escapatoria de Milde, en la primera oportunidad que se me presentó, le gané una partida mediante un memorable Gambito de Caballo, lo que le ocasionó la burla de sus colegas y cierta predisposición antipática contra mi pequeña persona.

El quórum no se completó esa noche. Algunos médicos, habitualmente tan entusiastas, parecían haberse ausentado para permitirme charlar a solas con el amante de mi madre. Se me ocurrió que otra partida sería la circunstancia adecuada para interrogarlo.

El doctor Fangloire era un mulato espigado y tan pálido como el humo de su habano. Lo recuerdo viejo pero no debía sumar más de cuarenta años. Aceptó el reto infantil, dispensando que la revancha la pide el derrotado.

Felicidad ya había colocado los tableros, las cortinas de la panadería ocultaban las luces de Omorca, todavía despierta, y los escasos jugadores ajustaban sus relojes. Cada uno de los tableros llevaba pirograbado el nombre de un gran maestro internacional, desde el marrano Ruy López, pasando por los desquiciados Murphy y Alekhine, hasta Fischer y Spassky, que entonces causaban furor. El médico caribeño prefería el tablero consagrado al cubano Capablanca y allí jugamos.

Sustituyendo las piezas de pan dulce, durante las sesiones ajedrecistas se colocaba en las repisas una colección a escala de las distintas especialidades médicas. El doctor Lara-Vals, mi pediatra, había traído de Barcelona esos figurines que caracterizaban al partero, al otorrinolaringólogo, al dentista y al cardiólogo, que observaban con solemnidad a sus encarnaciones vivas. Algunos de los facultativos de plomo eran negros. Imagino que aquello regocijaba a Fangloire.

Adelanté el P4D, olvidando la prudencia que prescribe el peón de rey para los novatos y los cobardes. Fangloire tiró

C3AR. El médico intentaba la Defensa Nimzoindia, táctica vanidosa que mostraba un desprecio altivo por el oponente. Al entrar al medio juego creí oportuno abrir la boca:

—Doctor, quiero hablar con usted en privado...

—Las piezas son sordas, William, a menos que quieras pasar a través del Espejo.

PXPA, AXP, A3C.

Fangloire no gustaba de las indefiniciones en el tablero. Estaba dispuesto a perder un tiempo más en el movimiento de un alfil, con tal de llevar claridad a la posición.

—¿A través del Espejo? —pregunté.

—Pregúntale a Alicia.

Fangloire parecía satisfecho con el desarrollo de la partida. Me obligó a aceptar el Gambito de Dama. Ahora se disponía a perderme en las sutilezas nimzoindias.

—Doctor, descubrí algo extraño en el cuarto de Felicidad.

—¿Y se puede saber qué haces en las habitaciones de la servidumbre? Puedes toparte con la Reina Roja y la Reina Blanca.

—Felicidad está estudiando arte africano.

CXA, TXT... Las piezas negras de Fangloire no tenían nada que perder. El punto 2D estaba sólidamente protegido. El niño estaba siendo discretamente atrapado por un jugador tan astuto como aparentemente despreocupado.

—¿Hay algo malo, William, en que una empleada doméstica se eduque por su cuenta...? No tenemos dinero para pagarle la primaria abierta como hubiera sido deseo de tu querida madre.

RIA... Exasperación. Estaba a punto de caer sin remedio ante el doctor.

—Felicidad quiere adueñarse de la colección de mi abuelo.

—No exactamente, William, no exactamente.

Fangloire oprimió mi rodilla por debajo del tablero de Capablanca. Me indicaba silencio, pues algunos de los médicos parecían más interesados en nuestra conversación que en sus deshilvanadas partidas. El doctor me dijo:

—¿De dónde vienes y a dónde vas? Mírame a los ojos, háblame con tino y no te pongas a juguetear con los dedos... Pieza tocada, pieza jugada.

Acepté un agónico cambio de caballos. Fangloire entró en explicaciones:

—Quiso el destino, querido William, que yo mismo sea un experto en arte africano. Nací en Haití, esa sufrida avanzada del continente negro en el Nuevo Mundo... Tengo una hermosa biblioteca, y decidí prestarle a Felicidad algunos libros ilustrados, con la intención de que se familiarice con las piezas de tu abuelo, para que pueda cumplir la misión que les haré el favor de financiar...

—¿Qué clase de misión? ¿No soy yo el heredero? ¿No es cierto que mi abuelo desea entregarme personalmente la colección? —inquirí francamente desconcertado.

Fangloire no se dignó en contestar y mi ansiedad fue creciendo cuando oí despedirse a la última pareja de jugadores. La panadería estaba cerrada. Un calor sofocante impregnaba la habitación. Olía a harina horneada. Fangloire había cometido una distracción imperdonable. Su error de cálculo ponía en duda una victoria segura hacía apenas algunos movimientos, arriesgando incluso las tablas para su causa con una final de peones que podría perder de manera inverosímil.

—Felicidad —dijo Fangloire— te acompañará a Atlantic City a recoger tu herencia... Tu abuelo puede engañarte, y por ello, tu criada debe saber de qué se trata una colección de arte africano.

Creí tranquilizarme. La explicación tenía cierta lógica. Felicidad apareció a mis espaldas, como si Fangloire la hubiera llamado. El doctor le dijo:

—Los mirones son de palo.

En ese momento la criada me agarró el pescuezo y el doctor se precipitó para amarrarme a la silla. Tiré el tablero de una patada. Grité unos segundos hasta que lograron taparme la boca con un pañuelo.

La mufla de la panadería estaba en su punto para hornearme y dejarme en calidad de pan dulce. La pareja criminal se aprestaba a no dejar vestigio alguno de mi apariencia humana. Mis cabellos chispeaban cerca del fuego cuando alcancé a escuchar gritos en la puerta.

William a través del Espejo. La Reina Roja y la Reina Blanca. No hay crimen perfecto.

Felicidad ignoraba que el maestro panadero se había comprometido con el vecino a no encender el horno antes de las cinco de la madrugada, pues el ruido de la combustión le maltrataba el sueño. Mis enemigos lo despertaron y empezó a patear la puerta hasta que Fangloire y la criada perdieron los estribos, indecisos entre apagar el horno o desamarrarme y fingir alguna demencia. Acabaron por darse a la fuga.

El vecino me rescató ileso.

Estando a salvo advertí que yo era un héroe de la epopeya, y que ningún poder vil y adulto podía detenerme.

Comprendí que el doctor Jean Fangloire había dicho casi toda la verdad. Haitiano, practicante del vudú, entenado en la embajada de Papa Doc en Omorca, había seducido a Felicidad con los libros de arte africano, confiando en su superstición congénita, y poniéndola al tanto del tipo de piezas que robaría en Atlantic City, presentándose ante Bob Sachs como una pulcra aya británica que acude a reclamar una herencia benefactora, cuando lo que se pretendía era que remitiera la colección africana a Puerto Príncipe.

El doctor Fangloire, aprovechando su fuero diplomático, huyó a su país, donde le fue confiada una nueva misión en el extranjero, misma que seguramente no desaprovechó para continuar con sus fechorías. La policía encontró en su consultorio un revólver, una guía de coleccionistas de arte africano impresa en Providence, una carta falsificada de Milde nombrándolo heredero universal de todos sus bienes, y el boleto de avión a Atlantic City que la ingrata Felicidad debió de haber utilizado.

Felicidad fue arrestada y condenada por intento de homicidio con premeditación, alevosía y ventaja. Confesó haber pretendido incinerarme en el horno de la panadería. Cautiva en las Islas Marías, dicen que se ostentaba como Reina de las Sirvientas y depositaria del saber milagrero de los negros de África. Años después, alguien creyó verla caer desde las azoteas de Omorca, colgada de la sombrilla de Mary Poppins... Ésos son cuentos de niños.

Queda por contar cómo escapé de Omorca para presentarme personalmente en Atlantic City por mi herencia, que había desatado tanta vanidad y avaricia, infidelidad y discordia.

XII

La ausencia de personalidad jurídica volvió a rescatarme de la inquina de los adultos. Tras escuchar la narración del maestro panadero y tomar nota del aspecto y la calidad de la pareja criminal, la policía no supo qué hacer con el cuerpo del delito, y careciendo de toda validez una declaración mía ante el ministerio público, me dejaron regresar a casa tras prometer que me reuniría de inmediato con mi hermano en casa de la tía.

Tomé el mapa y entré a los sótanos de Omorca. El velador roncaba bajo una imagen de la Virgen de Guadalupe iluminada con simpáticas bombillas de neón. No me oyó pasar y abandoné el mundo de los adultos con la seguridad de que no volvería sin la victoria.

Pero tropecé con un nuevo obstáculo. Una puerta de acero me cerraba el paso. Sin vacilar busqué la cerradura y una vez más la llave maravillosa del abuelo Bob me libró del paso. Se abrió ante mí una oscura galería cuyos charcos se sucedían como estuarios. Gatos y ratones. Viajaba, como Tom Sawyer, bordeando los ríos con un pañuelo de víveres colgado al hombro. Comí un sándwich tan pronto comprendí que caminaba sin orientación. El mapa parecía inútil. El pergamino tenía la nobleza de una cartilla moral, pero carecía de cualquier exactitud topográfica.

Sitnorb era un espectro. Yo necesitaba de alguna frase secreta para convocarlo. Recordé entonces la única vez que se me había manifestado después de muerto. En la escuela, durante una tarde de castigo, hojeaba un tratado de mastozoología cuando repetí en voz alta el nombre latino de un félido, la familia a la que Sitnorb y yo dedicábamos nuestras tertulias taxonómicas. En ese momento lo escuché. La voz de Sitnorb provenía del armario de la directora del colegio, misma que se presentó justo cuando me disponía a responder a los murmullos de ultratumba que mascullaba mi mejor amigo. Cometí el error de contar esa experiencia en la terapia de grupo. Los psicólogos dijeron que, dolido por la muerte de Sitnorb, sufría de alucinaciones auditivas. Me recomendaron *La separación de los amantes,* de Igor Caruso, y olvidé el incidente.

Caminando por los pasillos empecé a repetir con desesperación las nomenclaturas de Linneo y Buffon. El agua, el hedor y el frío dejaron de molestarme cuando musité el nombre del más raro de los gatos africanos:

—¡*Acynonyx jubatus!* —grité.

La voz de Sitnorb estaba en mi oído.

—¡Bravo, William!, ahora la canción te llevará a mi cuerpo.

—¡Sitnorb!

—La canción, William, la canción. Te ayudaré: *Mar-ti-nico, Mar-ti-nico...*

—*Martinico, Martinico, eres tú, eres tú, toca la campana, toca la campana, ding-dong-dang, ding-dong-dang...*

Sitnorb repetía la canción. Y mientras su voz se alejaba de mí, el camino se iluminaba, tornándose transitable. A mis lados pude distinguir habitaciones vacías, y en una de ellas encontré a Sitnorb, herido en la ceja como el día de su muerte. Estaba desnudo. Su última película la hizo a los ocho años y en ella aparecía encuerado con una pelambre artificial sobre sus genitales lampiños. Había elegido esa apariencia para vivir su muerte vagando por los sótanos de Omorca. Cuando dejó el cine, convocó a una rueda de prensa e interrogado sobre quién era su padre, dijo que el Niño el Padre del Hombre.

—¿Qué nuevos programas hay en la televisión? —eso fue lo primero que me preguntó el aparecido.

—Repiten los mismos capítulos del Hombre Araña. Los Perdidos en el Espacio nunca volverán a la tierra.

Sitnorb se acercó y empezamos a jugar a los nombres científicos.

—*Lynx Lynx...*

—*Panthera Leo Persica...*

—*Felix Pardalis...* Necesito tu ayuda, Sitnorb.

—Sí, supongo que no llegaste hasta mí para hablar de los félidos. Conozco tu historia. Todo habría sido más fácil si no te hubieras desplazado con tanta lentitud y torpeza con el mapa... Varias veces estuviste a punto de tocarme pero te alejabas. ¡Te molesta que te toquen! Frío, frío, tibio, tibio y nunca caliente. Tuve que abstenerme de intervenir en tus asuntos. Si me hubieras convocado a tiempo te habría librado de esa criada y del amante de tu mamá.

—No te creo. Siempre has sido un prepotente... ¿Dónde estamos, Sitnorb?

—En Omorca. Siempre que estemos juntos estaremos en Omorca.

—No seas cursi.

Sitnorb amarró mi mano a la suya con un hilo de cáñamo y lo seguí subiendo unas escaleras.

—Te llevo con el Ser que puede ayudarte.

Siempre había detestado la petulancia sentenciosa con la que mi amigo pronunciaba la palabra Ser.

—¿Y quién es ese... Ser?

—El Uno de los Oscuros. Vive en el corazón del huevo.

—¿Huevo?

—Según la mitología caldea, Omorca es el huevo que contiene al mundo. Nuestro enemigo es una variante de Baal, un demonio que devora niños en su estómago de fuego.

—Entonces...

—Si te satisface la coartada mitológica, Felicidad y el doctor Fangloire intentaron entregarte a Baal en la panadería... Ahora nadamos por la yema del huevo...

—Qué asco —le dije.

—Todos somos parte del Cosmos.

—Esa tontería se la aprendiste a tu padre.

Al final de la escalera Sitnorb se detuvo ante otra puerta.

—Préstame la llave que te regaló tu abuelo.

Obedecí a mi amigo desnudo y entramos en un salón plagado de desperdicios. Toda la materia desechada, orgánica e inorgánica, de Omorca parecía descansar, dignamente coleccionada, en ese depósito.

—El Uno de los Oscuros es el Maestro. Él guarda todo lo que la humanidad tira. Recupera la utilidad de todas las cosas desperdiciadas. Yo soy un caso, tú otro... Él te dará todo lo que necesitas.

—¿Qué me pedirá a cambio? Yo no estoy muerto... Quizá quiera alguna pieza de la colección africana de mi abuelo. Le gustaría tenerla aquí entre sus curiosidades.

En el suelo había una tercera persona que gateaba penosamente. El Uno de los Oscuros ordenaba canicas en triángulos. Me dio la cara y se levantó:

—No soy el diablo. Llevo algún tiempo guardando las canicas que caen por las coladeras. Sitnorb llegó con una lluvia de Ojos de Ágata.

El Uno de los Oscuros era una criatura pequeña y vivaz. Tan andrajoso como uno más de los sedientos y adormilados teporochos de Omorca.

—Señor —le dije—, necesito un pasaporte para viajar a Atlantic City por la herencia de mi abuelo.

—... y necesitarás, William, un boleto de avión, y un permiso de tus padres para salir del país, y una persona mayor que te acompañe al aeropuerto, y te encargue con los pilotos para que puedas mirar el tablero de colores, y ese lugar donde el cielo y el mar son la misma cosa.

—Tendré que pagarle por sus servicios, Señor. No tengo dinero.

—El Uno de los Oscuros te tendrá a ti —terció Sitnorb.

—¿Dinero? Tendremos lo suficiente. A mis manos vienen a parar todas las monedas que los ciudadanos dejan caer al salir del metro. ¿Falsificación de documentos? Toda la papelería que los funcionarios de Omorca desechan está aquí. Nada es imposible para quien se ocupa de lo que los hombres pierden. Y yo soy el Ratón que cambia las cosas de su lugar y las pone en otro.

—¿Cuándo podré partir? —pregunté.

—Te irás en tres días. Es el tiempo habitual de espera cuando se trata de resurrectos —dijo El Uno de los Oscuros mientras se dejaba caer los pantalones.

Y estuve tres días en la yema de Omorca. Pasé las vastas horas conversando con Sitnorb sobre el yaguarondi, el único de los gatos salvajes que vive en parejas. Recordamos al *Lynx caracala* de orejas puntiagudas y ojos de mongol. Los estudios de Sitnorb sobre los félidos me aventajaban con mucho:

—En el género *Panthera* el aparato suspensor del hueso hioides está imperfectamente osificado, lo que paradójicamente permite un mayor movimiento de laringe...

—Cuando sea grande —le decía a Sitnorb— me dedicaré a la mastozoología. E iremos juntos a la India a observar el apareamiento de los tigres de Bengala desde la copa de un árbol.

—Yo no voy a ser grande, William, pero como lo prueba la taxonomía de los *Panthera,* el desarrollo imperfecto no es por necesidad un grado inferior de la evolución.

—Veo que tú sí acabaste *El origen de las especies.*

—No. Es aburridísimo. Prefiero las enciclopedias ilustradas.

—Te recuerdo que gracias a ellas estás aquí —le dije socarronamente. Y agregué un reproche:

—Sitnorb, ¿por qué nunca me escribiste?

—Aquí no hay correo. Recibimos todos los mensajes de Omorca, pero no podemos responder fácilmente. Nuestra misión es recabar y almacenar... Te acuerdas de las islas en aquellas vacaciones de verano, de un 34 de agosto...

El Uno de los Oscuros me metía lentamente un lápiz color rojo en el culo. Yo cerraba los ojos y soñaba con las luminosas avenidas de Atlantic City.

XIII

Un individuo sin identidad, agente de El Uno de los Oscuros entre los mortales, me dejó con una azafata en la sala de abordar del vuelo a Atlantic City.

Ahorraré al lector la emoción infantil del primer viaje en avión. Volaba orgulloso, elevándome sobre las bajas pasiones del mundo y tan cerca del sol como un pájaro.

En Atlantic City mostré la dirección de mi abuelo, cuidadosamente anotada en una tarjeta, al taxista negro que media hora después me dejó frente a un viejo edificio.

Era un 28 de agosto y pronto cumpliría doce años. Toqué el timbre y escuché una cascada voz de mujer en el interfono. Me hablaba en un inglés que apenas entendí.

—Sí, sí, soy William Pescador, nieto de mister Bob Sachs. He venido desde Omorca para verlo.

La voz sonaba irritada ante el intruso.

—William... William... Oh... ¿Qué edad tienes? ¿Cuándo llegaste? ¡Oh, querido! Lo siento. No te esperábamos y lamento que no podamos recibirte ahora pues estamos muy, muy enfermos... Llama otro día.

—Señora... Soy William, el nieto de mister Sachs, no pueden hacerme esto. Estoy solo en la calle... sin dinero... Quiero hablar con mi abuelo.

Silencio. No había más remedio que llorar. Pero un criado de librea salió del edificio y me escabullí entre sus piernas.

Frente a la puerta del departamento utilicé la llave maestra, como se me había indicado, y encaré de inmediato a un hombre muy alto, descalzo y con pantalones cortos.

—Hola, William, soy tu abuelo Bob Sachs... Disculpa pero ella está muy, muy enferma, y no sabe lo que dice.

Mi abuelo hizo una señal con la mano, tocándose la rodilla, como indicando la baja estatura del niño cuando lo vio por última vez, comparándola con la del crecido viajero que tenía enfrente.

El aspecto de la estancia indicaba que no había recibido visitas en años. Nada había del esplendor y la dignidad con la que soñé. El abuelo me sirvió un jugo de naranja sin hielo.

—¡Sary! —gritó Bob—, tu nieto William está aquí. Sal a besarlo.

¡Mi abuela Sary! ¿Acaso no había muerto? ¿No había sido su muerte el motivo que usó Milde para escapar?

La abuela, que padecía glaucoma, era idéntica a mi madre. Se habían convertido al catolicismo a la misma edad. Era Milde encorvada y cegatona. Intentó besarme y volvió a ocupar un sillón junto a una antigua radio. Estaba escuchando un cuarteto de Haydn. Sary, o quien fuese, mascullaba en inglés. Ignorando el idioma, yo sólo podía inferir que se trataba de maldiciones y amarguras, dada la respuesta del abuelo:

—Tristeza, tristeza. ¡Para eso pagué treinta años de psicoanálisis con el doctor Harry Stack Sullivan!

Bob Sachs decidió ignorar a la mujer y me dijo con jactancia:

—El doctor Harry Stack Sullivan fue el mejor analista de Atlantic City. Es una lástima que haya muerto antes que Sary. Creo que el viejo Freud no contempló una situación así.

Me quedé perplejo cuando Bob empezó a hablar del neurótico después de la muerte de su analista.

El abuelo reparó en que su nieto buscaba algo con la mirada.

—Oh, lo olvidaba. Debes de estar ansioso por saber de nuestra colección africana. Sígueme.

Un pasillo conducía hacia el fondo del departamento. Ante una puerta final Bob volteó y me quitó respetuosamente del cuello la llave maestra que llevaba colgando.

—Has utilizado —me dijo— la llave que te mandé con sabiduría. Ésta es la última puerta que abriremos con ella.

Aquélla era una habitación larga y estrecha con una enorme vitrina vacía en un costado. Bob empezó a recorrer la vitrina de punta a punta. Me explicaba cada una de las piezas, que no estaban allí, pero que él parecía reconocer o recordar por la impronta que habían dejado en el polvo:

—Las máscaras africanas son un atributo masculino. Los

mitos cuentan que fue una mujer la que robó sus disfraces a los genios. Y por ello fueron castigadas —dijo mientras se detenía a escuchar los distantes balbuceos de quien llamaba Sary.

—Nuestra colección representa tres grandes zonas geográficas: tenemos objetos del Sudán, la costa ecuatoriana y el Congo Belga.

—Esos países ya no se llaman así, abuelo.

—Eso no tiene importancia. Es más interesante saber que, rigurosamente hablando, el arte africano no conoció la Edad de Bronce. Aquí está una estatuilla de Mopti. Fue fabricada con estaño, que los Haussa transportaban desde el norte de Nigeria.

Bob se emocionaba al hablar. Era mi abuelo. Bastaba apreciar la forma y el espesor de las cejas para saber que estábamos unidos a través del caos. Sólo entonces noté que a ese hombre le faltaba algo en la cara. No tenía nariz.

—Aquí tienes una parte central de la colección: la herrería de los Bambara. Una muñeca como aquélla era entregada a las niñas para asegurarles abundante descendencia... Ese par de gemelos que ves a tu izquierda se fabricaban al morir un hermano menor. Se regalaban al sobreviviente para cuidarlo de los alacranes. La figura del ausente siempre recibirá una réplica de lo que poseía el hermano vivo: un juguete, una lanza, una caña de pescar. Una mujer si se trataba de un adulto. Debes notar que todas estas piezas ofrecen angulosas formas geométricas, rasgos alargados y expresión severa.

Decidí seguir el juego del abuelo. A algún sitio debía conducirnos:

—¿Y aquella máscara tan grande? —inventé, señalando el vacío.

—Es un Ntomo del Sudán. Rostro de tamaño natural. Notarás una pequeña figura femenina, desnuda, entre sus cuernos. Y junto hay una Kanaga, muy apreciada por los coleccionistas.

El abuelo miraba con cariño la vitrina vacía, intentando reproducir con exactitud el lugar donde debía estar cada pieza. Procuraba que yo no notara la ilusión, como si le estuviera hablando a un ciego.

—El litoral que parte de Dakar está islamizado de tal forma que impera la iconoclastia, aunque los habitantes de las islas Bissagos violan el Corán amasando esas mujeres diminutas. Sólo mi colega de Lyon, René Caillié, y yo, tenemos piezas como éstas...

—Abuelo, ¿tú viajaste al África por las máscaras?

—No. Soy un coleccionista privado, no un cazador de leones... Pero examinemos el problema de la antigüedad, tema importante en una colección como la nuestra, muy notable por la diversidad de estilos. Algunas piezas pueden fecharse, como éstas, las Nalú, cuya armadura refleja la influencia de los navegantes portugueses del siglo XVI.

—Es indispensable —continuaba Bob— el conocimiento del Pomdo. Es la estatuilla del ancestro que en los días de fiesta recibe la veneración de los hijos y de los nietos. El guardián siempre será el descendiente de aquel que dio su primer nombre a la máscara. Será su *pomdkandya,* imagen y personificación del abuelo.

Bob salió de escena para recibir la comida china que Sary había encargado por el teléfono. Volvió con una costilla de cerdo agridulce en la boca:

—Los hombres viejos salen poco. Se mantienen lejos del resto de los seres vivos. Se crea una confusión entre el hombre y el disfraz. La muerte de un viejo se guarda en secreto. La anuncia únicamente la aparición de una nueva máscara, que lleva el nombre del difunto, como entre los Wobé de Costa de Marfil, a quienes pertenece este ejemplar —y lo señaló con un dedo mojado en salsa de curry.

Sary gritaba, supongo que pidiendo que pasáramos a

sentarnos a comer en una pequeña mesa de la cocina. Mientras comíamos creo que Sary dijo que yo era tan apetitoso como una manzana. Bob, que nunca se sentó, iba lavando los platos.

Volvimos a la estancia principal sin pasar de nuevo por el salón de la vitrina vacía. Sary encendió la televisión. Bob, víctima de enfisema, fatigado por la larga exposición, quiso concluir:

—En otra ocasión te hablaré de las máscaras Nyamyé, Ayo, Kakahye y Gberke, también prohibidas a la mirada de las mujeres, o de los extraordinarios trabajos en arcilla de palo de rosa de los Sao. Pero hoy debes recordar lo principal...

Yo había perdido todo interés en la ficticia colección africana. Todo era un engaño de viejos locos y aquella pareja de gringos podía resultar tan peligrosa como Felicidad y el doctor Fangloire. Me preguntaba con angustia cuál sería mi futuro inmediato en Atlantic City. Y Bob no había parado de hablar:

—... el carácter efímero del arte africano. Los negros casi no tallaron la piedra. El palacio de un soberano se abandonaba a su muerte y el sucesor construía una nueva residencia... La madera africana, estatua o máscara, rara vez tiene más de un siglo de antigüedad. La humedad, las termitas, los gusanos, realizan su trabajo de destrucción tropical. O las piezas talladas durante meses para una ceremonia son destruidas durante o después del aquelarre. Nunca se usaban dos veces. Cuando alguna estatuilla mágica no cumplía su cometido era arrojada al fuego. Y no olvidemos el paso destructor de los santones musulmanes y de los predicadores cristianos...

—... es necesario, querido William, que aprendas a reconocer una pieza auténtica por la unidad de su estilo artístico, obtenido gracias al equilibrio de los planos y de las intenciones, ese ritmo interior que palpita, y que es el elemento más seguro para juzgar una obra de arte...

—¡Pero abuelo! —grité exasperado al fin—. ¡He venido hasta Atlantic City para oír hablar de una colección heredada que no existe!

—Oh, William, olvidas rápido. El arte africano es efímero. Y la colección sí existe. Pero la vendimos en 1962 al Peabody Museum de la Universidad de Harvard.

Admití en silencio que, en efecto, nadie había probado jamás la posesión real de la colección en manos de mi abuelo. Mi madre, Felicidad, el doctor Fangloire y yo habíamos supuesto equivocadamente que el acervo era una herencia palpable. Y él se había deshecho de la colección africana quince años atrás, aunque —como acababa de probar— recordaba nítidamente cada una de las piezas que la componían.

Tras revelarme la triste verdad Bob trató de consolarme regalándome una bolsa de plástico llena de piezas de ajedrez, rotas o inconexas, originarias de tableros de todas las variedades. Aquel insulso regalo explicaba el amor de mi madre por el ajedrez. Turbado, el viejo me dio un segundo regalo, una caja del tamaño de un puño:

—Ésta es tu herencia, William.

Guardé la cajita en mi valija y miré por última vez a la abuela Sary, tan parecida a mi difunta madre. Nadie había nombrado a Milde allí y preguntar sobre su dudosa muerte me daba miedo. Temía yo una noticia tan falsa como la colección africana.

Tratándome como un adulto, Bob insistió en acompañarme al elevador. La visita había concluido. ¿Y yo qué demonios haría? Desde que había caído la noche el abuelo sudaba, y ante el ascensor pareció asfixiarse. Metió la mano en uno de los bolsillos de su pantalón corto y sacó un arrugado puñado de dólares:

—Tómalos, William, tómalos, y llévaselos a tu madre, pero que Sary no se entere jamás, pues me regañará si sabe que le mando dinero a Milde...

—¡Me escribiste que Milde había muerto! ¡Por eso estoy en Atlantic City!

Bob Sachs me besó en la frente y las puertas del elevador se cerraron.

Caminé por Atlantic City tratando de ordenar mis ideas ante un pasado tan absurdo y un porvenir tan incierto. La inexistencia práctica de la colección africana no explicaba punto alguno de la historia.

Felicidad jamás viviría para ver las máscaras. Así castigan los hechiceros a las mujeres curiosas. El doctor Fangloire había sido engañado por su codicia.

Había dos falsas muertes y un solo ser vivo que podía ser Sary o Milde. Al morir una, la otra había tomado su máscara. O quizás Milde usurpó el cuerpo de Sary, creyendo que cuanto más larga fuera la vida del abuelo, mayor sería la riqueza heredada. Mi hermosa madre habría realizado un prodigioso salto hacia adelante para encarnar a Sary en la ancianidad. O bien Milde fue engañada y desaparecida por su madre, quien se fingió muerta para atraparla y frustrar sus ambiciones. Indiferente ante esas metamorfosis, para el abuelo Bob Sachs no había ocurrido realmente ninguna muerte, y me había convocado sólo para legarme su *pomdkandya,* la imagen del abuelo sin nariz que yo habría de personificar el resto de mi vida.

Recordé su regalo. La pequeña caja.

Me detuve y la abrí.

Era la madre de las máscaras. Una hermosa nariz roja de payaso.

1975-1995

EDUCAR A LOS TOPOS

A LOS TOPOS

GUILLERMO FADANELLI

GUILLERMO FADANELLI nació en la Ciudad de México en 1963, de padre mexicano y madre italiana. Escritor, editor y videoasta. Ha publicado libros de diversos géneros: relato, novela, ensayo, crónica y aforismos. En 1989 publicó junto con Naief Yehya un manifiesto de literatura basura en la revista *La Pus Moderna*. En 1991 fundó, junto con otros artistas españoles, el Movimiento Cerebrista; ahí publicó su primer libro: *Cuentos mejicanos*. De vuelta en México fundó *Moho*, revista subterránea, dadaísta y cercana al realismo sucio. Fadanelli ha sido sumamente criticado por la dureza de sus relatos. Él describe la realidad, lo que miles de mexicanos viven a diario en la inmensa urbe que es el Distrito Federal, con toda crudeza. Entre sus novelas más destacadas están *No te enojes, Pamela, Lodo, Educar a los topos*. Recibió el Premio Impac-Conarte-ITESM y el Premio Nacional de Literatura (1998). También obtuvo el Premio Nacional de Narrativa Colima (2002).

SUGERENCIAS DE LECTURA

La historia ácida y, en momentos, tierna y triste de *Educar a los topos* impulsa a sugerirte la lectura de *Aire libre,* de Hermann Bellinghausen, o *El estudiante Törless,* de Robert Musil, así como *La ciudad y los perros,* de Mario Vargas Llosa. Otro autor que seguramente te va a gustar es Charles Bukowski, con su libro *La senda del perdedor.*

De Fadanelli, puedes seguir con sus cuentos, por ejemplo aquellos que aparecen en *Terlenka.*

PRIMERA PARTE

Hace unas noches volví a soñar con mi padre. En mi sueño este hombre de aspecto recio, mal encarado, se encontraba junto a mí explicándome cómo funcionaba su nuevo reloj, sin tomar en consideración que no me importaba en lo más mínimo el funcionamiento de los relojes. Yo lo observaba concentrarse en esas manecillas diminutas, como si su misión más importante en la vida fuera que su hijo mayor comprendiera el enorme valor contenido en un Mido con extensible de oro, carátula ovalada y calendario. Nada más elegante o apropiado para él que almacenar el tiempo en un reloj de oro. Parecía no conceder ninguna importancia al hecho de que mis muñecas continuaran desnudas pese a todos los relojes que me regalara en el transcurso de los años pasados. Yo lo observaba mientras un pensamiento ocupaba mi mente: prefiero que me explique cómo funciona su reloj a que esté muerto, con sus huesos ordenados dentro de una caja que sus hijos ni siquiera pudimos elegir. Mi desinterés por los relojes tiene remedio, pero su muerte me pesa más que todas las horas transcurridas desde el principio del tiempo. Su deceso repentino, que ocurrió cuando su salud daba muestras de mejorar, me reveló algo que no lograron sugerirme los trece relojes que con tanta pasión él atara a mis manos: que el tiempo tiene peso, un peso que ningún humano podría soportar sobre su espalda sin antes haber acumulado una dosis suficiente de cinismo en la sangre.

En el sueño me veía fingiendo, hipócrita como he llegado a ser, una atención que en realidad jamás concedí a mi padre cuando disertaba acerca de las maravillas de la relojería. Fingía, sí, porque sabía que en realidad él estaba muerto y que un instante de distracción me devolvería a la soledad de mi habitación, a la recámara de un huérfano que no se acostumbraba a serlo. Y es que él murió en una madrugada de hace apenas once meses, recostado, con la televisión encendida y la luz de su pequeña lámpara de mesa iluminando su cuerpo enroscado como un caracol. La muerte lo sorprendió sin médicos, hospitales o plañideras compungidas bebiendo café a un lado de su cama, como era de esperarse de un hombre que no toleraba los aspavientos sentimentales ni mucho menos el derroche de lágrimas. En algún momento de la recién comenzada madrugada mi madre, que dormía en una habitación contigua, entró a su habitación para preguntarle si deseaba cenar, pero él, muerto como estaba, prefirió mantener íntegro su silencio, no responder y cruzar de una buena vez la puerta que se abrió apenas un año atrás cuando sufriera una aparatosa fractura de cadera.

Nunca he sido el vivo retrato de mi padre, pese a que conforme los años avanzan mi rostro comienza a parecerse al suyo y mis facciones se tornan cada vez más agresivas, como si debajo de la arena comenzaran a emerger unas herrumbrosas molduras de hierro, o los fragmentos de una enorme piedra sedimentaria. Es una sensación incómoda lo menos, pero me tranquiliza pensar que en esencia todos los viejos se parecen. Al final de mi vida careceré de un rostro, estoy seguro, pero a cambio tendré una piedra que será como todas las piedras que en conjunto forman montañas. A veces pienso que todos merecemos la muerte, menos los ancianos. Ellos deberían estacionarse para siempre en una de las profundas grietas de su piel maltratada.

Guardo en una caja de cartón los trece relojes que me obsequió mi padre a lo largo de su vida: uno de ellos, acaso el menos solemne, es aquel donde la manecilla más delgada tenía la forma de un cohete espacial que giraba sin cesar en su órbita perfecta. Tomando en cuenta el escaso sentido del humor paterno, el reloj con manecilla de cohete se convirtió a la postre en mi favorito. Al menos puedo considerarlo una excepción o un raro momento de debilidad. Desconozco las razones por las que mi padre simulaba no enterarse de mi aversión por los instrumentos de medición. No conservo el pequeño microscopio equipado con probetas, espátulas, placas de cristal y huevos de camarón, ni tampoco el mecano metálico que se extravió en las constantes mudanzas que me acompañaron después de la juventud. La mayoría de sus regalos, a excepción de la manopla, los bates o los balones, estaban relacionados con su afición a medir todo lo que encontraba a su alrededor. Mi padre deseaba medir el mundo, el tiempo, la cintura del universo, pero a mí no me importaba saber si la tierra era redonda o un estanque de patos. Y ahora me importa menos.

Me es indiferente el color de las pastillas que ingiero antes de dormir porque los sueños insisten en recordarme, puntuales, que me he quedado solo en un mundo que me es imposible medir: sin relojes, telescopios elementales, microscopios, ni mecanos para entender cómo funcionan las cosas. En definitiva, no está en mis manos develar ningún secreto de la naturaleza. Estoy seguro de que mi padre me habría explicado qué clase de madera es la más conveniente para construir un ataúd duradero. Nos habría ofrecido una cátedra sobre la calidad de la madera y las diferencias que existen entre el roble, el cedro y el pino corriente. Además no habría sido tan torpe como sus hijos para llevar a cabo los trámites funerarios: no habría dejado pasar tanto tiempo sin dar aviso a las autoridades, ni tampoco hubiera olvidado llamar a los familiares cercanos al recién fallecido. Ya lo veo tomar el teléfono para comunicarle a su parentela que finalmente la desgracia había tenido lugar cuando menos se esperaba. Lo imagino convenciendo a los enterradores de que, por unos cuantos pesos más, realizaran su trabajo con suma delicadeza para no aumentar el sufrimiento de la viuda. No se debe tratar a un cadáver como si fuera un bulto cualquiera, más si sus familiares están presentes. Una vez que los familiares se marchen pueden comerse el cadáver, pero entretanto hay que guardar un respeto extremo. Lo imagino husmeando en el muestrario de ataúdes para seleccionar el más costoso, uno dorado, resplandeciente como el reloj que me obsequió el día en que terminé mis estudios de preparatoria. Cada uno de los trece relojes que hoy almaceno en una caja sellada debió de estar ligado a una fecha importante que mi memoria se ha negado a guardar: graduaciones o cumpleaños, qué más da. En cambio, yo no quise seleccionar siquiera una corona de flores, ni me di un tiempo para conversar con los encargados de llevar a cabo las exequias. Debí de presentarme como el hijo mayor y hacer las preguntas de rutina. "Soy el hijo mayor del señor Juárez y espero entiendan lo delicado de este asunto." Tampoco me comporté amable con los familiares que asistieron al sepelio. ¿Para qué hacer un *picnic* en el velatorio? Fue mi primo quien tomó la decisión de que la superficie del ataúd fuera dorada, sin importar que costara unos miles de pesos más. Un primo a quien no veíamos desde varios años atrás eligió la caja más conveniente para hospedar a los futuros gusanos. Un primo a esas alturas desconocido. No me molestó su intromisión porque a pesar de que mi padre murió en la miseria, todos en la familia estaban enterados de su afición por la ostentación, el oro, los autos grandes, los ceniceros y lámparas de cristal cortado, los gobelinos afelpados, los tapices con relieve y las alfombras mullidas. Es un privilegio que existan personas como mi primo que saben cómo comportarse en los velorios. ¿Dónde aprenden a comportarse así? ¿Dónde aprenden que los ataúdes dorados son lo más conveniente para honrar a un muerto?

El sueño del reloj no tendría que estar incluido en estas hojas que planeé comenzar de una manera distinta, pero ha sucedido justo hace unas noches cuando pensé que la pesadumbre había disminuido. Apenas me desperté esta mañana tomé un cuaderno con algunas hojas en blanco y escribí varios párrafos que ahora no me es sencillo ignorar. Soy flojo y prefiero aprovechar estas hojas: y no se puede hacer ya nada al respecto. La cuestión es que el verdadero comienzo de esta crónica debió describir una noche de hace poco más de treinta años, cuando me enteré de que sería recluido en una escuela militar. Sé bien que la palabra *recluir* es exagerada, pero así lo imaginé en ese entonces. Mi padre había terminado de cenar y sumido en un sospechoso silencio fingía escuchar las palabras de su mujer que le hablaba de asuntos cotidianos, para él de poca importancia. Siempre le parecieron de escasa gravedad los asuntos que despertaban el interés de mi madre: el mundo se desarrollaba fuera, no dentro de la casa. ¿Por qué le narraban con tanto detalle situaciones ridículas? Que yo vagara por las tardes sin permiso no era un asunto de relevancia para el futuro, como tampoco lo era que mi hermana hubiera orinado las sábanas o acumulado la cal de una pared bajo su propia cama. Un hecho: la cal y los orines tenían escaso peso en la jerarquía de los valores paternos.

—No sé por qué razón se ha puesto a escarbar en la pared. —Intrigada, mi madre ponía el tema sobre la mesa. A todos nos parecía un asunto de interés mayúsculo, a todos menos a él.

—En estos casos sólo existe una solución posible, evitar que se coma la cal —reaccionaba mi padre, con fastidio. Sabía que no lo dejarían en paz hasta que diera una solución al asunto. A fin de cuentas era el juez, la voz que dictaba sentencia, el obrero que en su casa tiene casi el mismo peso que Dios.

—No puedo estar detrás de ella todo el día, y como está flaca aprovecha para colarse en cualquier agujero; se esconde. No sé por qué a los niños les parece tan divertido ocultarse —se preguntaba ella. ¿Qué acaso no es evidente que los niños se esconden de las personas mayores?

—Si se come la cal es que debe hacerle falta una vitamina. Le preguntaré a un doctor —concluía él. Y a otro tema.

La necesidad de ahorrar nos depositó en casa de mi abuela paterna desde comienzos de los años setenta. El mundial de futbol recién había terminado y todavía estaban frescos los cuatro goles que Italia le había metido a México en La Bombonera para eliminarlo del torneo. Sin embargo, la derrota no nos había sumido en la amargura, porque no obstante que éramos todavía pequeños habíamos escuchado decir a los mayores que jamás podríamos ganarle a Italia. Fue la primera vez en mi vida que escuché la frase "Es un sueño guajiro". La casa de la abuela era amplia, rectangular, y los cuartos se comunicaban entre sí a través de puertas espigadas. La construcción de dos pisos y un cuarto de hormigón en la azotea se levantaba un poco triste sobre la Avenida Nueve, hacia los límites de la colonia Portales (hoy la Avenida Nueve ha sido rebautizada con el nombre de Luis Spota, uno de los dos escritores por los que mi padre sintió siempre un mínimo respeto. El otro fue Ricardo Garibay). Vista de frente, la construcción daba la sensación de haber sido roída sin piedad por el tiempo, pero su verdadera fortaleza no se adivinaba de ningún modo en la fachada. Los pisos eran de duela y los techos descansaban en un conjunto de robustas vigas apolilladas. Una casa holgada y sólida que ahora sólo tiene realidad en la memoria de los sobrevivientes.

Un barrio de pobres, o más bien de obreros y comercian-
tes, la colonia Portales, como la San Simón o la Postal. Aquí
los perros, no tan flacos como debía de esperarse de animales errabundos, deambulaban sin dirección premeditada y
ningún habitante se encontraba a salvo de ser asaltado cuando caía la noche. Después de las nueve una sospechosa tranquilidad tomaba las calles, las puertas se clausuraban y los
pandilleros se reunían en un callejón a fumar marihuana y a
beber aguardiente. El olor de la marihuana era tan intenso
que lograba colarse por los quicios y juntas de las ventanas y
no se disipaba sino hasta después de la medianoche. La iglesia de San Simón se erguía, modesta, a unas cuantas calles de
nuestra casa, y en su atrio de piso desnivelado los niños jugaban pelota durante las tardes y las mujeres conversaban a salvo de la mirada de sus maridos. ¿De qué hablaban estas mujeres?, no lo sé, pero mi madre era una de ellas. A unas cuadras
estaban también los baños de vapor Rocío, los billares Pen-
insular y los depósitos de leche barata que el gobierno abría
en las zonas populares. ¿Qué más podíamos pedir? Un dios
protector de los humildes, un billar para los jugadores, marihuana para los vagos, leche para los becerros y baños de vapor para quitarnos la mugre los fines de semana. En este barrio creció mi padre, sus dos hermanos menores y, para
hacerle la vida más sencilla, también su esposa, cuya familia
vivía al oriente de la calzada de Tlalpan, en un edificio de departamentos a mitad de la calle Zacahuitzco.

Mi madre, descendiente de italianos tiroleses e hija menor de un matrimonio divorciado que no encontró prosperi-
dad en la Ciudad de México, conoció a su esposo desde los
diecisiete años, cuando comenzaba a tomar silueta de rum-
bera. Casarse con el hombre más feo que había conocido, según sus palabras, tenía una sola finalidad: abandonar la casa
de su padrastro. "Además no sabía bailar, yo lo enseñé." Este

hombre de nariz plana y cabello rizado se convirtió en su pasaporte espontáneo, ¿adónde?, ella no lo sabía. Si hubiera reflexionado o sopesado las consecuencias simplemente no tendría esas venas tan azules en el cuello. Firme en sus propósitos, se marchó de la casa de su padrastro para adentrarse en los terrenos de un hombre de áspero temperamento e insípida educación. Se equivocó, por cierto, pero en estas cuestiones todos se equivocan porque, probablemente, la única persona con la que uno debería unirse para siempre habita en un suburbio de Tailandia. El único hombre con el que mi madre debió casarse era un ciudadano sueco que por aquellos tiempos se dedicaba a apilar ladrillos en una bodega de Estocolmo. No sólo era, mi padre, desde el punto de vista de su mujer, un hombre poco agraciado, vulgar como un elote, sino que su vanidad sobrepasaba los límites de la discreción. Un fanfarrón, alguien que se ríe del mundo y que sólo con desearlo obtiene lo que desea. Una confianza inaudita en sus movimientos le abría paso entre las piedras. La prueba de ello es que siendo un ser sin gracia persiguió con seguridad arrogante a una mujer que, según el sentido común, merecía un destino cinematográfico. Al menos ésta es la versión de los hechos que ella narraba a sus hijos: la conozco de memoria porque la escuché de su boca infinitas veces. "No sé si lo hubiera encontrado —al famoso *hombre mejor*—, pero por lo menos tenía derecho a buscarlo", concluía ella en la agonía de su dramático *crescendo*.

Sentado en una de las cabeceras de la mesa, sin pronunciar palabra, fingía concentrarme en las migajas esparcidas sobre el fondo del plato. Cuando levantaba la vista lo hacía para husmear en la calle que serpenteaba en el desconocido pueblo español que un pintor había iluminado en el cuadro que ocupaba una porción considerable de la pared. Ahora tengo deseos de creer que el modelo había sido una población de Castilla, un villorrio toledano de los años veinte. Esperaba, de un momento a otro, la orden de marcharme a la cama porque no era correcto, según rezaban nuestras odiosas costumbres, escuchar las conversaciones de los adultos, sobre todo una vez entrada la noche, ¿las diez?, hora en que ellos se relajaban y tiraban al agua las piedras acumuladas durante el día para tratar asuntos que los menores de edad no podrían comprender. Como si en verdad existiera algo no apropiado para los niños. ¿Acaso no somos la concreción de un chorro de leche que lanza un pene enloquecido? Como si nuestra sangre no contuviera desde un principio todos los vicios de los padres y sus ancestros. En un momento de silencio mi padre, sereno, como si tratara un asunto de relativa importancia, comunicó a todos en la mesa que había decidido inscribirme en una escuela militarizada. La primera reacción fue de asombro. Nadie había siquiera pensado en la posibilidad de que se me confinara en una escuela de esa clase. Podría tratarse de una estrategia de corrección, pero el anuncio impuesto de manera tan solemne tenía más cara de ocurrencia nocturna que de otra cosa. No, las bromas estaban descartadas en un hombre que no practicaba la risa delante de su familia. ¿Entonces? Después del anuncio comenzó una larga discusión que despertó lágrimas en mi abuela, una mujer de sangre endemoniada, pero noble en sus actos. De ninguna manera consentiría que su primer nieto, con sus escasos once años de edad, se transformara en un soldado: ¡un soldado! Además de sospechar que su esposo, mi abuelo, Patrocinio Juárez, había sido asesinado por un grupo de militares en Durango cuando su carrera política comenzaba a ascender, no solaparía que su nieto fuera educado con una disciplina tan ingrata como absurda. Si los soldados son como las garrapatas, como los hongos, están allí desde el principio de la humanidad, ¿cuál es su mérito? Me sorprendió ver llorar a una mujer de su carácter, pero lo que más me intrigaba era el hecho de que lo hiciera por mi causa. Si me ponía a hacer cuentas, aquélla era la primera vez que mi abuela soltaba unas cuantas lágrimas en mi honor. Había que celebrarlo.

—Sólo a los delincuentes se les inscribe en escuelas de soldados —dijo.

Aún conservaba su acento norteño, pero su cabello después de tantos tintes había perdido su color original. Sobre la mesa, como la crátera alrededor de la que todos nos reuníamos, estaba una charola con piezas de pan dulce que mi abuela compraba por las mañanas en la panadería San Simón: cuernos, orejas, corbatas, panqués. Acostumbraba guardar este pan dentro de una cacerola de peltre para que no se pusiera duro. Efectivamente, el pan no se endurecía, pero se ablandaba tanto que daba asco comerlo en el desayuno. La cacerola con pan, el recipiente de los búlgaros donde se agriaba la leche, la damajuana de barro para almacenar agua, eran todos elementos de la naturaleza muerta que mi abuela confeccionaba pacientemente en su comedor.

—No es una escuela de soldados —replicaba mi padre—, son cadetes, estudiantes como otros cualquiera. Creo que ha llegado el momento de que mi hijo se entere de que no ha nacido en un paraíso.

—Para saber que la vida no es un paraíso no hay que encerrarse en un corral de puercos. —La recuerdo bien. Llevaba puesto un abrigo de colores con un cuello afelpado, imitación de piel. A sus pies una gata blanca: "Nieves", la llamaba. Y "Puta Nieves" cuando se ponía en celo. Y "Maldita Puta Nieves" cuando orinaba en el linóleum.

—Jóvenes cadetes. —A mi padre le molestó que se les llamara puercos a mis futuros compañeros.

—Pequeños marranos —acentuó la abuela. Y punto.

Mi madre, a contracorriente de su paciencia habitual, amenazó con levantarse de la mesa si volvía a escuchar cualquier palabra relacionada con una escuela militar:

—No toleraremos que cometas una tontería así con este niño.

Hablaba en plural, haciendo suyas las palabras de su suegra, elevando la voz a tonos increíbles. Su hijo mayor, en quien ella encontraba una sensibilidad fuera de lo común, no tenía por qué ser condenado a vivir en un colegio militar. Era demasiado pronto para echarme a perder.

—¿Tú qué vas a saber? Ocúpate de tener a los niños limpios: yo me haré cargo de su educación.

—No estamos en Alemania ni en guerra para que deba ir a un internado militar.

Para mi madre, todas las guerras se relacionaban con la Alemania nazi. Su hijo sería un artista, un pintor, no un soldado alemán que debe pedir permiso hasta cuando quiere ir al baño.

Fue entonces cuando salté de mi asiento. Si bien mi madre había prohibido mencionar la palabra *militar* en la mesa, había sido ella, me imagino que llevada por su desesperación y la ausencia de talento político, quien puso sobre la mesa una palabra que me caló en los huesos: *internado*. La alusión a una escuela militarizada no me causó mayores sobresaltos porque semanas antes mi padre, calculador, me había comunicado que una de las opciones para continuar mis estudios en la secundaria era convirtiéndome en cadete. ¿En qué consistía ser cadete? No lo sabía con exactitud, pero tampoco me importaba gran cosa. A los once años habría aceptado ir al rastro sin hacer preguntas. Mi padre había preparado bien el camino anticipándose a la belicosa reacción de las mujeres, pero lo que jamás me dijo fue que estaría internado, desterrado como un maleante.

—Un momento —se defendió él, acorralado por las críticas—, no he hablado de internar al niño. Estará medio interno, solamente. Puede volver a su casa para dormir. Y si la escuela no estuviera tan lejos podría comer aquí todos los días. ¿Eso les parece trágico? ¿Dónde está el drama? Además, no es una escuela militar, sino un colegio con disciplina militar; una escuela como existen tantas, sólo que aquí no le permitirán comportarse como animal. Ustedes estarán satisfechas cuando termine en la cárcel: quieren un héroe, un estudiante en huelga.

—Los estudiantes no tienen nada que ver aquí —arremetió mi abuela. Yo había reunido las migajas, las había triturado para formar sobre el plato un ojo que me miraba burlón.

—Claro que tienen que ver. Para ser un rebelde lo primero que uno debe saber es contra qué se rebela. Un estudiante no incendia o destruye el instrumento con el que se gana la vida un obrero —dijo mi padre.

Aludía a que durante septiembre del año sesenta y ocho un grupo de estudiantes universitarios había prendido fuego a varios trolebuses para protestar por las represiones policiacas. Entre los vehículos quemados estaba el que conducía mi padre desde Ciudad Universitaria hasta el Palacio de los Deportes. Existe una fotografía donde se le puede ver a un lado de los restos calcinados de su trolebús. Es para romperle el alma a cualquiera.

—Pero no tenían que matarlos —masculló la abuela.

—Claro que no. Yo lo único que sostengo es que su rebeldía era contradictoria. Defendían a los obreros y buscaban su respaldo, pero entretanto destruían sus fuentes de trabajo. ¿Qué te parece?

—No estamos hablando de eso.

—Es justamente el tema. Quiero proteger a mi hijo de esas contradicciones desde ahora. Y una razón de peso para inscribirlo en una escuela militar es que está demasiado cerca de su madre, de ustedes. Me lo van a volver marica. Es un niño, no su maldita dama de compañía. —¿De dónde sacaba mi padre esa clase de frases? Estrictamente hablando nadie en la familia había tenido contacto con una dama de compañía.

Las mujeres de mi casa no eran duchas a la hora de enfrentar los argumentos paternos. No obstante, cuando sospechaban que se estaba cometiendo una injusticia, reaccionaban sin necesidad de argucias retóricas: primero la pasión, el miedo, la sospecha de un atentado, y después las palabras. Lo primero, lo imprescindible era repeler los ataques; ya más tarde vendrían las aburridas negociaciones. La noticia de mi reclusión en una academia militarizada llegó de manera sorpresiva cuando sólo faltaban unos días para que comenzaran las inscripciones a la secundaria. No había tiempo para preparar una contraofensiva decorosa; tampoco para una digna resignación. Mi padre sabía cómo usar las palabras. No sé en qué consistía exactamente su talento, pero podía anunciarte tu muerte de tal manera que pareciera un acto sin importancia. O, por el contrario, hacía que un acontecimiento sin relevancia alguna pasara como el más grande suceso de nuestras vidas. Su poder no provenía de sus bíceps popeyescos, ni de sus ojos de toro enfurecido, sino de sus palabras. ¿Cómo oponerse a ellas? Él hablaba desde una tribuna vitalicia a la que no llegaban las objeciones del pueblo. Y yo era el pueblo. Y mi madre era también el pueblo.

—Es mi derecho decidir sobre su educación, el mínimo derecho que se le concede a un padre. —El supremo juez aludiendo al derecho, nada menos—. Si estuviera en sus manos lo tendrían en la cocina cortando cebollas.

—Allá es donde van a ponerlo a cortar cebollas. Los militares son todos unos criados —dijo mi abuela. Ella sabía, por experiencia, que la decisión estaba tomada y que ni el llanto de todas las vírgenes podría poner la balanza de su lado.

—Estos criados dominan decenas de países en el mundo y todo el mundo los respeta.

—Tienes razón, pero eso los vuelve todavía más siniestros. Criados armados, no puedo imaginarme un mundo peor.

Una semana antes del anuncio oficial, mi padre echó mano de su mejor retórica para convencerme de que la escuela militarizada nos revelaría una mina de hermosas actividades: los cadetes viajaban varias veces al año con destino a países lejanos; los cadetes hacían deporte en instalaciones de primera categoría, como albercas profundas o gimnasios de duelas relucientes; los cadetes eran admirados por las mujeres, que no podían evitar mirarlos cuando pasaban a su lado; los cadetes, expertos en balística y artes marciales, eran, en consecuencia, respetados por todos los jóvenes de su edad, que veían en ellos a hombres superiores. Se trataba sólo de un montón de engaños porque, como comprobaría más tarde, los cadetes de esa escuela, a excepción de una vez al año que salían a hacer prácticas militares a Toluca, no viajaban jamás; ni tampoco practicaban deporte en bellas instalaciones de duela y mosaicos azules; ni eran respetados por otros jóvenes que, por el contrario, se divertían gritándoles majaderías en la calle; y mucho menos eran admirados por las mujeres, que en ese entonces comenzaban a enamorarse de los hombres con cabello largo. Las mujeres despreciaban ejércitos enteros de gladiadores y hombres superiores con tal de meterse a la cama con un cantante de pelos largos: amaban las cabelleras por sobre todas las cosas, por encima incluso de los caramelos. Nunca imaginé cuánto podía ser admirado mi cabello por las adolescentes hasta que lo contemplé cercenado y esparcido como aserrín en el piso de una peluquería: el cráneo rapado estaba en el aparador, el casquete corto a cepillo, peor que ser castrado, y el cráneo topológico. Y, no conforme con mentirme, mi padre me pidió discreción, es decir silencio absoluto, porque *nuestros planes* podían venirse abajo a causa de la intransigencia de su mujer: "Sabes bien cómo es tu madre". Habría de escuchar durante décadas esta frase, como si con sólo pronunciarla mi padre despertara en mí una complicidad que nos pondría a salvo de la atribulada naturaleza femenina. Los lobos reconocemos nuestros aullidos a cientos de metros de distancia, los escuchamos abrirse paso en la espesura. Los lobos sabemos que las mujeres poseen ciertas obligaciones que cumplir, las han tenido durante siglos, y una de ellas es permitir a los hombres educar a los hombres, enfrentarse, moldearse entre sí como dos golpes secos: el tiempo transcurre, pero los animales rugen, conquistan, desgarran la carne, y ojalá fuera de otra manera, pero así son y serán las cosas.

He allí el discernimiento de un padre ansioso de que su hijo encarnara en un cómplice natural al que no debía explicársele nada. Qué caso tenía exponer en un pizarrón los pormenores de la hermandad masculina si desde que nacemos sabemos cómo son las mujeres. Desde que somos aire envenenado, polución, células, fetos, conocemos los aromas de la entrepierna femenina porque justo desde ese agujero negro de contorno afelpado hemos sido arrojados a este mundo. Y ningún jabón, ni siquiera el jabón del perro agradecido, podrá atenuar ese olor de nuestra piel, de nuestra mente; es ésta la diferencia trascendental: nacemos con el olor de su sexo bamboleándose en los pasillos de nuestra mente. Y ponernos al resguardo de sus complicaciones metafísicas es el único recurso que tenemos para gobernar la estúpida marcha de las cosas. Según las avanzadas teorías de mi padre, su hijo no requería que nadie lo instruyera en los asuntos de la fraternidad masculina porque había nacido hombre y tendría forzosamente que comprender. Si no lo hacía era yo un idiota, un traicionero o un maricón, aunque cabía la posibilidad de que fuera las tres cosas al mismo tiempo.

Cómo me incomodaba escuchar la frase "Sabes bien cómo es tu madre". ¿Por qué tendría yo que saberlo? Como si ella fuera una incómoda gotera que ni el mejor fontanero, ni siquiera el fontanero más borracho del rumbo, ha logrado remediar, o una tormenta inesperada que llega para echarnos a perder los días de campo: ya sabes cómo son estos tiempos, nunca sabes cuándo la tormenta va a quebrar las ramas del alcornoque. Y aun cuando mi padre tuviera sus razones para pensar así, ¿de qué serviría reparar esa tubería si la casa estaba podrida desde sus cimientos? Tendríamos que acostumbrarnos a vivir con goteras por el resto de nuestros días.

A esa edad, once años, las palabras de mis padres resultaban capitales, pero sobre todo las de ella. Aquella mujer tenía más conocimientos de nosotros que cualquier otra persona en el mundo: era una experta. Al menos esto pensaba yo después de hacer una primitiva suma del tiempo que ambos pasaban al lado de sus hijos. Las sumas sencillas tienen el poder de aclarar cualquier embrollo, por complicado que sea. Dios también es una suma, lo escuché de labios de ella: "Dios es la suma de todos nosotros, más los lápices, los perros y todas las ramas que nacen de los árboles". Y mi padre no podría escapar de ese destino: ser la suma de sus actos. El hombre desaparecía desde las seis de la mañana dejando un rastro de lavanda para volver a casa a las nueve de la noche, llamaba por teléfono una o dos veces durante la tarde, volvía para poner orden en el establo, cenar, dar el dinero del gasto cotidiano y descansar en su cama ancha adonde mi madre llegaba después de apagar las luces de los cuartos restantes. Mis padres dormían en una amplia habitación que estaba en la azotea de la casa, un cuarto fresco al que se llegaba por una escalera de hierro en forma de espiral, una escalinata endeble, herrumbrosa, que se cimbraba en cuanto resentía el peso de una persona. Así, los pasos de mi madre cuando ascendía los escalones anunciaban el verdadero ocaso del día. Unos pasos que continúo escuchando cuando en las noches me despierto de forma súbita recordando que ella también está muerta.

Los días que siguieron a la discusión sobre mi ingreso a la escuela militar se sucedieron tranquilamente. Sin ser explícita se declaró una tregua, pero la reconciliación no llegaría hasta muchos meses después cuando ya nada tenía remedio. Lo que sí hubo fue resignación, e incluso mi padre prometió, para suavizar el escabroso asunto, sacarme de la escuela en caso de que no la encontrara de mi agrado. Nadie le creía.

—Si no se adapta lo inscribimos el año siguiente en una secundaria del gobierno. No es necesario que sufra.

—Como si no te conociera —le espetaba, incrédula, su madre—. Ni aunque me lo firmes te creo.

Un embuste más que, al menos, cumplió la función de hacer menos amargos los días para las mujeres de mi casa. Carajo, si mi madre no hubiera creído en la primera mentira de su esposo, si no la hubiera impresionado con su verborrea y su garbo de matón a la Charles Bronson, sus zapatos del número ocho, su perfume en cascada, me habría evitado el infortunio de patalear boca arriba en una cuna que estoy seguro era incomodísima. Un poco de perspicacia materna, de malicia, y yo no estaría ahora escribiendo estas páginas: me encontraría satisfecho y sonriente en el infinito ejército de los no nacidos. ¿Por qué se les presta tanta atención a las mentiras de los hombres? No soy capaz de imaginarme la clase de historias que habrá fabulado mi padre para llevarse a una mujer de ojos verdes a la cama. Si nos vamos a los hechos su imaginación ha resultado, por mucho, superior a la mía.

La visita a las instalaciones de la escuela con vistas a comprar mis uniformes fue desoladora. Lo fue por dos diferentes razones: la primera porque el edificio con su enorme patio de cemento en el centro me pareció triste y carente de gracia: ¿dónde estaban la alberca, los trampolines, la fosa de clavados, el gimnasio olímpico? La escuela tenía aire de vieja penitenciaría, de correccional, más que de institución educativa. Los edificios, el aire viejo acumulado en los rincones, el blanco abúlico de los muros, todo conspiraba para ofrecer una mala impresión a quienes pisábamos por primera vez su territorio. La segunda causa de mi desánimo fue que pese al uniforme alamarado, a los escudos y escarapelas que adornaban el chanchomón, pese a la filigrana de las charreteras nada de eso despertó en mí el entusiasmo que mi padre había calculado. Una vez más se había equivocado a la hora de hacer las sumas. No sé cómo pudo suponer que sentiría emoción por llevar pegado al cuerpo esos pedazos de lata. Si los relojes dorados no empujaban mi espíritu en ninguna dirección, no veía por qué habían de hacerlo los botones del uniforme o el chapetón de la fajilla. De haberme tenido que enfrentar en una pelea a muerte con un niño uniformado estoy seguro de que no habría sentido ningún temor; al contrario, aun sin conocerlo a fondo sabría que me estaba enfrentando a un pusilánime. La verdad es que nunca me han intimidado las medallas ni las insignias. En cambio, las botas negras de cintas largas como serpientes o los uniformes opacos me hacían estremecer de temor. Las batas ensangrentadas de los carniceros, los overoles de mezclilla raída de los obreros me causaban más miedo que un militar con plumas o charreteras doradas. Y si fuera yo el jefe de un ejército mis soldados vestirían de negro, de luto perpetuo: y además les ordenaría suicidarse a mitad del campo de batalla.

De vuelta a casa, mi padre extendió las compras recientes sobre la cama. Llamó a su madre, a su esposa y a mis hermanos para hacerles una breve exhibición. Se hallaba tan entusiasmado que no me dio el corazón para marcharme. Sé que habría comprendido el desaire, pero me mantuve estoico al pie de la cama mientras él explicaba las funciones de cada una de aquellas tonterías. Allí estaban mi crinolina, mis zapatillas de lona, mis mallas, la diadema diamantina, ¿acaso los militares son modelos de pasarela? Si lo que desean es impresionar al enemigo con tanta lentejuela sólo van a matarlo de risa.

El nuevo sueldo de administrador le permitió a mi padre comprarse un Ford negro que sus hijos lavábamos todas las mañanas antes de que él se marchara a trabajar. Los primeros cinco días de la semana sólo usábamos agua y jabón, pero los sábados teníamos el deber de encerar y pulir el armatoste. Lavar una lámina que en unas horas volvería a ensuciarse, a llenarse de polvo, a opacarse: los pequeños sísifos encaramados al auto, frotando, cepillando el corcel del guerrero. Era su tercer automóvil en menos de dos años. Los dos primeros habían sido un antiguo Dodge descapotable y un Plymouth azul cobalto con aletas de tiburón en la parte trasera que en sus mejores tiempos ofreció servicio de taxi. Sin embargo, por ninguno de sus dos primeros autos había sentido él tanto orgullo como por el Ford, modelo setenta, ocho cilindros y no sé cuántos cientos de caballos de fuerza. Temeroso de que los vándalos le hicieran daño a su automóvil lo guardaba en una pensión sin techo, un terreno pedregoso que se encontraba a unos metros de casa y en cuyo centro daba sombra un robusto pirul de ramas largas. En este árbol hacían nido toda clase de aves, pericos, golondrinas, urracas. Los malditos pájaros piaban desde las cinco de la mañana y guiados por la locura volaban desde el pirul hasta la higuera de la casa vecina. Sobra decir que los hijos debíamos limpiar la cagarruta que dejaban caer las aves sobre el toldo del Ford negro de ocho cilindros: un detalle suficiente para odiar a los pájaros.

Cuando estaba de buen humor, mi padre me permitía conducir el auto desde la pensión hasta la puerta de la casa. Cómo me habría motivado que Ana Bertha, mi vecina y compañera de clases, se apareciera por la mañana cuando tenía el volante aprisionado en mis manos, pero ella se levantaba un poco más tarde y bostezaba por las mañanas hasta que el sol comenzaba a calentar; y seguía bostezando hasta después de media mañana cuando llegaba la hora del primer descanso: Ana Bertha había nacido para poner huevos y cualquier otra actividad le parecía poca cosa. En ese mismo auto, mi padre me condujo por primera vez hasta las puertas de la nueva escuela en el barrio de Tacubaya. Ni una palabra de ambas bocas. Sólo la música instrumental de 620 AM interrumpida de vez en cuando por una voz varonil que decía: "620, la música que llegó para quedarse". Melodías para un funeral cuyo cortejo estaba formado por un solo auto: Ford, negro, modelo 1970. La tela de mi uniforme se palpaba tan dura como un cartón, pero una noche antes mi propio padre había lustrado mis botones con una sustancia que le recomendaron en el almacén donde compró los uniformes. Mi madre no ocultó que ver a su pequeño hijo de once años vestido como militar le causaba una impresión aceptable. Después de todo el jodido mozalbete, el futuro artista se encontraba con su primer obstáculo. Mi hermano Orlando me miraba también con cierta admiración, pero estoy seguro de que no deseaba estar en mi lugar, sobre todo después de presenciar lo que el peluquero había hecho con mi cabeza. "Eres como una zanahoria mordida", me dijo, pero sus palabras no me causaron el daño suficiente para lanzarme a golpes contra él. Si todo fuera tan indefenso como un apodo. Más bien me sorprendió la sensación de que la vida cambiaba a traves de mí y de que nunca podría oponerme a ella, de que era utilizado por algo que carecía de nombre o rostro, pero que se aprovechaba de mí para existir. La abuela se mostró más práctica. Una noche antes de mi primer día escolar me sugirió obedecer, poner atención en mis estudios, no entusiasmarme con las armas y, sobre todo, no permitir que nadie me pusiera una mano encima. Si uno de esos criados con uniforme me golpeaba, ella misma se presentaría en la escuela para reclamar venganza.

—He tenido suficiente con la muerte de Patrocinio. Los militares no volverán a causarme ningún dolor.

Si la vieja se hubiera enterado de la cantidad de golpes que me propinaron casi desde el primer día con todo tipo de objetos no le habrían sido suficientes los años que le quedaban de vida para vengarme. Una muerte puede vengarse, ¿pero un puntapié cargado de desprecio?

—Nadie lo lastimará, madre. Va a una escuela, no a un reformatorio. ¿No ves que pones nerviosa a Elva con tus comentarios?

—Eso lo veremos. A la primera marca que vea en su cuerpo te hago responsable.

—¿Y qué vas a hacer? —preguntó él, retador.

—Lo primero es sacar a mi nieto de esa escuela. Lo segundo es correrte a ti de mi casa.

Estaba más que en su derecho. Vivíamos en su casa porque mi padre había invertido sus delgados ahorros en un terreno cercano al canal de Cuemanco, en el sur de la ciudad. En ese terreno de doscientos cincuenta metros cuadrados construía con paciencia, a paso lento, la que sería la nueva jaula para los críos. *Una casa propia,* cuántos sueños despierta esa frase en una época en la que todos los lotes de la tierra tienen ya propietario. Y desde entonces robarle un miserable terreno a los propietarios representaba una epopeya que debíamos festejar como si hubiéramos ganado la batalla más importante de nuestras vidas. Un domingo de cada mes la familia entera visitaba la obra negra que, desde la perspectiva de los niños, era una casa en ruinas con los mismos atributos de un campo de guerra: bardas sin terminar, zanjas profundas, charcos, monolitos de ladrillo rojo, cerros de arena, andamios laberínticos. Era de suponer que poseer estas ruinas le permitía a mi padre no conceder demasiada importancia a las amenazas de ser arrojado a la calle. No tenía sentido prestar atención a los amagos de su madre cuando en su horizonte se erguía imponente una casa de dos pisos, tres baños, cuarto de servicio y cocina integral. Al contrario, podía portarse lo patán que quisiera. En cambio, el resto de la familia sí que temía los arrebatos coléricos de la abuela. Cómo no temer a una mujer que ocultaba una pistola calibre veintidós en el cajón de una cómoda a un lado de las fotografías color sepia de su esposo, un arma modesta en forma de escuadra que sus nietos habíamos visto en contadas ocasiones cuando la lustraba con una franela untada de aceite. Una pistola nada menos, negra, deslumbrante.

"No se les ocurra husmear en este cajón", nos advertía, siempre demasiado tarde porque, cuando ella se ausentaba, mi hermano y yo extraíamos el arma de la cómoda, la colocábamos sobre la cama y, cautos, la observábamos largos minutos, como si fuera un cocodrilo salido del estanque. Sólo un niño conoce el verdadero valor de un objeto de esa naturaleza, un valor que no tiene que ver con darle muerte a otro hombre, sino con un misterio más profundo. Y cada vez que la abuela entraba en cólera los niños no olvidábamos que poseía un arma y que podía utilizarla para descargar su furia sobre nosotros. Incluso, una tarde mientras ella miraba su telenovela, la incertidumbre me llevó a preguntarle si no sería mejor deshacerse de aquel peligroso objeto.

—No, de ningún modo. La necesito para defenderme cuando ustedes se vayan de esta casa —respondía con una fatua sonrisa ensimismada. ¿Podría disparar el arma una mano con uñas tan largas como las suyas?, nos preguntábamos. Una interrogante cuya respuesta nunca pudimos indagar.

—Las balas son muy pequeñas, ¿se puede matar con ellas?

—No sé, yo nunca he matado a nadie. Si tengo esta arma conmigo es porque soy una vieja.

—No la necesitas —dije. Ella estaba sentada en una silla bajo la ventana. La luz de la tarde caía sobre su cabellera dorada.

—Sí la necesito. Todos los ancianos deberíamos estar armados. Somos los únicos que tenemos ese derecho.

No había fachada más sosa que la de mi escuela secundaria: un muro gris, plano, y una puerta metálica en el centro: hasta un simio, si se lo exigieran, realizaría un diseño más decoroso. El primate imaginaría al menos una fachada con friso, jambas de cantera, rodapiés y una enramada cubriendo parte del muro. La fachada medía más de cinco metros de altura y a la hora de moverse el portón herrumbroso se arrastraba sobre el cemento provocando un chillido insoportable. Un culo de rata, eso era el portón de la entrada principal: un culo de rata por donde entraban y salían los estudiantes. Esta puerta se abría a las siete de la mañana para cerrarse una hora después, cuando la banda comenzaba a hacer honores a la bandera. Durante el tiempo que la puerta se mantenía franca, un pelotón de la policía militar impedía la entrada a los cadetes que mostraran imperfecciones en su uniforme. Si no habías pulido los botones dorados o la forma del chanchomón no era perfectamente circular, te devolvían a casa con una patada en el trasero. Tampoco se permitían las botas opacas, ni mucho menos la ausencia de una pieza en el uniforme. Hasta los pisacuellos tenían que ser lustrados para que brillaran como pequeños diamantes. No era nada sencillo entrar por ese culo fruncido ni sortear la mirada minuciosa, sádica de los policías militares. Y, sin embargo, el primer día de clase hicieron excepciones porque muchos de los cadetes de nuevo ingreso no conocíamos a conciencia el reglamento. Los policías militares hallaban un placer sibarita en perdonar tus faltas, pero sólo por tratarse del primer día.

Diez minutos antes de las siete de la mañana el Ford negro se estacionaba frente a la escuela. Y si para mi padre la puntualidad representaba una encomiable virtud, para su familia, en cambio, la costumbre de presentarse treinta minutos antes a cualquier cita significaba, en todo caso, una enfermedad, una manía que afectaba a los hábitos de todos nosotros. No era muy diferente de vivir con un lisiado que obligaba a los demás a marchar a su propio ritmo. Si al menos obtuviera una ración monetaria por llegar temprano, si al menos esas horas robadas al sueño tuvieran una recompensa evidente.

En vista de que mi abuela se negaba a salir de su recámara para desearme buena suerte o darme un último consejo, la despedida se tornó un poco sombría. Su ausencia auguraba tiempos difíciles. De todas maneras, recibí la bendición de mi madre que me fue concedida con especial fervor y unas palmadas de mi hermano menor que sentí como un leve empujón a la tumba. Mi hermana, en cambio, dormía a pierna suelta, ajena a la dramática despedida. A sus siete años le importaba un bledo si le cortaban la cabeza al resto de sus hermanos porque a esa edad se puede cambiar de hermanos, padres y perros sin soltar más que unas cuantas lágrimas. En el camino a la escuela, mi padre sintonizó en el radio una de sus frecuencias favoritas, 620 AM. Como la música instrumental le pareció un tanto lúgubre para la ocasión cambió a la estación de las noticias, sin embargo ninguno de los dos puso atención en ellas. Ambos, sin confesarlo, estábamos seriamente preocupados por mi futuro. Mi corazón latía como el de un pescado recién sacado del agua al que le espera un sartén rebosante de aceite: mi futuro, nada menos. Pese a ser experto en ocultar sus pensamientos, mi padre temía haberse equivocado y ese temor se revelaba en su sospechoso silencio. Jamás lo reconocería, pero aquella mañana mientras observábamos en silencio el culo de rata custodiado por dos pelotones de policía se arrepintió de no hacer caso a su madre y de entregarles un hijo a los militares.

La entrada en el culo de rata fue relativamente sencilla. Los policías militares, en realidad alumnos investidos con ese cargo durante una semana, me detuvieron un minuto para hacerme observaciones sobre mi aspecto. Su gesto fiero sumado a mi temor de ser lanzado a la calle en presencia de mi padre me hizo enmudecer. Las valencianas del pantalón tenían que ser más altas para permitir que las botas se mostraran enteras y la punta de la corbata no podía estar suelta, sino escondida entre dos botones de la camisola.

—Hoy te permitiremos ser un idiota —me dijeron.

Si se miraran la jeta en un espejo no serían tan exigentes: ¿es posible tener papada a los trece años? ¿Cómo han permitido que los rapen si tienen cicatrices en la nuca?

Una bailarina a punto de entrar a escena. De modo que éstos eran los feroces custodios de la puerta: ujieres meticulosos preocupados por el atuendo de las jóvenes bailarinas. Sólo un detalle me sobresaltó: mi cabello no estaba tan corto como lo exigía el reglamento escolar. Jamás en mis once años de vida me había cortado tanto el cabello, pero en esta jodida escuela se me exigía que me rapara todavía más: "Tienes que raparte a cepillo; pídele al peluquero casquete corto a la *brush*", me recomendaba el policía militar, un gordo de cachetes gelatinosos. Maldita sea, si a fin de cuentas el embrollo podía solucionarse con un poco de gomina. Los famosos fijadores de cabello para hombres Wildrot o Alberto vo5 harían las cosas más simples sin necesidad de acudir a las tijeras y a la podadora. Los cadetes mexicanos no marcharíamos jamás a la guerra, ni pasaríamos extensas jornadas agazapados en una trinchera. No teníamos por qué temer a los piojos o a que las aves hicieran nidos en nuestra cabellera. Como si así fuera, las revisiones de corte de pelo se llevaban a cabo tres veces al mes. Cada diez días tendría que verle la cara a un peluquero cuando antes lo visitaba sólo tres veces al año. El peluquero pasaría a formar también parte de mi familia, sería casi como mi abuela, o el tío Carlos o la gata Nieves. En ese aspecto, mi padre se había comportado de manera sensata tolerando que lleváramos una discreta melena, no extravagante, pero al menos sí decorosa: la melena en un niño, a diferencia de los adultos, resultaba en su opinión perdonable. También nos permitía usar pantalones acampanados de varios colores y zapatos de plataforma que él mismo compraba en la tienda Milano, a un lado del metro Nativitas. El hecho de que deseara una disciplina acartonada para sus hijos no significaba que les negara los beneficios de la moda. Los padres siempre quieren lo peor para sus hijos, porque lo peor es lo único que dura. Y para que esto sea posible hay que clavarles pequeñas agujas en los tobillos y en las plantas de los pies.

Una vez franqueada la entrada al colegio, me encaminé hacia unos escalones de piedra, próximos al asta bandera. Desde esa posición vi el extenso patio de cemento poblarse de cadetes (ya desde entonces me gustaba apartarme para mirar a los otros desde una posición privilegiada: un francotirador que jamás dispara, y se conforma con husmear a los enemigos desde la mira). Los alumnos más grandes pertenecían a la preparatoria, los menores a la secundaria. Era fácil reconocer a los estudiantes de nuevo ingreso porque, como yo, se mantenían quietos como pollos friolentos, tensos, en espera de una orden que les propusiera una función o los remitiera a su salón de clases: cervatos barruntando la presencia del león que en el momento menos pensado se manifestaría con todo su poder. No podría ahora, tanto tiempo después, describir las emociones que se apoderaron de mi ánimo en aquel preciso momento, pero estoy seguro de que afronté los hechos con bastante dignidad, con una resignación sorprendente, casi mística, como el joven fraile que no puede correr de vuelta a su hogar y se lanza de bruces en el templo de Dios. Fue la primera vez que experimenté esa emocionante y amarga sensación de lejanía. Ninguna de las dos escuelas a las que asistí en la primaria —Perseverancia y Pedro María Anaya— guardaba ese aspecto de exilio, de destierro que impregnaba todo lo que se relacionaba con la academia militar. Además, toda mi vida había permanecido cerca de la familia, a unos pasos de los colegios que, en cierto modo, sólo eran una extensión menos amable de la casa.

Cuando las puertas del culo de rata se cerraron faltaban tres minutos para las ocho. Al igual que otros padres que no conocían los pormenores de la rutina escolar, el mío permaneció atento cerca de la puerta hasta que se convenció de que su hijo no sería rechazado. Después abordó su automóvil y se perdió en el tráfico que todas las mañanas se hacía nudos a la altura de la avenida Revolución. En realidad la policía militar tenía órdenes de no rechazar a nadie y los alumnos que no cumplían con los requisitos eran arrestados durante la primera hora de clase: las autoridades no estaban dispuestas a perder la oportunidad de que esas manos limpias, juveniles, aún impregnadas del perfume materno, asearan los excusados. Al menos en eso mi padre podría permanecer tranquilo: su hijo no sería lanzado a la calle porque en caso de violar el reglamento estaría hincado en un baño con las manos hundidas en un cazo de mierda.

Cerca del astabandera, a un costado de la caseta de mando, un soldado sopló su corneta con tanto ímpetu que desde las primeras notas un leve estertor conmovió mi estómago. Aquellas notas, impetuosas como solemnes, no podían anunciar nada bueno; la cara del soldado, deformada por el tributo eólico, anticipaba más de una desgracia y las venas de su cuello se inflamaban como los trazos de un pintor furioso sobre una tela morena y dura. ¿Cuántos muertos no se revuelcan de indignación en sus tumbas cuando escuchan gritar una corneta? Los alumnos que conocían ya los detalles del negocio corrieron a formarse en el patio: lo hacían con aplomo fanfarrón, acaso para diferenciarse de quienes no entendíamos lo que estaba pasando allí. Desde la caseta de mando un oficial, micrófono en mano, daba las instrucciones necesarias para evitar la confusión. Los alumnos inscritos en primero de secundaria tenían que colocarse en el extremo derecho del patio, a un costado de las canchas de baloncesto, ordenaba la voz del teniente Oropeza. Sólo un cínico podía llamar canchas de baloncesto a unas estructuras medio vencidas que apenas sostenían el tablero de madera. Las instalaciones deportivas más modernas de México, me había dicho mi padre meses atrás. Caminé con piernas temblorosas rumbo a un destino que ya no podría modificarse. En vez de dirigirme en línea recta hacia donde se formaban los alumnos de nuevo ingreso, rodeé el perímetro del patio sorteando algunos escalones hasta que una voz a mi espalda me increpó. No comprendí sus palabras, pero a juzgar por el tono y sus violentos ademanes el soldado me ordenaba caminar más aprisa. La primera vez que una persona se dirigió a mí en esa escuela fue por medio de un dramático gruñido. Ladridos, gruñidos, muecas: eso era lo que me esperaba entre todos esos maleantes. Los animales corríamos a nuestras jaulas azuzados por los pastores mientras la voz grave, operística del teniente Oropeza gritaba instrucciones desde la cabina de mando, un cuarto de treinta metros cuadrados con amplios vitrales que dominaba el patio mayor en toda su extensión. Dentro de la caseta había un escritorio, un archivero, una máquina de escribir, un calendario, un aparato de sonido y una rasuradora eléctrica para trasquilar a quienes no cumplieran con el corte de cabello adecuado. No había nada más.

Esa tarde consumida casi en su totalidad por la apremiante oscuridad de la noche, mi madre se mostró ansiosa por conocer los detalles que rodearon mi primer día de clases. Había reconocido en su hijo los restos de una mirada amedrentada que pese a mis esfuerzos para ocultar hizo de mi retorno a casa un acto casi fúnebre. Todo parecía indicar que la primera batalla había sido también una contundente derrota. Ni había nada que celebrar, ninguna epopeya que narrar, ¿los presos que vuelven a casa después de años de cautiverio tienen algo que contarle a sus esposas, a sus madres? Nada; es más conveniente que ellas crean que volvemos de una pradera dorada de espigas, de un hermoso campo de cebada donde permanecimos dedicados a la meditación. Cuestiones de dignidad, estúpidas si se quiere, pero necesarias para vivir en paz. Hay que mentir hasta donde la ingenuidad de los padres nos lo permita.

Las dos mujeres aprovecharon a conciencia la ausencia de mi padre para sepultarme con preguntas que habrían evitado si él estuviera presente. No eran precisamente cobardes, sino cautelosas y oportunistas. Estábamos sentados en la sala. La televisión a bajo volumen. Las vecinas habían iniciado una discusión, pero sus gritos apenas llegaban hasta nosotros. El paso a desnivel que salvaba la calzada de Tlalpan engullía cada segundo un auto. Y pese a todo la tarde era apacible, como si la tierra hubiera dejado de girar y los peatones se detuvieran bajo una sombra a llenar sus pulmones. Mis hermanos, instalados en un segundo plano, escuchaban con pervertida curiosidad mis mentiras, e incluso tuve la sensación de que los pájaros estaban también atentos a mis palabras. La jaula, colgada de una improvisada alcándara de metal, ondeaba en un extremo del pasillo; aún no había sido cubierta con la franela con que todas las noches mi abuela protegía a sus loros del frío. Hasta los jodidos loros deseaban conocer los pormenores de esa primera jornada. Mi madre mostraba una mayor preocupación por las viandas de media tarde. ¿Eran buenas?, ¿abundantes?, ¿tenían una sazón distinta de la suya?, ¿qué clase de chiles usaban para la salsa? Mi hermano Orlando preguntaba por el tipo de armas con que nos proveía el colegio; quería saber si había tenido oportunidad de disparar y si tales armas eran ametralladoras, bazucas o solamente rifles, si disparábamos a blancos inmóviles o a seres vivos, si las balas eran de salva o verdaderas. No sé cómo pude contener las lágrimas mientras contaba ese montón de mentiras: "Es una escuela normal, sólo que no hay mujeres". "¿Para qué quiere mujeres un niño de tu edad?", respingaba mi madre. Qué pregunta tan descabellada. Quería mujeres para manosearlas como hacía con Ana Bertha, para besarlas como había besado a Roxana en quinto de primaria, para poner mis ojos sobre su cuerpo y recordar las piernas de Carmela, la abanderada de la escuela Pedro María Anaya.

—No quiero mujeres, sólo que no estoy acostumbrado a ir a una escuela donde solamente hay hombres.

—Mejor, así te concentras en tus libros.

A nadie en casa le convenía enterarse de una realidad que en todo caso habría de modificarse más adelante. Tomé la decisión de callarme porque me preocupaba ver a mi familia enfrentada a una decisión paterna. No tenía caso llorar en el regazo de las mujeres. ¿Para qué meterse de nuevo bajo la falda? Si comenzaba a quejarme, no terminaría jamás y mis palabras me devolverían al útero, a la oscuridad. Después de todo, la experiencia no había sido tan mala, excepto por un par de patadas en el trasero o por el breve escarnio público al que me vi sometido cuando un oficial, el subteniente Mendoza, me preguntó si había nacido jorobado.

—Camine recto, cadete, ¿es usted jorobado?

—No, señor.

—¿Tiene las nalgas en la espalda?

—No, señor.

—Si lo vuelvo a ver jorobarse me lo voy a chingar.

—Sí, señor.

—¡Puta madre, ahora tenemos que enseñar a marchar a los parapléjicos!

Estoy seguro de que el subteniente Mendoza, un hombre pequeño y menudo, envidiaba mi altura. En cambio, yo había crecido aprisa y mi espalda no terminaba de acostumbrarse. Esos centímetros de más no significaban nada para mí, una persona tímida que en lugar de exhibir con arrogancia su altura habría preferido vivir como una cochinilla bajo las piedras (cuánto daría Mendoza por tener un par de centímetros más, ¡asesinaría para obtenerlos!). No estoy seguro de si esa timidez provocaba que dudara de mis capacidades en todos los aspectos, pero carecía de confianza en mí. Mis sumas jamás eran las correctas y nada de lo que hacía me infundía seguridad. Que me hubieran pateado las nalgas o me dejaran sin comer y me llamaran jorobado frente al resto de los alumnos no ameritaba quejarme frente a esas mujeres que merecían una vida sin sobresaltos ni sufrimientos inesperados. De eso, al menos, estaba yo más que seguro.

El salón de clases se encontraba en el primer piso de un edificio de tres plantas diseñado en escuadra. Este edificio, pese a su importancia, ocupaba una sexta parte de las instalaciones. Al igual que la caseta de mando, los salones contaban con amplios ventanales a través de los cuales los oficiales vigilaban el comportamiento del alumnado. Sobra decir que la mirada acusadora de un alto mando sobre tu persona te obligaba a considerarte culpable hasta de haber nacido. Los muros estaban hechos de tabique blanco y las lámparas de neón que iluminaban el interior se encendían desde la madrugada. Una vez instalados en nuestras bancas, entró un oficial para leernos la cartilla: un hombre sin gracia, serio como una planta de sombra, moreno; sus tres insignias en las hombreras anunciaban que estábamos frente a un ser superior a todos nosotros. Si un cadete se atrevía a salir del salón sin permiso o se le descubría violando el reglamento sería arrestado de inmediato. Y si el delito era más grave nos esperaba un calabozo, o una celda correctora como se le llamaba también de manera científica e hipócrita. Fue la primera vez que la palabra *arresto* cobró una importancia inusitada en mi vida. A mis once años podía ser arrestado si violaba los reglamentos o asomaba las narices fuera del salón de clases. Arrestado como un criminal o un adulto que roba o asesina: desde ese momento tendría que andarme con cuidado porque cualquier estúpido con una insignia en los brazos o en los hombros podía arrestarme, golpearme, encarcelarme y hacer que recogiera con la lengua mi propio vómito. Luego de amenazarnos con la reclusión en el calabozo, los ejercicios a pleno sol —sentadillas, lagartijas, abdominales— o la limpieza de los excusados, el oficial nos comunicó que a partir de ese momento nuestro jefe de grupo sería el cadete Garcini. Gozaríamos de un descanso de nueve treinta a diez de la mañana, comeríamos a las dos para volver a clases a las cuatro de la tarde y, a excepción de los internos, podríamos regresar a nuestras casas después de las seis.

—Pueden largarse a las seis, pero después de unos días no van a querer volver a sus casas —dijo el oficial, ahogado en su propia risa socarrona.

Qué largos serían los días por aquel entonces. Cada hora

invocaba una vida que se marchaba para siempre; sobre todo las tardes que antes se me hacían nada pateando una pelota en el callejón o en el parque de la calle Centenario. El tiempo parecía un borracho que no distingue el reloj y da mil excusas para permanecer sentado a una mesa, un borracho que no sabe que el día y la noche deben acabar. La ansiedad por volver a casa, el deseo de caminar a la tienda o al depósito de leche y comprar los litros necesarios para el desayuno y la cena, de dormir en mi cama sedado por el murmullo del televisor, hacían que las tardes se extendieran como un desierto sin cactus, ni dunas, ni datileras: un desierto de cemento caliente, imperturbable cuando las pisadas de miles de hormigas uniformadas lo recorrían de oriente a poniente. Salir marchando a paso redoblado por el culo de rata; atravesar el mercado Cartagena aspirando su olor a ciruela avejentada, a sangre mezclada con agua, para enseguida sumergirme en la estación del metro Tacubaya; soportar las miradas a las que se hace acreedor cualquier uniformado; reconocer la silueta de mi casa flotando en la balbuceante oscuridad del atardecer: cada una de estas impresiones constituía el paisaje de mi liberación cotidiana.

El cadete Garcini fue nombrado nuestro jefe a raíz de su experiencia en cuestiones militares. El teniente Oropeza lo señaló con su mano albina.

—¡Tú, Garcini! Hazte cargo de estos desgraciados. Igual que el año pasado.

—Teniente, preferiría que fuera otro. Yo no soy niñera —se quejó Garcini, el alumno de mayor edad en nuestra clase. Catorce años.

—Te jodiste, Garcini. Son todos tuyos.

A ojos de los cadetes, Garcini se revestía de una apariencia respetable, pese a que nadie sabría describir en qué consistía su respetabilidad; acaso ciertos gestos de hombre maduro, sus carrillos desencajados o su rostro de heroinómano arrepentido. Era un joven apuesto, de mirada certera que cursaba por segunda vez el primero de secundaria. Cada vez que nos daba una orden o una instrucción parecía estar a punto de bostezar. Como si una desgracia o un malentendido hubiera llevado a un chimpancé adulto a vivir en esa jaula saturada de pequeños monos araña. En cambio, su ayudante, la Rata, carecía de estilo, clase, aspecto humano: un mulato de diminutas crenchas tiesas y mirada torva que resolvía cualquier dilema golpeándonos los glúteos con una baqueta y gritándonos majaderías a viva voz. A veces, sin que mediara un motivo evidente, nos asestaba un puñetazo en el omoplato; lo hacía para demostrarnos su poder o porque tenía miedo de que olvidáramos su cargo, nada menos que subjefe de grupo.

No era necesario esperar el agobiante paso de los días para sospechar que tardaría mucho tiempo en acostumbrarme a la rutina militar. El poder del contrincante se develaría todo en el primer round, sin eufemismos, ni triquiñuelas, los golpes a la región hepática harían estragos y la sangre comenzaría a escurrir. Los cambios de clase se anunciaban desde el patio por medio de un toque de corneta; lo mismo que las llamadas a descanso o el cambio de actividades: casi todos nuestros movimientos estaban precedidos de un tipludo e intenso viento de corneta. Las nutridas filas para comprar golosinas en la tienda de la escuela consumían los veinte minutos que duraba el descanso de media mañana. ¡Sólo veinte minutos! La tienda era atendida por dos hermanos que también se encargaban de administrar un almacén de uniformes dentro de la misma escuela: negocio completo, comida, ropa, calzado. A uno de los dependientes, el más viejo y canoso, se le conocía como el Chato; y el otro simplemente era el hermano del Chato. No había más misterio. ¿Qué han hecho estos hombres para hacerse un lugar en mi memoria y permanecer allí para siempre? Si no eran más que vendedores, mudos además, ¿o tenían voz? No recuerdo haber conversado con ellos. ¿Conocían mi nombre? Es posible que no hayan existido y que sean consecuencia de una enfermedad, como las manchas que aparecen en la retina de los viejos o las pecas sobre la espalda.

Los oficiales gritaban para hacerse entender, sin importar si estaban a sólo dos metros de ti. No concebían que pudieras comprender nada si antes no te reventaban los tímpanos. Si hubieran podido me habrían metido la lengua en la oreja. Y nadie gritaba tan alto como el teniente Oropeza, a quien —aseguraban los cadetes de preparatoria— le habían cosido el ano con hilo de cáñamo para que vociferara más fuerte. No podría asegurar si detestaba a mi padre por haberme arrojado a esa mazmorra de perros rabiosos, pero cultivaba hacia él un velado resentimiento: ¿acaso el resentimiento encontraría sus propias palabras muchos años más tarde? No tengo la menor idea. No sé cómo trabaja el cerebro ni cuáles líquidos dejan de caer o qué conexiones se interrumpen cuando las emociones afloran. Y no quiero saberlo. Sin embargo, sólo era cuestión de realizar sumas elementales para concluir que no había hecho nada tan malo como para merecer que se me tratara a gritos, o se me pateara para obligarme a marchar correctamente. ¿Qué intenta exactamente comunicar uno cuando da un puntapié? ¿De qué lenguaje me había yo perdido? Si recluirme en colegio semejante no representaba un castigo, ¿cuáles eran entonces las razones de mi estancia en aquel edificio? Me estaba castigando, mi padre, por un hecho del que yo todavía no tomaba conciencia. Hipótesis que parecía venirse abajo porque, haciendo el recuento de mis pecados, no existía justificación alguna para endilgarme penitencias de tal naturaleza. Ahora debería permanecer encerrado en una escuela de sardos —como se les llamaba entonces, despectivamente, a los soldados—, temeroso de incumplir reglamentos estúpidos, asolado por los eructos del oficial Oropeza y los golpes a mansalva de la Rata.

No recuerdo haber causado problemas graves, como incendiar nuestra casa o renunciar a mis estudios. Tampoco me encontraron en la cama con los calzones de mi hermana en la mano, ni robé los escasos billetes que mi padre guardaba en su cartera. Y mis verdaderos pecados no le incumbían a nadie porque eran tan secretos como el color de mi médula. Esos pecados no me impedían auxiliar a mi madre en las actividades cotidianas o cuidar de mis hermanos cuando los adultos llegaban a ausentarse. Era un párvulo sin virtudes evidentes, uno más bien silencioso que no acertaba a reclamar lo suficiente cuando era testigo de una injusticia. Rehuía las discusiones y prefería refugiarme a la sombra del tiempo en espera de que los días remediaran cualquier enfermedad o dilema ordinario. Mi padre sabía meter los puños y gritar para imponerse, pero su hijo tenía miedo de los otros, miedo y también un poco de desprecio. Ni siquiera tuve el talento y la dureza necesaria para narrar a mi madre lo que en realidad sucedió el primer día que puse los pies en la escuela militarizada. Le habría impresionado saber que para comer debía esperar en el patio durante media hora, sin sombra para protegerme de un sol que a las dos de la tarde hacía arder el cemento como un comal, media hora antes de la llamada a rancho que, para variar, se hacía también con un toque de corneta. ¡Otro jodido toque de corneta! Los últimos en integrarse a la hilera debían conformarse con raciones más pequeñas, las cuales, en ocasiones, incluían solamente un plato de lentejas sin caldo. Qué patéticas se ven las lentejas sin caldo, acumuladas unas sobre otras. Los alumnos de nuevo ingreso asumían la obligación de donar parte de sus raciones a los cadetes más viejos o a los jefes de mesa sentados, como patriarcas, en la cabecera. ¿Por qué carajos había jefes en todos lados? Jefes en las mesas, en los salones, en el patio, jefes que proliferaban como ladillas y que te ordenaban lo que de todas maneras tenías que hacer. Bueno, el único sitio donde uno no encontraba jefes era en el baño porque no había pulmones tan poderosos como para soportar el olor de las miasmas: el único sitio en el que la autoridad no ponía los pies era nada menos que en las letrinas. ¿Quién sabe dónde orinaban los jefes? Fuera de ese sagrado espacio siempre encontrabas unos ojos que te auscultaban con desaprobación o una lengua que se bañaba en bilis para increparte por tus acciones.

El comedor consistía en un espacioso salón donde podían sentarse a comer cerca de doscientos cadetes repartidos en poco menos de veinte mesas. De sus paredes no colgaba ninguna pintura (en el comedor de la casa, en cambio, junto a la pintura del pueblo toledano había un paisaje pintado por mi padre y copiado íntegramente de una obra de José María Velasco). Una vez dentro, tenías que aguardar en posición de firmes hasta que un oficial ordenaba sentarse. Casi no había oficiales porque la mayoría prefería tomar sus alimentos fuera de la escuela: no eran tan estúpidos. Tampoco podías comenzar a comer hasta que el teniente Oropeza, luego de caminar desafiante entre los cadetes y cerciorarse de que las cosas marchaban bien, daba la orden de empezar a comer.

—¡Comenzar a comer! ¡Ya! —decía la voz, y los cubiertos iniciaban su sinfonía metálica.

Ese primer día me fue imposible pasar un bocado por la garganta. La causa de mi inapetencia se debió a que el jefe de mesa escupió en mi sopa. Escupió solamente en los platos de los alumnos de nuevo ingreso, que en aquella mesa sumábamos cinco. Supongo que se trataba de una costumbre o un gesto de bienvenida que debíamos aceptar con estoicismo. ¿O acaso debíamos también agradecer que se pusiera tanta atención en nosotros? Uno de mis compañeros, apellidado Palavicini, tomó el escupitajo con la cuchara para lanzarlo al piso. Después de eso comenzó a comer con una displicencia que envidiamos los cuatro alumnos restantes, quienes asqueados no acertábamos siquiera a mirar el contenido de nuestros platos. El jefe de mesa reprendió a Palavicini por tirar comida en el piso y le ordenó ponerse en posición de firmes junto a su silla mientras concluía la comida.

—¡La comida no se tira, cadete! Esta mesa es cristiana —dijo el jefe de mesa.

El rebelde obedeció sin chistar, como si se hubiera preparado durante mucho tiempo para soportar las órdenes de todos los superiores que poblaban el mundo. ¿Quién había enseñado a Palavicini a mirar a sus superiores como si fueran piedras? El miedo, sólo el miedo nos hace dejar de temblar. Nadie tenía tanto miedo como Palavicini. Mis compañeros de mesa no despreciaron su arroz con ejotes, ni tampoco el guisado de res con frijoles que siguió a la sopa. Yo, en cambio, renuncié a comer esa tarde. Mis padres me enseñaron que la sopa es el único alimento realmente importante que existe. La sopa es como nuestra casa o como nuestras abuelas, la sopa es en realidad nuestro hogar. Mi madre hacía migas cuando no teníamos nada que comer: agua con pan, sal, chile, ajo, hasta una cucaracha o un pedazo de madera habría arrojado a la sopa si hubiera sido necesario. Sobrevivimos a nuestras peores épocas porque comíamos sopa. ¿Entonces por qué este desgraciado hijo de puta se atrevía a escupir en la sopa de cinco familias distintas? Con el pasar de los días me enteraría que se trataba del cadete Colín, alumno de tercero de secundaria, consentido de los oficiales por su aspecto canalla y sus feroces modales. Hasta los internos condescendían con el cadete Colín, cuando regularmente no toleraban a nadie que no fuera un interno como ellos. Ser interno te investía de una autoridad a prueba de balas: ellos eran los verdaderos habitantes de la penitenciaría, los prisioneros que recibían cualquier orden con una sonrisa sarcástica, a no ser que ésta proviniera de Camacho, el oficial jefe de internos, o del comandante Sigifredo, que gobernaba con una energía macabra toda la escuela.

Esa misma tarde, antes de entrar a los talleres vespertinos busqué una sombra donde rumiar mi coraje. Una banca adosada a un muro del armero habría de ser desde entonces mi refugio preferido. Allí me aislaba del resto de los alumnos que se dispersaban en los solares de la escuela o se concentraban en las espaciosas escalinatas alrededor del astabandera. Ignorando mi empecinado deseo de soledad, tres cadetes se aproximaron a mí para comunicarme, por medio de un lenguaje rudimentario, que desde aquel momento debía considerarme su perro. No había escuchado mal: a partir de entonces, si quería evitar una paliza, tendría que convertirme en un perro. Los perros teníamos como función servir a un cadete de preparatoria durante las horas de descanso. Como recompensa, mientras el amo nos cubriera con su manto protector, nadie más podía abusar de nosotros. ¿He dicho algo nuevo? Nada que desconozca cualquier delincuente de barrio o cualquier policía de baja estofa. Recordé las palabras de mi abuela: "Los militares son todos unos criados". No serviría a los tres cadetes, sino sólo al cabo Plateros, quien, en señal de bienvenida, me dio una monumental palmada en la nuca.

—¿Entendiste, perro? Aquí vas a aprender a ladrar.

—Sí, seré el criado de un criado —dije entre dientes, pero Plateros no me escuchó porque en medio de risas intentaba excusarse con sus compinches:

—Me tocó un perro medio gacho, pero si lo educo puede servir. Luego los perros corrientes son los más fieles —reía

Plateros, y su risa hacía que la Luna, el Sol y todos los astros olieran a podrido.

—A ver, cadete, ¿tienes pedigrí o eres un jodido perro callejero?

—Callejero —respondí.

—¿No les digo? Siempre me tocan perros pobres. En vez de carne molida voy a alimentarte con esto —dijo el cabo Plateros tocándose la entrepierna. Sus amigos reían, como hienas danzando en torno a la carroña.

El tiempo me diría que el cabo y sus amigos eran sólo un hato de pusilánimes. Si se les miraba a distancia no resultaban tan distintos de mis compañeros de primaria que, como buenos hijos de gamberros, aprovechaban la más mínima ventaja para pasarte por encima. Los niños conocen tan bien o mejor que sus padres el negocio de humillar a los otros: la inocencia infantil es un cuento de hadas que los adultos se cuentan a sí mismos para tranquilizarse, un eufemismo. Y es que la imagen de amamantar a las pequeñas bestias depredadoras y malvadas no debe de ser una actividad placentera. Es más conveniente para el mundo pensar que los niños son inocentes y distintos de los adultos.

La vestimenta militar volvía los actos violentos más crueles: como si los gárrulos tuvieran permiso de hacerme mal, como si mi propio padre al inscribirme en esa escuela les hubiera permitido pisotearme. Aquí está mi hijo para que hasta el más miserable pueda orinar encima de él. Aun así el cuerpo de lavativa de Plateros no inspiraba pavor a nadie. Sus amigos tampoco lucían nada imponentes, y si me amedrentaban era sólo porque representaban el papel de sicarios, de asesinos timoratos, cómplices incondicionales de Plateros. Nunca un jefe será tan temible como los zalameros que lo rodean. A una orden del cuerpo de lavativa me tundirían a golpes sin tomar en consideración que no me conocían ni sabían nada acerca de mí. Me patearían pese a que mis conocimientos de literatura o geografía sobrepasaran por mucho los suyos y mis raíces cuadradas fueran perfectas. Días adelante me enteraría de que el poder de Plateros se concentraba en los galones atados a las mangas de su camisola, dos cintas doradas con ribetes color vino que resaltaban en la anémica tela del uniforme caqui: un cabo ni más ni menos. Si un ser de ínfima naturaleza como Plateros había sido capaz de obtener una distinción semejante, no había esperanza alguna de encontrar en esa escuela un poco de dignidad. Así que sin dar más rodeos al asunto concluí que era conveniente considerarme un perro callejero, uno incapaz de financiar las golosinas de su amo o de provocar envidia entre los cadetes: a un perro callejero se le pateaba el culo en los momentos de mal humor, o se le confiscaban los emparedados que la madre del perro preparaba en las mañanas para su hijo, ¿qué otra cosa podía hacerse? En cambio, al perro con prosapia se le exprimían los bolsillos, se le dejaba seco como cadáver, se le presumía en las pasarelas ante el azoro y la envidia de los otros alumnos. La riqueza, concluí, era una enorme bosta que atraía las patas de moscas, cerdos y ratas, un festín del que no deseaba ser anfitrión ni invitado. Después de todo, si se tiene suerte, se puede aprender alguna cosa en la escuela.

Que en aquella ocasión evitara narrar a mi familia lo ocurrido en las mazmorras escolares sentaría un precedente en mi vida. No compartiría mi desazón con nadie. Cumpliría mi condena como un reo, cobarde pero resignado. Con más razón cuando mi padre comenzaba a ganar un poco más de dinero e invitaba a su esposa a salir por las noches una vez a la semana. Si me hubieran propuesto pasar los días en una crujía pestilente a cambio de que mi madre saliera en las noches a divertirse, no habría dudado en aceptar el trueque. Qué valían un par de manotazos en la nuca o un baquetazo en las nalgas junto a la posibilidad de que ella se olvidara por un rato de los trastes sucios, las espinacas cocidas o las camisas manchadas. Por primera vez estaba yo en condiciones de ofrecerle un bien. Y lo haría.

Los hijos nos enterábamos de las francachelas nocturnas cuando descubríamos en las mañanas, enmarcadas en cartón, las fotografías de nuestros padres presidiendo una mesa donde jamás faltaba una botella de licor rodeada de vasos: brandy Presidente en los malos tiempos, whisky cuando la cartera estaba colmada. Mi madre era hermosa y sus vestidos siempre estaban por debajo de su belleza. Mi padre era feo, pero trataba de vestirse lo mejor posible, así que los sacos y las corbatas lo hacían verse más amigable. Al pie de las fotografías venía impreso el nombre del cabaret en el que éstas habían sido tomadas: El Capri, La Fuente o Prado Floresta eran los títulos más socorridos, aunque el centro nocturno que recuerdo con menos esfuerzo es uno donde las paredes simulaban la forma sinuosa de una caverna y los meseros aparecían sonrientes, disfrazados de calaveras: las Catacumbas, en la calle Dolores, cerca de la Alameda Central. Cuando mi hermano preguntaba qué significaban esas calaveras sonrientes sosteniendo una charola en las manos, mi madre respondía:

—No son reales, son meseros disfrazados.

—¿Pero por qué se disfrazan de muertos? ¿Qué, no van a divertirse?

—Sí, hijo, pero si bebes un poco de brandy hasta esas tonterías te parecen divertidas.

Por otra parte, la casa en Cuemanco estaba a punto de ser concluida y mi padre trabajaba a marchas forzadas para cubrir los gastos que suponía una casa con jardín, tres recámaras alfombradas, una estancia y un cuarto de servicio con baño. Nunca antes habíamos habitado una casa con jardín ni una con más de dos recámaras. Si mi padre podía progresar a un ritmo tan acelerado seguramente sus razones para recluir-me en una escuela militar tendrían que ser indiscutibles. No tenía nada que reprocharle a un hombre que después de haber conducido un trolebús durante varios años y mudado de trabajo varias veces hasta llegar a ser administrador de una modesta empresa, se compraba una casa con jardín en el sur de la ciudad. No encuentro aún la explicación, pero ya desde entonces sospechaba que existía una oscura relación entre mi nueva vida militarizada y la casa de Cuemanco: con tal de poseer un jardín un padre podía ser capaz de enterrar allí mismo a sus críos. Un pequeño jardín como tumba anticipada, como el diminuto, frugal paraíso del obrero que siempre ha vivido dentro de un cubo de basura. Bienvenidos a la clase media, a sus refrigeradores Kelvinator, lavadoras automáticas Hoover, aspiradoras Koblenz, licuadoras Osterizer y a sus modestos jardines. Si mi palabra tuviera algún valor yo habría elegido vivir sin jardines ni aspiradoras, pero jamás abandonar mi deambular por los alrededores del parque Centenario, ni las madrugadas jugando futbol mientras aguardaba mi turno para comprar la leche en los depósitos de la Conasupo. Un complicado vaso comunicante, un laberinto maligno unía el progreso de mi padre con mi destino.

—¿Cómo te trataron en tu nueva escuela, hijo? —me preguntó él, apenas cruzó la puerta del comedor donde yo terminaba los restos de mi cena. El fuerte aroma de su loción, English Leather, había desaparecido casi por completo después de un día de labores.

—Bien, pero no es como me habías dicho —respondí, parco; sólo deseaba hacer énfasis en que me había mentido.

—Ya te acostumbrarás; ojalá que todo fuera como acostumbrarse —dijo con su particular rudeza. En cambio, mi abuela encontró la oportunidad de intervenir e hizo notar que yo había cenado más de la cuenta.

—Ha cenado como pelón de hospicio. Me da la impresión de que no ha comido nada. —No era una metáfora, en verdad me había transformado en un pelón de hospicio.

—Ya está en edad de tomar decisiones. En su escuela hay un comedor, si no comió es porque no quiso.

—Quién sabe qué clase de cochinadas le ofrecieron —dijo la abuela. ¿Cómo podía verse tan juvenil? Llevaba las uñas pintadas de azul cielo, tenis, pantalones ajustados. Cuando salía a la calle se ponía unos estilizados lentes oscuros con armazón color de rosa que había comprado en San Francisco. Tenía un neceser en forma de corazón y una estola de plumas que se enrollaba en el cuello en las ocasiones especiales.

—La vida no es sencilla —continuó mi padre, sentencioso; quería cambiar de tema, quería cenar sin la sensación de haberse equivocado.

—En eso tienes razón, hijo, la vida no es sencilla, entonces ¿para qué añadirle complicaciones?

Los siguientes días escolares resultaron ser todavía más inclementes que el primero: bazofia pura. El aire podía cortarse en rebanadas, y el polvo que se acumulaba en el patio tenía un olor a sudor rancio, a muerte próxima que se impregnaba en el uniforme como una mancha de tinta: un olor mestizo, de sangre oscurecida por el sol. Mi padre abandonaba temprano la cama para dejarme a las siete de la mañana a los pies del culo de rata pero, a diferencia del primer día, se marchaba rápidamente sin cerciorarse de que la policía militar le permitiera el paso a su primogénito. Tuve la sensación de que huía, como el que deja a un recién nacido a las puertas de una casa extraña y quiere olvidar para siempre su acto rastrero. Una impresión egoísta: después de todo, el problema era mío. Cada quien en la familia tenía un problema que resolver por su propia cuenta. Hasta mi hermana, Norma, la más pequeña, debía de tener un problema inconfesable. El dilema real, el único aceptable, consistía en sobrevivir para llegar a tiempo a la cena, tomar un vaso de leche tibia, ver un programa de televisión, irse a la cama y esperar a que la tranquilidad nocturna disipara con su silencio las penas acumuladas en la joroba del día. Sobrevivir para que la suma coincidiera una vez más en las noches, seis personas: padre, madre, tres hijos, una abuela. Aguardar la llegada de la noche, remedio de las familias humildes para mitigar sus congojas y atenuar la sospecha de que, bajo ninguna circunstancia, dejarían de ser unos mal nacidos.

Si todo fuera mantener su aspecto juvenil, pero la abuela sufría, se consternaba, al ver que sus numerosas amistades se lanzaban con infame celeridad a la tumba: un cáncer, un infarto o una caída en los escalones mermaban sin piedad su antes nutrida agenda. Al contrario de su nieto, parco en las relaciones, adusto, poco pandillero, ella no encontraba inconveniente en organizar mensualmente copiosas reuniones a las que asistían decenas de ancianas que, en suma, acumulaban en sus cuerpos casi todas las enfermedades del mundo: embolias parciales, várices, riñones destruidos, pulmones negros, órganos agónicos sentados sin ninguna vergüenza en la sala de estar. La vieja se estaba quedando sola. De sus amigas recuerdo a una en especial, Concepción Jiménez, sexagenaria, que bebía cantidades considerables de alcohol sin perder el estilo ni la estabilidad. Rechazaba los vasos para beber de la botella. El secreto de su fortaleza, decía ella, solemne como un enterrador, estaba en su marcapasos. Los médicos le habían injertado un marcapasos de cinco años de duración porque dudaban que la anciana soportara enferma más allá de ese tiempo. Sus hijos estuvieron de acuerdo. No había razón para gastar más dinero en una anciana alcohólica. "Los médicos y los hijos, que Dios nos aleje de ellos antes de que nos entierren vivos", fueron las palabras de Concepción. Sin embargo, contra las predicciones de la ciencia, el marcapasos de esta mujer, cuya vida se extendió más de noventa años, tuvo que ser removido varias veces. A las reuniones en casa de la abuela llevaba consigo los marcapasos extirpados y los colocaba en la mesa a la menor oportunidad: "¿Alguien quiere apostar a que voy a la tumba este año?", retaba la vieja Concepción. No había respuesta: nadie deseaba perder su dinero.

Me duele decirlo, pero la única mujer que se paseaba libremente en la escuela tenía cincuenta años y le faltaba una pierna. La primera vez que la vi pasó junto a mí arrastrando un cazo enorme rumbo a la estrecha puerta de la cocina. La cocina estaba a un lado del comedor, pero nadie, a excepción de los meseros y la cocinera, podía traspasar sus límites. Fue un jueves, minutos después del rancho cuando los estudiantes, tirados como bestias en los rincones sombreados del patio, reposaban sus alimentos y el crujir de sus tripas podía escucharse hasta la avenida Jalisco. Se llamaba Angelina, una mujer robusta de cabello rizado que al andar golpeaba el piso con su enorme tobillo de madera. Era sencillo imaginar sus brazos como dos salchichones atestados de diminutas pecas moradas. No parecía ser una mujer triste o agobiada; al contrario, se veía hasta cierto punto jovial, como lo demostraba la sencilla sonrisa que conservaba pese a los esfuerzos que hacía para arrastrar el cazo de manteca a su destino. No le sonreía a nadie, sino que asomaba parcialmente sus dientes como un jabalí. Era la cocinera, la única mujer que podía surcar el patio de la escuela o asomarse por la ventanilla de la cocina y respirar un olor distinto del expelido por las ollas de sopa o los entomatados. No había maestras ni afanadoras, ni tampoco secretarias para los directivos: sólo una cocinera con pata de palo y una que otra puta que los internos metían al edificio la madrugada del sábado. Las niñas de sexto año de primaria, mis compañeras, la hermosa Carmela, que a sus diez años puso de moda la minifalda plisada en la escuela; la rubia Roxana; la menuda Leticia, de quien estuve enamorado durante casi trescientos días, se habían perdido para siempre y ahora tenía que conformarme con ver pasar a la cocinera arrastrando un cazo de manteca. Como si fuera poco, también había dejado de frecuentar a Ana Bertha, la vecina que dejó de frecuentarme cuando descubrió mi nuevo corte de pelo, mi desagradable cabeza rapada: una adolescente de trece años que me mostraba sus calzones en el callejón de La Luz aprovechando que las sombras vespertinas nos protegían de las miradas casuales o clandestinas. Ana Bertha me enseñaba sus calzones a cambio de que yo le mostrara el bulto que escondía mi bragueta. Ella lo miraba con ánimo científico como si fuera la glándula de un cordero e incluso lo tocaba con la yema de sus dedos fríos. Me estremezco tan sólo de recordar la frialdad de aquellos dedos curiosos y frágiles. Todos mis placeres se habían ido por el caño. Ahora, si deseaba ver a una mujer, debía conformarme con las fugaces apariciones de la cocinera pata de palo. Y cuando masticaba me imaginaba tener en mi boca sus brazos regordetes que en trozos nos servían en el plato para acompañar las lentejas: pedazos rosados de carne que ella freía con su propia manteca; tocinos que no ocultaban sus pecas; manjares sazonados con los amargos escupitajos del cadete Colín.

Los rumores de que la sopa se condimentaba con atenuantes de la excitación sexual parecían una tontería, ya que bastaba un poco de manteca extraída de las pulposas lonjas de la cocinera Angelina para que los cadetes olvidaran a las mujeres de por vida. El apetito sexual estaba más que controlado. Prueba de ellos es este diálogo.

—En la sopa. El inhibidor está en la sopa —escuché decir a un amigo de Plateros.

—No es en la sopa, lo añaden a los frijoles para que ni siquiera lo notemos —observó otro. Como si todos ellos fueran unos sementales.

—No se necesitan inhibidores, con la comida que nos dan es suficiente para que no se te pare jamás.

El viernes se cumplió una semana de mi ingreso a la academia. Mis labores como perro fueron sencillas de cumplir porque mi amo, el cuerpo de lavativa, carecía de imaginación e inteligencia. Cada vez que intentaba pensar, su cerebro se comprimía como un malvavisco tocado por el fuego. Además, debido a su pobreza, las encomiendas eran escasas, excepto el lunes, cuando Plateros tenía suficientes monedas para enviarme a la tienda hasta en tres ocasiones. Siempre exigía las mismas golosinas, como si en su memoria existieran sólo frituras con chile, una galleta Mamut de chocolate y un refresco de naranja en envase de cartón. Ese viernes nadie escupió en mi sopa de fideo ni me obligó a cederle mi refresco, un Pato Pascual de limón. Las bestias, ensimismadas en sus alimentos, me permitieron masticar con tranquilidad mis bocados y beber sin la angustia de los primeros cuatro días. Tanto que comencé a encontrar cierto placer en comer lentejas y papas con atún, sin salsa ni condimentos sofisticados, acaso con unas tiras de cebolla que se enrollaban a las papas como víboras de árbol. ¡Cómo se impregnaba el uniforme de olor a cebolla frita!

El uniforme no recibía de mi parte un cuidado esmerado, pero los botones lucían lo suficiente como para pasar inadvertido entre los quisquillosos celadores. El brillo los hipnotizaba, los mantenía paralizados durante los segundos que duraba la revisión. Por la noche esparcía polvo bocaral dentro de mis botas y limpiaba con un líquido especial, Brasso se llamaba, el chapetón de la fajilla y mis escudos, en tanto mi madre, más disciplinada que yo, colocaba en una silla el cinturón negro de su marido, sus mancuernillas romboides, su cartera de piel, sus corbatas estridentes, sus zapatos lustrosos como una bola de billar. Cada uno tenía que abandonar la casa para enfrentarse a sus jefes, aunque dudo mucho que a mi padre le palmearan la nuca, lo llamaran perro o lo hicieran lamer el pizarrón. Por mucho que se esforzara en complacer a los patrones, no creo que llegara al extremo de lavar un excusado. Era un ser vanidoso y sabía que un hombre zalamero no tiene demasiados caminos que recorrer. El zalamero causa resquemores y desconfianza hasta en quienes reciben sus atenciones: es un traidor en potencia. Los zalameros halagan a sus jefes, pero si pudieran los desollarían con la misma solicitud; y esto lo saben los jefes que tienen siempre la cuchilla afilada, dispuesta para cortar la nuca de quienes lamen sus zapatos. ¿Acaso no es una sociedad hermosa la nuestra? No quiero decir que mi padre se mostrara rebelde con los poderosos, no; cuando se hallaba cerca de una persona poderosa intentaba ser más simpático que de costumbre, sonreía apenas el poderoso hacía una broma, sin importar lo estúpida que fuera. No, mi padre no le lamía los zapatos a nadie, pero podría jurar que aceptaría que lengüetearan los suyos. Un poco de saliva humana en sus zapatos le haría olvidar más fácilmente su pasado como conductor de trolebuses.

Aquel mismo viernes, casi a punto de salir a la calle, me enteré de una mala noticia, una infamia que me hizo verter lágrimas de coraje: el teniente Oropeza nos comunicó, vía un altavoz, que a partir de entonces debíamos presentarnos todos los sábados para llevar a cabo prácticas militares. En vista de que los domingos se reservaban invariablemente para la familia, el sábado era mi única oportunidad para encontrarme con los amigos del barrio, buscar a Ana Bertha o merodear por la escuela primaria en busca de los antiguos compañeros de clases. Ahora me vería obligado a consumir los días en prácticas militares, en penosas marchas alrededor del patio, en aprender a usar un mosquetón viejo que provocaba más risa que miedo, en limpiar con piola y aceite las entrañas de las carabinas y en memorizar las distintas formaciones de un pelotón integrado por once imbéciles sin decisión propia. Minutos después de escuchar a Oropeza dictar la sentencia me aproximé a Garcini, mi jefe de grupo, para preguntarle, rebosante de absurda ingenuidad, si era obligatorio asistir a las prácticas militares. Fue la primera vez que me dirigí a Garcini pese a estar obedeciendo constantemente sus órdenes: una tontería, consecuencia de mi súbita desesperación, patadas de ahogado. La cuartelera que usaba en los momentos de descanso le cubría la cabeza. Estaba solo, medio escondido de la vista oficial, recargado en un árbol fumando uno de sus cigarros Alas.

—Aquí todo es obligatorio, cadete. Todo lo que salga de la boca o del culo de Oropeza es obligatorio.

—¿Y, en caso de no asistir mañana, habría algún tipo de castigo? —La ingenuidad de esta pregunta era imperdonable.

Garcini me miró con curiosidad. Sus ojos verdes, maliciosos, me escudriñaron dudosos de estarse posando en un ser humano. Esbozó una sonrisa a medias antes de responderme:

—Además de patearte los huevos te reprobarán en educación física. No hay salida.

—¿Y a mí para qué me sirve la práctica militar? —dije en voz apenas audible, pero Garcini tenía un oído fino.

—Para nada, ¿para qué va a servir?, para que los jotos se hagan los valientes. Si vas a ausentarte tienes que hablar con Oropeza o con Sigifredo; al primero, si tienes suerte, lo puedes sobornar regalándole una botella de buen ron, un Habana doce años, para que te perdone la falta; al segundo te recomiendo no te le acerques a menos de un metro porque te va a soltar un puñetazo en el estómago.

Sigifredo Córdova, comandante en jefe de la escuela, un hombre moreno de bigote poblado que pocas veces vestía de militar. Prefería los trajes grises o verdosos cortados a la medida. Fornido, pero de baja estatura: su mirada de cernícalo llenaba de temor a todos los seres vivos que habitaban la escuela, desde las ratas que husmeaban en la cocina hasta los primeros oficiales, que palidecían apenas los ojos del comandante reparaban en ellos. No estaba loco para acercarme a él. Los sábados se hallaban definitivamente perdidos. ¿Reclamar a mi padre?, ¿comenzar una rebelión que me tomaría meses sanar?, ¿comprar una botella de Habana cada semana?, recurso este último imposible ya que mis ahorros de un mes podrían apenas comprar una botella. La única rebelión posible sería huir de la escuela ese mismo día, marcharme a otra ciudad o vivir en la calle, pero por desgracia carecía de agallas para eso: era un cobarde que se arredraba en los momentos críticos. Afrontar los castigos impuestos por los superiores no era un camino pertinente. Cinco días habían bastado para convencerme de que pasar inadvertido era la única acción cuerda a la que un estudiante tenía derecho: hacerse un mediocre, buscar un rincón para permanecer inmóvil, llevar la cabeza gacha. Apenas el miércoles había tenido lugar un episodio incómodo, al menos para mí, que no me acostumbraba al olor a miasmas de la jauría. Al cadete Palavicini le pareció sencillo abandonar el salón de clases para entrar al baño sin solicitar permiso a los jefes de grupo. Garcini no estaba en el aula en ese momento, pero, aunque no fuera un cargo demasiado manifiesto, el subjefe se encontraba sentado cerca del escritorio destinado al profesor. Cuando Palavicini volvió se encontró con la novedad de que en el pizarrón había sido pintado con tiza blanca un enorme falo.

—Nadie puede salir del salón sin permiso —dijo el autor del dibujo. Un pésimo artista, la Rata.

—No pude controlarme —respondió Palavicini, joven espigado de piel amarillenta y ojos temerosos.

—Yo creo que fuiste al baño a ver vergas —dijo con voz salivosa la Rata, el segundo jefe de grupo.

—Estaba a punto de orinarme en los pantalones. Perdóname —acusó Palavicini, torpe. A un ser como la Rata jamás había que pedirle perdón. Eso hasta yo lo sabía.

—Yo creo que fuiste al baño no sólo a ver, sino a probar vergas.

La Rata ordenó a Palavicini lamer la imagen dibujada en el pizarrón. Las exclamaciones hipócritas, los gritos de euforia de nuestros compañeros envolvieron el azorado rostro de Palavicini. O lamía el pizarrón o sería expuesto a castigos físicos más dolorosos. Los castigos físicos podían resumirse en golpes propinados con toda clase de objetos: bayonetas, vainas, baquetas, fajillas, espadas, marrazos, reglas, puños, pies, rodillas. No se requería demasiada imaginación para castigar cuando se contaba con tan buenas armas a la mano. A los cadetes indisciplinados se les sometía sin escuchar razones ni súplicas y se les ponía contra la pared para que experimentaran en su rostro la muda frialdad de los muros. Nadie podía escapar a esas paredes heladas, ni siquiera los descontrolados intestinos del ingenuo Palavicini.

Resignado, ausentes todos los ánimos rebeldes, concluí que no había manera de evadir con cierta dignidad las prácticas militares, ejercicios inútiles cuyo único objetivo evidente era prepararnos para perder todas las guerras futuras. En lugar de enseñarte a meter los puños y defenderte en las calles, te instruían para, a bayoneta calada, tomar por asalto un bastión. Era una ingrata tontería practicar escaramuzas hiriendo cuerpos imaginarios con la bayoneta acanalada. Los mosquetones o las carabinas apolilladas que tomábamos de los armeros para llevar a cabo las prácticas habían sido utilizados cincuenta años antes en época de la Revolución. Es probable que más de un rifle pudiera aún medio escupir una bala, pero su aspecto resultaba lastimoso y sólo las bayonetas caladas a los mosquetones conservaban intacta su hoja platinada. Para un niño de once años la sola idea de cargar un arma de verdad en sus manos tenía que emocionarlo hasta los gritos, pero yo habría renunciado a todos los fusiles del mundo con tal de recuperar los sábados perdidos. Cuando mi hermano se enteró de que practicaría con fusiles, se entusiasmó tanto que corrió a contárselo al resto de la familia. Por primera vez la figura de hermano mayor tomaba la forma de una nube respetable.

—No deberían darle armas a un niño —opinó mi madre, asustada. Su ingenuidad me partía en dos el alma.

—No están cargadas, Elva, un arma sin balas es como un juguete, imagínate que es una muñeca para que estés tranquila —decía mi padre. ¡Había descubierto la solución perfecta! Imaginarse que las armas eran muñecas. Mi padre tendría que haber dado un discurso en Oriente Medio.

—En mi casa jamás hubo un arma, aquí hasta tu madre tiene pistola.

—Es un recuerdo de mi padre, ni siquiera sabe usarla.

—Qué poco te enteras de lo que sucede en esta casa, Sergio.

—¿Qué quieres decir? ¿Mi madre ha disparado el arma dentro de la casa?

—Todavía no.

Ese primer sábado fui asignado a la quinta compañía, donde se agrupaban los alumnos más altos de secundaria. Fui el cuarto hombre del segundo pelotón de la tercera sección de la quinta compañía. Es decir, la primera tuerca del segundo remache de la tercera viga de la cuarta estructura de un edificio que estaba a punto de caerse. En un principio, y debido a mi altura, me colocaron al frente del pelotón, pero en cuanto el comandante de la compañía se dio cuenta de mi incapacidad para marchar erguido me envió un poco más atrás para evitar así penurias al destacamento. A mí, que había formado parte de la escolta en la escuela primaria, me lanzaban al traspatio hasta que aprendiera a marchar con garbo. Si cuando menos hubiera tenido frente a mí las piernas de Carmela, la abanderada, su cadencioso marchar consumiendo el perímetro del patio, me habría sentido recompensado, pero aquí todo era masculino: niños, botas, cabezas rapadas, niños y más niños que se quejaban porque me era imposible mantener el paso. Si bajaba la vista para concentrarme en las pisadas de quien marchaba adelante de mí, se me reprendía por no mantener la cabeza erguida; si, por el contrario, clavaba los ojos en la nuca de mi compañero, perdía la cadencia contagiando con mi torpeza a la sección entera. El jefe de sección se cansó de azotarme porque mis ojos llenos de lágrimas, el dolor en las nalgas, el miedo a volver a perder el ritmo me impedían concentrarme en la marcha. Como si fuera un crío, dejaba de gatear en el piso y aprendía a caminar, a erguirme como homo sapiens.

Cuando a las tres de la tarde se abrieron las puertas del culo de rata para permitirnos salir me había transformado en una persona distinta; no el sufrimiento, pero sí el agobiante desamparo, la indecencia propia de la vida corriente, me hicieron saber que nada de lo ocurrido ese día se comparaba con el hedor que se avecinaba. Ahorcado por el nudo de mi corbata, acalorado, crucé el pasillo central del mercado Cartagena, tan concurrido los sábados como el resto de la semana. Agua sucia de olor picante corría por las canaletas del piso luego de haber bañado las verduras, la carne roja, los pollos inanes. La tarde estaba encima y los puestos de fruta, las cremerías, las fondas de comida humeante vislumbraban por fin el ocaso de una jornada que no había vuelto ricos a los mercaderes pero les había dado lo suficiente para seguir viviendo. Algunos cadetes, los fanfarrones de cepa, clavaban estoperoles en los tacones de sus botas para que sus pisadas no pasaran inadvertidas. Y también herraduras equinas. La soberbia que despertaba en ellos el uniforme era tal que no permitirían a nadie que dejara de mirarlos: extendían sus plumas de pavo real, alzaban la barbilla, dirigían su mirada hacia un horizonte imaginario: plumas que ostentarían unos cuantos años antes de que éstas se volvieran escamas, y después ceniza. Si caminaban en grupo los cadetes se tornaban todavía más pedantes porque no existía quien les hiciera frente. Los vagos que merodeaban por los alrededores del mercado o la estación del metro Tacubaya preferían meter sus narices en negocios más prometedores.

Qué tanto podía importarme que se mofaran de mí o que a uno más estúpido que yo le despertara admiración mi uniforme, si lo único que ocupaba mi mente era llegar a casa y refugiarme en mi cuarto para rumiar en paz la peor semana de mi existencia. Un zombi, autómata, el fantasma en el que me había convertido volvía a un barrio que ya no le pertenecía. Sin embargo, antes de atravesar la puerta deseada tenía que consumir los cuarenta minutos, a veces más, que tomaba transportarse desde Tacubaya hasta la estación Nativitas, en la calzada de Tlalpan. Dentro de Pino Suárez, estación donde se realizaban los principales transbordes de tren, avanzar no era sencillo. Los vendedores ambulantes ocupaban casi todos los espacios disponibles, extendían su mercancía en el suelo y ellos mismos, sentados en posición flor de loto, administraban su puesto: místicos vendiendo porquerías, chocolates baratos, palanquetas, juguetes de plástico. Los viajeros temían caer a las vías, sobre todo los viejos de cuerpos diminutos y las mujeres arrastradas por niños más fuertes que ellas. A los cadetes se les prohibía ocupar asientos si había mujeres o ancianos de pie en los vagones, e incluso teníamos obligación de ser corteses con los civiles. Los militares deben brindar ayuda a los ciudadanos primero que nadie, nos aleccionaban, como si no supiéramos que las personas tienen miedo de los militares, de su despotismo y escasa imaginación, de su barbarie y ánimo violento. Teníamos que ofrecer nuestra vida para salvar a quienes nos odiaban.

Oropeza, Sigifredo, Mendoza, Camacho y el resto de los oficiales extendían sus empalagosos tentáculos más allá de la escuela, y la policía militar acechaba en las cercanías velando por el prestigio de la institución. Por supuesto no existía tal prestigio, a no ser que volverse inquilino de la nota roja fuera un signo de categoría. Cualquier alumno de La Salle, el Simón Bolívar o el Colegio Williams nos miraba con un desprecio inaudito. Si de competir en prestigio se trataba, nuestros rivales naturales eran, más bien, el Colegio Alarid, una modesta escuela militarizada ubicada en la avenida Revolución, o cualquier humilde escuela de bastoneras. Sólo mi hermano estaba orgulloso de mí porque además de que se me permitía viajar en metro, tenía la posibilidad de disparar un fusil, prueba de que estaba degenerando en adulto. ¿Pero qué hazaña contenía transportarse dentro de un tren que avanzaba en línea recta y se detenía en todas las estaciones? ¿Dónde estaba la complicación? Hasta un perro podría llevar a cabo el recorrido sin cometer equivocaciones. Cuántos perros no hay en la calle que suben puentes, atraviesan túneles, esperan el semáforo para avanzar o recorren las aceras al ritmo de la gente, pero el hecho de que mis hermanos comenzaran a respetarme significaba, sin duda, que las cosas no marchaban por el sendero adecuado. Era como una despedida.

SEGUNDA PARTE

He salido unos momentos de la capilla donde mis hermanos velan el cuerpo de mi madre. Está amaneciendo, pero la neblina que cubre el camposanto aún no levanta el vuelo. Nadie ha venido al funeral. Los hijos estamos reunidos a su alrededor igual que en los últimos meses. Como en el funeral de mi padre, ninguno de nosotros se ha tomado el trabajo de poner al tanto a sus familiares, como si temiéramos su desaprobación o su enojo. Un cura contratado por la funeraria Jardines del Recuerdo ha entrado a la capilla y se ha sorprendido de encontrar a tan pocas personas. Mis hermanos prefirieron mantener a sus hijos en casa, como si de ese modo pudieran salvarlos de estar vivos. Yo no tengo hijos, pese a que mi madre insistió tanto los últimos años para que le diera nietos. Si los tuviera, estarían todos conmigo en este momento en que el sol comienza a asomarse por las colinas del este, justo donde en una hora veremos descender el ataúd para siempre. El cura no se ha tomado más de cinco minutos para balbucear unas oraciones, pero cuando se va todos descansamos. Norma acomoda unas flores, mientras que mi hermano da unos sorbos a un vaso que contiene café. Hace apenas once meses estábamos en este mismo lugar asistiendo al velorio de mi padre, pero aun así no entendemos bien la naturaleza de estos asuntos. ¿Debimos invitar a nuestros amigos? Sea lo que fuere, mi madre siempre estuvo en pie de guerra y se dio tiempo para reñir con todos. Nadie a su alrededor se hallaba a salvo de su sarcasmo ni de sus sospechas. Le habría causado orgullo saber que a su entierro sólo asistirían sus hijos y que sus esfuerzos por desembarazarse del resto de la gente habían tenido su recompensa. Cuando ingreso de nuevo a la capilla mis hermanos me dicen con su mirada que están listos y sólo aguardan una orden mía para que cuatro empleados trasladen el ataúd a la cripta donde también yacen mi padre y mi abuela. De pronto me he convertido en autoridad porque de todos los que sobrevivimos soy el que más años tiene. Le pido a mi hermana que tome ella todas las decisiones porque no puedo soportar estar un minuto más en la capilla. Camino rumbo a la colina que meses atrás recorrí con los mismos pasos incrédulos. La mañana se ha descarado y las tumbas aprovechan la luz para hacerse tan reales como la muerte. Hacía tanto tiempo que no estaba despierto a esas horas de la mañana, como si durante los veinte años recientes hubiera estado intentando olvidar esas primeras horas del día. Un sepulturero pasa junto a mí empujando una carretilla colmada de tierra encima de la cual descansa un zapapicos. Al verlo me pregunto cómo se puede vivir sin angustias a las siete de la mañana. Las heladas se han marchado casi a comienzos de marzo dejando un extraño malestar en los huesos. Ahora, en abril, se puede pasear a la intemperie apenas con un suéter encima. Las visitas comenzarán a asomarse por el cementerio en dos horas, pero mientras tanto el verde del césped es más intenso, como si fueran los muertos quienes absorbieran la luminosidad solar. A esta hora mi madre acostumbraba tomarse el primer café negro de la mañana, tan negro como un pantano, costumbre que no varió pese a que después de cumplir los sesenta años comenzó a levantarse media hora más tarde. Mi hermana heredó ese hábito de manera natural, como el que se adueña de los gestos de otro sólo con estarlo observando. Cuando hace apenas unos cuantos meses las miraba sentadas a la mesa tomando café sin pronunciar palabra me imaginaba que eran casi la misma persona. Yo, en cambio, jamás me aficioné a beber café en las mañanas. Si lo hubiera hecho quizás me habría curado de ese desgano que solía acompañarme desde los años de secundaria.

No propiamente desgano, más bien ira contenida, resignación que no terminaba de manifestarse. No obstante, después de un mes en la escuela militar las piezas tendían a ocupar su lugar de una manera bíblica. Además de los oficiales o los cadetes con rango, los internos formaban una comunidad poderosa: ellos comprendían la escuela entera como su territorio, el lugar donde descansarían sus primeros huesos; en cambio, el resto de los estudiantes éramos intrusos que ellos toleraban porque no tenían más remedio, ¿o de qué otra manera podrían colmarse las arcas del hotel militar? Los medio internos éramos asolados, diezmados, mordidos por las ratas que dominaban la madriguera: los internos jugaban naipes en el calabozo donde apostaban incluso sus propias carnes (en ocasiones bastaba solo una tercia de ases para hacerse de un poco de carne joven), comerciaban con las llaves de todas las puertas, vendían mariguana e incluso, según escuché por boca de Plateros, metían mujeres a los dormitorios en las madrugadas del sábado.

—Las meten por la puerta de la cocina —contaba Plateros en un descanso. Yo, a sus espaldas, esperaba órdenes para abastecer su estómago.

—¿Y Camacho? ¿Cómo hacen para que Camacho no se entere? —preguntó alguien.

Camacho, capitán de marina retirado, tenía a su cargo la disciplina del internado. Corpulento como un cebú, mal encarado pero con rostro de niño, se paseaba en el patio a paso lento sin mirar a nadie, como si vernos le recordara su ominoso cargo de celador, de pastor de internos. Después de Sigifredo era el oficial más temido de la escuela y hasta la Chita dejaba de reír cuando veía a Camacho aproximarse. Con los alumnos se comunicaba por medio de órdenes, nunca otro tipo de frases, órdenes que susurraba, a veces sin levantar la vista del suelo. Les hablaba de amor a las hormigas, a las piedras, a la boñiga de perro, pero no a los cadetes. Uno se preguntaba cómo era posible que en todos los rincones del patio se escucharan a la perfección sus palabras. Sus órdenes dormían en nuestros oídos como minas que estallaban cuando percibían la señal de su voz. Jamás se le veía conversar con nadie, pese a que el subteniente Mendoza se decía su amigo. "Mi amigo Camacho", decía el presumido Mendoza para que lo consideráramos un hombre tan duro como Camacho. Nadie le creía.

—No sé cómo lo hacen. Yo he oído que le meten pastillas para dormir en la cena.

—¿Duermen a Camacho? No creo.

—Lo duermen con pastillas, pero como es un toro le ponen en el café dosis enormes. Un día va a amanecer muerto.

—¿Camacho muerto? No creo. Antes se carga a todos los internos.

—Las pastillas las consigue Aboitis en sus farmacias.

—Pinche Aboitis, yo pienso que usa las pastillas para otra cosa.

—Para dormir niños.

A los internos se les respetaba sin importar si eran de nuevo ingreso o carecían de galones. Podían ser unos idiotas, pero su investidura de internos les daba derecho a que su pequeña comunidad los protegiera. Era el líder de todos ellos la Chita, un veracruzano con cara de simio, bemba, ojos pequeños que reía sin parar; se reía de todos nosotros, de los oficiales, de las órdenes que le daban sus superiores, se reía, sobre todo, de haber nacido; sus dientes enormes, poliédricos, destrozarían un neumático si quisieran, y sus crenchas aceitosas sobresalían como espinas óseas arrancadas desde lo más profundo de su cráneo. El miedo que me inspiraba la Chita no se comparaba con el temor que me infundían los pandilleros más fanfarrones de la colonia Portales (el Muñeco, el Canchola, los miembros del Escuadrón de la Muerte), ni con las películas de terror, *El hombre lobo, La mujer vampiro,* que mi padre nos llevaba a ver al cine Álamos los sábados por la tarde. La Chita era aún más feo que el hombre lobo o que las momias de Guanajuato juntas; más violento que diez Cancholas. En la escuela sabíamos que los padres de la Chita eran dueños de bodegas en el Mercado de La Merced. Él mismo lo pregonaba cuando quería hacernos entender que pese a su rostro simiesco, a su memez irremediable, tenía más dinero que todos nosotros juntos. Más dinero que el interno Aboitis, cuyos padres eran propietarios de una cadena de farmacias en Tampico. Y se reía la Chita cuando nos decía: "En mis bodegas hay plátanos verdes para todos los culos de esta escuela".

—¿Quién vencería en una pelea de Camacho contra la Chita? —Una cuestión importante, superior a las hipótesis matemáticas o a las teorías del origen del universo. Lazarillo de Tormes no despertaba curiosidad, tampoco Edmundo de Amicis; los alumnos querían saber quién vencería en una pelea entre Camacho y la Chita.

—Camacho.

—La Chita es un sanguinario. Para mí que se matan al mismo tiempo.

—No pueden matarse al mismo tiempo, no seas pendejo, alguien tiene que morirse primero.

—No creo que lo puedan dormir. Lo que hacen es invitarle una vieja también a Camacho.

—Para que deje de ladrar —dijo Plateros, que en ese momento recordó mi presencia—. Hablando de ladridos, ¿qué haces aquí escuchando, pinche perro?

El resto de los cadetes celebró la advertencia. Plateros conocía la causa de mi presencia allí. Él mismo me había sugerido buscarlo recién comenzara el descanso. Descubrí que mi silencio lo incomodaba tanto como mi seriedad: jamás reí de

EDUCAR A LOS TOPOS

sus bromas ni me mostré afectuoso, ni mucho menos le presté un peso de los que me daba mi padre cada semana para mis gastos diarios. Pensar que una de las monedas ganadas por mi padre fuera a dar a los bolsillos de Plateros hacía que mis tripas crujieran de rabia.

—Tú sabes para qué estoy aquí —dije, serio.

—Lárgate de aquí, me pones nervioso —me despedía Plateros.

Mis labores de sirviente fueron breves porque al cabo de dos meses Plateros se resignó a ser lo que sería por el resto de su vida, un hombre apocado que está para servir, no para dar órdenes. Después de la carrera de perros dejó de buscarme en los descansos y renunció a apropiarse de la ración de pan que me correspondía a la hora de la comida. El pan, así como el postre o los refrescos, se transformaba en oro, patética alquimia, a las tres de la tarde. Había quien vendía su trozo de pan o su barra de chocolate, y entonces el comedor se volvía un activo centro de negocios. De Anda introducía a la escuela pan blanco en su portafolios para venderlo en el comedor. Cuando el subteniente Mendoza se enteró del próspero negocio lo obligó a comerse el pan duro de los días anteriores almacenado en huacales de madera: cajas repletas de pan duro. Estuvo De Anda royendo panes en el comedor durante tres horas hasta que sus encías sangraron y sus ojos comenzaron a perder el brillo de maleante. A diferencia del pan, apreciado por todos los comensales, el arroz era una especie de engrudo sin sabor que resbalaba a tirabuzón por las paredes del esófago. Con las lentejas no había manera porque las servían demasiado espesas o con más agua que en los tinacos. La carne, suponían los cadetes, era de caballo o pertenecía a los perros que en las noches hozaban entre la basura del mercado. Se contaban historias en las que Nicéforo y el Chaparro, los meseros, peregrinaban durante las noches llevando una bolsa de carnada y volvían con una manada de perros siguiendo su rastro. Una vez reunidos los perros en el pequeño patio junto a la dirección, Nicéforo los degollaba con una faca de matarife. Un rumor decía que los internos aprobaban esta historia porque habían observado desde la ventana de sus dormitorios a los meseros arrastrando los cadáveres de los perros.

—Los he visto no una, ¡varias veces! Nicéforo los arrastra y el Chaparro limpia los rastros —contaba la Tintorera.

—No seas pinche mentiroso, Tintorera; ¿cómo van a matarlos en pleno patio?

Desconfié de la historia después de que una tarde ocultara un pedazo de carne en el bolsillo de mi pantalón para, una vez en mi casa, pedir el dictamen de mi abuela. Cuando mi abuela tuvo en sus manos el jirón de carne reseca tardó menos de un segundo en dar su veredicto: "Es carne de res, pero de pésima calidad". Esa noche esperó a que mi padre se sentara a la mesa para poner junto a su cena la prueba de que estaba yo siendo mal alimentado. Sentí una vil pesadumbre porque no era mi intención quejarme, sólo comprobar que la historia de los perros asesinados era una mentira de los internos.

—¿Qué carajos es esto? —preguntó el hombre, su cara de asco era inolvidable.

—Esto es lo que come tu hijo todos los días, un verdadero manjar. —Cáustica mi abuela, y contundente. Mi padre tomó el pedazo de carne, se levantó, dio cuatro pasos enérgicos en dirección a la ventana y lo lanzó a la calle. Enseguida volvió a su lugar y continuó cenando, tranquilo, limpio de remordimientos, como deben tomar sus alimentos los hombres trabajadores.

Como postre una barra de chocolate, una palanqueta o un caramelo sin ninguna gracia, pero los viernes, por razones

para mí desconocidas, nos servían un plato de arroz con leche, acaso para que el fin de semana recordáramos la escuela
con menos amargura: una dulce despedida.

La carrera de perros consistía en recorrer tres veces el perímetro del patio, es decir, poco menos de trescientos metros, a la máxima velocidad. Ese día, los amos alimentaban a
sus mascotas aumentando hasta en tres veces más su ración
cotidiana. En consecuencia obligaban a los corredores a comer varios platos de lentejas, varias porciones de arroz, y
cuatro trozos de carne que ellos mismos decomisaban a los
perros que no participábamos en la competencia. Se usaba la
palabra *decomisar* para nombrar cualquier acto de rapiña. Decomisar era en realidad sinónimo de robar. Los superiores
tenían derecho a decomisar tus pertenencias con el pretexto
de que no estaban permitidas por el reglamento. El reglamento: una tabla mosaica, un libro divino que se invocaba
para cometer atrocidades, pero que nadie conocía; una Bi-
blia escrita en hebreo que ninguno de nosotros, monolingües
sin educación, tenía la posibilidad de descifrar. Decomisar,
embargar, confiscar, actividades preferidas de los gobiernos
mexicanos, de su policía, de sus agentes fiscales, de sus insti-
tuciones militares: rapiña y más rapiña.

Hinchado de alimento no existía atleta capaz de terminar
la carrera, pese a que sus amos marchaban detrás asestán-
doles cinturonazos en la espalda o en las nalgas, amena-
zándolos con emascularlos, insultándolos, lanzándoles escupitajos. En un principio el alarido de los espectadores, el
chasquido de los cinturones serpenteando en el aire, los gritos injuriosos de los amos y los chillidos de los perros hacían
de la escuela un coliseo enloquecido. Segundos después de
iniciada la carrera, el patio se inundaba con el vómito de los
competidores que no lograban completar doscientos metros sin sufrir los efectos de la comilona. Un cuadro expre-

sionista el patio de la escuela. Una porquería. Entonces se hacía el silencio.

—Cuida tu dinero, Sergio, estás pagando mil pesos al mes para que le den de comer basura a mi nieto. A los soldados, aunque sea con pepinos, los alimentan bien. Estamos tratando con vulgares negociantes.

—Déjame cenar en paz, mamá. —Para entonces todos, incluida mi madre, habíamos huido a la sala para ver televisión. Eran las nueve de la noche.

—Está en la edad de crecer y necesita alimentarse bien. Voy a tomar cartas en el asunto, ya que a ti no te importa.

—Te prohíbo que te entrometas. Ellos saben lo que hacen, ¿te imaginas a los soldados en medio de una batalla quejándose porque la milanesa no está bien cocida?

—No me pararía en una escuela gobernada por soldados. A mí los militares me son antipáticos. Pero ya encontraré la manera de alimentar bien a mi nieto. Que te aproveche tu cena.

Si no tomé parte en la carrera de los perros fue porque el cabo Plateros, mi amo, no tenía dinero para cruzar apuestas. Su pobreza me había puesto a salvo de la estúpida competencia donde el más apaleado fue un alumno de mi grupo, el cadete Filorio, joven delgado de ojos negros que desde el primer día fue recibido con sorna por los estudiantes de preparatoria. Ellos lo consideraban más que homosexual, una verdadera mujer. Concluí que los padres de Filorio tendrían que detestarlo como a nadie para inscribirlo en esta clase de escuela. En caso contrario, para qué enviar a un niño con modales recatados, voz femenina y movimientos de gacela a un colegio donde se reverenciaba la virilidad. No se puede estar tranquilo después de arrojar a un niño indefenso a una jaula de hienas. Todos se creían dotados de autoridad suficiente para manosear a Filorio, pellizcarle el trasero y referirse a él como a una intrusa que había cambiado la falda plisada por las botas de cuero. La humanidad se ha divertido así durante siglos, ¿algún día terminará esto? No lo creo, ni siquiera reencarnado en otro cuerpo, en otra vida podrá uno evitar estas bromas tristes e infames. Hasta que Garcini se vio obligado a intervenir.

—Al próximo que vuelva a meterle mano a Filorio le voy a coser las nalgas a palos —dijo Garcini, y, no obstante la rudeza de sus palabras, su rostro no mostraba irritación.

—¿Qué?, ¿ya son novios? —masculló la Rata.

—Empezando por ti, Rata, o pones orden o me busco a otro que me ayude. Si quieren cogérselo allá afuera es cosa de ustedes, pero aquí en el salón se acabó. Y no vuelvo a repetirlo —dijo Garcini, ahora sí contrariado.

Durante la tarde tomábamos talleres de música o electrónica, dependiendo del día. Repugnante es la palabra perfecta para describir a la Rata interpretando con su flauta las notas más conocidas de la novena sinfonía de Beethoven: un verdadero roedor mordisqueando un hueso amarfilado, babeando en tanto sus ojos cerrados fingían concentración. Lejos me encontraba del talento musical o de los complicados diagramas de la electrónica, y, sin embargo, mis tardes se erosionaban aprendiendo a desgano los rudimentos de ambas disciplinas. En mi portafolios, además de los libros y cuadernos de forma italiana, debí sumar un cautín de mango, una flauta color marrón, soldadura y un cuaderno con pentagramas. Los talleres olían a polvo concentrado, a luz que se pudría una vez que traspasaba las ventanas, la piel sudorosa. Dos veces a la semana Oropeza entraba a los talleres para hacernos sentir miedo. Entre las mesas se paseaba cauto, como una comadreja a punto de engullirse una gallina: nosotros, las gallinas, permanecíamos inmóviles en el nido, los párpados cerrados, la respiración contenida, atentos al ligero estornudo de sus zapatos cuando cambiaban de dirección. Y entonces me tocó a mí.

—¿Y usted cómo se llama, cadete? —me preguntó. Fue la única vez que detesté la impuntualidad del profesor de música.

—Guillermo, señor.

—Deme el apellido, Guillermos hay decenas en esta escuela.

La luz de un tubo de neón iluminaba la calva de Oropeza: ¿qué tipo de pájaro podría originarse en el interior de ese huevo rojizo?

—¿Y por qué lo inscribieron en esta escuela? ¿Es usted ladrón?

—No.

Mis compañeros me miraron, acaso por primera vez, con refinada atención. Sentí una baba pegajosa sobre mi cuerpo, una sustancia viscosa y calcinante proveniente de varias decenas de ojos curiosos. Las miradas son capaces de secretar sustancias aún más nauseabundas que la propia boca, sustancias invisibles, pero letales.

—¿Es usted marica?

—No.

—¿Entonces qué carajos hace aquí? —Las risas del público cada vez más cínicas. Hasta Garcini abandonó su semblante abúlico para sonreír con frialdad.

—No sé, teniente. Yo no decido esas cosas.

—Quiere decir que usted no decide sobre su propia vida. ¿Es así?

—Así es, teniente.

—O sea que es usted una jodida marioneta, señor pizza de pepperoni. Bueno, aquí le enseñaremos a tomar decisiones cuando sea necesario. —Mi apellido despertaba en Oropeza el deseo de atragantarse con una pizza. Después de esa tarde mis compañeros comenzaron a referirse a mí como el "italiano". Yo, el italiano que no había viajado más allá de Veracruz.

La llegada del profesor de música causó un extraño efecto en los estudiantes, que no se cuidaron de mostrar cierta decepción. Ellos preferían, sin dar rodeos, las afrentas pueriles de Oropeza a las canciones de Franz Liszt o a los devaneos sentimentales de Felipe el Hermoso, como se le apodaba entonces a nuestro maestro. Desde su posición de roedores en pleno amansamiento ninguna obra de arte podría jamás equipararse al placer de una humillación pública, de un cadalso espontáneo: escenario este último propicio para que la víctima purgara sus pecados exponiendo sus heridas a la contemplación de todos aquellos ojos diminutos. La promesa de un escarnio donde los alumnos, mis queridos compañeros, participarían como espectadores les provocaba un placer que ninguna música podría ni remotamente igualar. Entre la flauta y el azote se inclinaban por el segundo, sin razonarlo siquiera, guiados por un impulso que quién sabe cuántas generaciones atrás había comenzado a fraguarse. En algún punto de la evolución el esperma podrido, el más corrupto entró por la puerta trasera del óvulo. Y todo se fue al carajo. Una alegría subterránea estallaba en su boca y en sus pupilas cuando la espada caía sobre otro, sin importar quién, sin importar cómo. Si estuviera en sus manos, habrían cambiado a todos los profesores por una decena de Oropezas: profesores que, en caso de carecer de rangos militares, se veían en la absoluta necesidad de pactar con Garcini o con la Rata para mantener la disciplina dentro del salón de clases. Porque no era sencillo imponer respeto si no se tenía un uniforme o una espada en la mano. No se hacía de modo descarado, pero se negociaba con los jefes de grupo a cambio de calificaciones más altas. Hay que negociar con el tirano, así nos enseña la vida, decían con sus actos nuestros amados profesores. Casi ningún docente reprobaba a Garcini en los exámenes, pero más de uno, sin embargo, se atrevió a reprobar a la Rata porque no hacerlo equivalía a confundir a un elefante con un perro. La Rata tendría que reprobar uno o dos años más para acumular la experiencia de Garcini y ser considerado digno de respeto por los profesores.

Los talleres se encontraban al oriente del patio, galerones amplios amueblados con mesas de madera a cuyos costados se habían improvisado terminales eléctricas; el comedor estaba al poniente, el laboratorio de biología a un lado del armero, hacia el norte. En el sur se alzaba un edificio de dos pisos: el internado. No existían una enfermería, un manicomio ni un prostíbulo que tanta falta hacían en nuestra noble institución. El laboratorio contaba con una mesa de piedra blanca en el centro que el profesor utilizaba para encima diseccionar animales y simular, como un mal arúspice, que la ciencia se hallaba contenida en las vísceras de un animal muerto. Alrededor de la mesa los asientos de los espectadores se disponían en tres niveles. Un salón bastante iluminado a causa de la luz que entraba franca desde una hilera de ventanas que abrían los muros en su parte superior. Además de la luz solar varias lámparas de neón colgaban del techo e iluminaban el laboratorio con una pátina ósea, muy propia para llevar a cabo el copioso asesinato de ratas, conejos y batracios. El encargado del laboratorio, un hombre sin huesos, embarrado a una diminuta espalda de hombros caídos, era sin duda el hombre más indefenso de toda la escuela, aun cuando fuera experto en diseccionar toda clase de animales que antes adormecía con cloroformo.

Se nos había pedido formar grupos de cinco cadetes para que cada grupo aportara esa mañana de jueves un conejo a la práctica de biología. Los conejos, se nos indicó, podían adquirirse en el Mercado de Sonora o en cualquier tienda de animales a un costo risible. Los conejos jamás han estado a la alza, ni mucho menos: toda la sangre de los conejos que hay en el mundo no vale lo que se extrae en un día de cualquier pozo petrolero. El azar, movido por su estúpida inocencia, provocó que la mañana elegida para la práctica biológica, Garcini y la Rata fueran convocados por Mendoza para rendir el informe semestral de conducta, así que su ausencia dejó sin protección a nuestro profesor de laboratorio, el científico Williams, como se le conocía entre las filas.

La tarde sobrevino y yo volví a casa, cabizbajo, aturdido, con el uniforme manchado de sangre. Pensaba despojarme de la camisola unos metros antes de entrar y evitar así preguntas candorosas, pero en la calzada de Tlalpan, a la altura de la tienda Milano, me encontré de frente con Ana Bertha:

—¿Qué te pasó? ¿Te peleaste? —me preguntó a bocajarro.

Estuve tentado a responder que sí e inventar una embrollada historia con el fin de impresionarla, pero el solo recuerdo de lo ocurrido me apesadumbró y llenó de plomo mis rodillas. Ni su belleza logró arrebatarme el pesimismo que esa tarde hizo en mí más estragos que nunca.

—La sangre no es mía, es sangre de conejo.

—¿Mataste un conejo? —Los bellos, solares ojos de Ana Bertha se tornaron dos lunas opacas. Habían pasado más de seis meses desde nuestro último encuentro. Me pareció más alta, pero sus rodillas seguían estando tan raspadas como antes. ¿Dónde arrastraba sus rodillas Ana Bertha?, ¿dónde jugaba con otros adolescentes sin extrañar mi presencia, ni preguntarse por qué no se me veía merodear por los alrededores?

—En la clase de biología. Mataron a seis conejos con una bayoneta y después comenzaron a lanzarse los pedazos.

—¿Qué? Deja de bromear.

—Los despedazaron. Y algunos conejos todavía ni siquiera se habían dormido.

—Son unos cerdos, unos malditos... —balbuceó Ana Bertha, mi amor verdadero—. No debiste ir a esa escuela. Te vas a hacer malo.

—Me voy a escapar un día, te lo juro —dije, y seguí mi camino.

En mi mente se anidaba aún la cara atemorizada del científico Williams; los gritos bestiales de Vargas y de Barquera lanzando las tripas por el aire; las carcajadas de Marco Polo rebotando hasta las paredes del armero; las vísceras volando de un extremo a otro del laboratorio; la feroz reprimenda de Oropeza; los golpes, los ejercicios forzados durante la tarde y las cubetas con agua para limpiar el piso; el gesto colérico de Garcini; la risa maliciosa de la Rata; las lágrimas de un Filorio embadurnado de sangre; el rostro perplejo de Palavicini cuando a una orden de Garcini los descuartizadores se vieron obligados a unir los pedazos del animal sobre la mesa, a rehacer el rompecabezas y poner un poco de orden en aquel lugar donde se había perdido el control de manera absoluta.

Unas semanas antes de mudarnos a Cuemanco tuvo lugar un serio altercado entre mis padres. Faltaban escasos veinte días para culminar mi primer año de secundaria y la abuela volvía de un viaje por Estados Unidos después de pasar una corta temporada al lado de mi tía Rosario en un pueblo de California llamado Stockton. Si bien en mi familia no había historias de braceros desesperados, varios parientes nuestros vivían en California, sobre todo en San José y San Francisco. Habían marchado a Estados Unidos cuando todavía se les consideraba personas. Era un domingo ordinario como habíamos vivido tantos en la casa de la Avenida Nueve. Levantarnos a esperar la visita de los tíos para, en manada, marcharnos a almorzar menudo a El Rábano, una fonda cerca del mercado Portales; volver con las bolsas de comida y aguardar la llegada de la tarde; ver el futbol sentados en los sillones de la sala grande mientras los primos más chicos, que no entendían nada de este deporte, corrían por los pasillos de la casa: domingos comunes y poco amargos. Después de comer se nos permitía salir al callejón para patear la pelota los varones, y mecerse en un columpio improvisado las niñas, rutina que pese a ser tan poco emocionante esperábamos durante la semana con una ansiedad idiota. Los niños se conforman con tan poco. Después crecen y comienzan a dar dentelladas sobre todo lo que se mueve. En casa, estando nosotros en la calle, mi madre encontró a su marido besándose con su prima, Marta Quiñones, sobre una cama. Los enamorados aprovecharon que el resto de la familia charlaba en el comedor para escabullirse a la recámara de la abuela donde mi madre jamás entraba, ni mi madre ni nadie: el territorio de la autoridad reservado, por supuesto, a la dueña de la casa. Al final de cuentas, mientras en Cuemanco no se colocara el último ladrillo, aquí éramos cinco intrusos confinados a los cuartos secundarios.

No logro comprender —o al menos no le encuentro gracia— por qué mi padre besaba a una mujer tan poco atractiva. No era ella, ni por mucho, la más atractiva de sus primas. Socorro, Yolanda, Sara, cualquiera de ellas hubiera valido el desacato, pero ¿Martha? Tampoco me explico por qué mi madre entró a una habitación que le estaba vedada y en donde jamás había puesto antes un pie. Comenzaba a enterarme de la fuerza con que los celos derriban puertas y violan sin vergüenza los límites. Un territorio sagrado había sido mancillado en un solo día hasta por los ratones: a partir de entonces, cualquiera, si quería, podía entrar y orinar en la recámara sagrada. Las normas se quebraron y las pirámides abrieron por primera vez sus puertas. Después del escándalo los tíos, sus esposas e hijos se marcharon en silencio, como un cortejo que recién depositara el ataúd en su cripta: caras largas, ensombrecidas, compungidas a causa de un hecho lamentable; la prima de mi padre sangraba de los labios, pero se mantenía seria, como una vela; mi madre, después de haber asestado varios puñetazos, buscó refugio en el cuarto de la azotea asegurando la puerta con un cerrojo de acero. Sus aullidos se escuchaban en todo el barrio; los hijos llorábamos también, confundidos, pidiendo explicaciones que nadie se dignaba ofrecernos. Desde distintas azoteas varios ojos seguían los acontecimientos: ojos, oídos, murmullos, exclamaciones hipócritas. Mi padre, que había bebido un poco, se reía, pero no lograba ocultar su desconcierto; desde su punto de vista no había pasado nada: "Exagera, su madre siempre exagera", decía con una cerveza Tecate en la mano. Después se marchó y no volvió hasta la noche del lunes, cuando albergábamos ya serias dudas acerca de su regreso. Las amenazas de la mujer ofendida, en cambio, las entendimos todos perfectamente: se negaba a mudarse a la casa de Cuemanco y esa misma semana abandonaría a mi padre. Se marchaba con sus hijos a Orizaba, la tierra de su familia materna. Éramos gente común, y nuestro misterio consistía en ser los mismos de hace setecientos, mil años, allí se concentraba nuestra gracia, en no ser sino los mismos.

—Se acabó —decía con seguridad criminal—, que vengan tus queridas a lavarte los calzones.

—No estábamos haciendo nada, hija, nos conocemos desde niños, somos como hermanos.

Mi padre había perdido la sonrisa altanera. Su voz de cordero a punto de ser sacrificado hacía esfuerzos desesperados por abrir una brecha en los oídos de su mujer. Durante la semana que siguió al domingo napolitano se presentaba en casa con un regalo para ella en las manos: bolsas repletas de me-

dias noches, pasteles, tortas de jamón, y hasta fresas con crema que compraba en El Naranjito, una heladería nocturna
en la glorieta de Huipulco. Devolvía la miel que él mismo,
con su voracidad de oso, había consumido de las reservas
maternas.

—Tú no respetarías a tu hermana dentro del vientre. Siempre has sido un puerco.

—No hice nada, pero si lo hubiera hecho, tú también se-
rías culpable.

—¿Qué quieres decir? ¿Yo culpable de que te montes sobre
tu prima? —El lenguaje materno en su expresión casi divina.

—No exactamente, quiero decir que tu frialdad...

—Esta vez nadie va a enredarme. Se acabó.

Las ventanas del comedor, dos breves rectángulos gober-
nados por una rechinante falleba, daban a la Avenida Nueve,
ahora Luis Spota. Desde allí observábamos los trenes del
metro avanzar a una velocidad considerable, mucho más aprisa que los antiguos tranvías que cuatro años antes circulaban
en medio de la calzada de Tlalpan. A unos metros de la casa
una pareja de ancianos atendía un estanquillo de petróleo
y combustibles rellenos de aserrín. Él se parecía a David
Carradine; ella no tenía rostro, sólo arrugas encima unas de
otras, como capas de lava. Los combustibles se usaban para
alimentar los calentadores de agua, pesados recipientes ci-
líndricos barnizados con una capa de color aluminio que,
con el tiempo, fueron sustituidos por modernos *boilers* de la
marca Calorex. Los ancianos almacenaban el petróleo en
dos enormes botes metálicos cuyo aroma se respiraba a
varios metros de distancia.

—Un día vamos a volar en pedazos —reñía mi abuela con la
propietaria del pequeño comercio. El tono áspero, la gravedad
de sus reclamos le parecían indispensables: si los viejos ponían
en peligro nuestra vida había que espetárselo en la cara.

—No se preocupe, somos muy cuidadosos con el petróleo, señora. Tenemos toda la vida en esto.

—No lo dudo, pero la he visto quedarse dormida en el mostrador.

—No me duermo, sólo cierro los ojos.

—Pues un día, cuando los abra, vamos a estar en el infierno.

Los ancianos, además de vender alquitrán y petróleo, compraban periódicos a diez centavos el kilo. Mi padre regalaba a mis hermanos el periódico que se acumulaba bajo su cama en aras de que lo trasladaran a la báscula del estanquillo: *Ovaciones* edición nocturna, *La Extra* y el matutino deportivo *Esto*. Ellos los cambiaban por galletas Mamut o dulces de tamarindo con chile que solían abrirles grietas en la lengua: odiaban los rábanos, las acelgas, la cebolla, pero comían toneladas de tamarindo con chile. A un lado del estanquillo había una casa parecida a la nuestra, sólo que en su patio crecía una higuera alta y fértil. Si queríamos, podíamos desde nuestra azotea tomar los higos amoratados de las ramas más altas del árbol. Renunciamos a los higos, porque a mi hermano, Orlando, los higos le parecieron testículos de perro muerto (una buena metáfora hace que los simios descendamos de los árboles). A causa de esta escandalosa higuera, mi familia se refería a las vecinas como "las Brevas", dos mujeres huesudas que cubrían su cabeza con una pañoleta y de quienes mi madre solía también ponerse celosa: "Son unas putas, las Brevas", decía.

—Son nuestras vecinas. ¿También a ellas vamos a retirarles el saludo como hicimos con las McDonald? No estamos cuerdos. A este ritmo nos quedaremos solos. Y nadie sobrevive en la soledad, nadie. La sociedad es posible gracias a que las familias se unen para formar comunidades más grandes y progresar; no es de otra manera. ¿Entiendes lo que quiero decir?

Las quejas de mi padre tenían sentido. Era un hombre feo y tenía derecho a pedir que no se le confundiera con un casanova.

—Son unas putas, por eso no tienen marido. —Si no estaba enfadada, mi madre jamás decía una majadería. Pero en caso contrario hacía sonrojar a cualquiera.

—Nada de eso, son extranjeras a quienes debe costarles un gran esfuerzo soportar a los nativos desconfiados, como tú.

Mi padre aludía al origen español de las Brevas. A lo largo de su vida mostró un respeto poco común por los extranjeros. Y además coleccionaba los discos de Doris Day. Y además, cuando nos cambiamos a Cuemanco, obligó a mi madre a teñirse el cabello de rubio.

—¿Extranjeras? Son más indias que el pulque, indias y putas.

Pero las Brevas quedaron atrás cuando por fin nos trasladamos a Cuemanco. Había que sufrir para transportarse a la nueva gazapera: abordar el metro con destino a Taxqueña y subir a un autobús que culminaba su ruta en Villa Cuemanco. Un camino menos agobiante consistía en seguir de largo por la calzada de Tlalpan hasta el Estadio Azteca y, enseguida, buscar un medio para recorrer la avenida Acoxpa hasta el Periférico. La sensación que teníamos los hijos era la de estarnos marchando de la ciudad. Un exilio disfrazado de mudanza. Y no estábamos errados porque la nueva colonia crecía a mitad de un extenso terreno despoblado. Aun cuando se pavimentaron las calles del fraccionamiento dotándolas de alumbrado público, estábamos rodeados por campos donde pastaban las vacas de los establos próximos: pastorales abundantes, asolados por manadas de topos y plagados de unas flores espinosas que mi madre llamaba duraznillo. Una década más tarde, la colonia consumiría esos campos poblándolos de casas y comercios, pero en ese entonces sólo unas cuantas familias se habían asentado allí. A mi padre le gustaba hacer loas de su espíritu colonizador: la primera piedra, el primer paso, la conquista: regar con su semen la tierra baldía.

—Así se han puesto las cosas y dentro de unos cuantos años, ¿saben contar?, los precios de estas construcciones se irán a las nubes. A fin de cuentas estamos comprando oro.

—Estamos pagando lo que no tenemos —le respondía su mujer. A ella, como a sus hijos, tampoco la convencía el destierro.

—Es una inversión inteligente, saludable, ¿acaso no puedes mirar a más de dos metros de distancia? En unos años nuestra casa valdrá varias veces más.

—Para eso primero tienen que encontrarla. Y dudo que lo hagan. —Mi madre no sólo miraba a más de dos metros de distancia; su mirada, como la de todas las mujeres, abarcaba la prehistoria, el futuro y el fin de los tiempos, los campos de Marte y la cumbre de las montañas más elevadas, los glaciares en la Patagonia y el fondo de los hormigueros más profundos. Y, no obstante su sabio malestar, contar con una madriguera menos estrecha para cuidar de sus ratones le despertaba una extraña satisfacción. Tenía que reconocerlo: su esposo cumplía al pie de la letra con sus obligaciones.

—El país está progresando. Mientras los empresarios no comiencen a desconfiar de los desplantes socialistas de Echeverría, las cosas marcharán por el camino adecuado. No sé hasta qué punto estarán dispuestos a soportar sus alardes.

Todavía no llegaban las expropiaciones, las devaluaciones del peso ni los embates guerrilleros. El presidente Echeverría se anunciaba como un demócrata, pero prefería la espada y el mazo para gobernar. Un socialista autoritario que odiaba los cabellos largos y a las personas que no pensaran como él. También se creía un profeta, el mesías de los países pobres, pero dos años más adelante muchos, como mi propio padre, abandonaron su religión y se volvieron sus más fieros detractores.

En los albores del segundo año escolar el mismo espíritu sombrío guió mis pasos más allá del culo de rata. Abúlico, cercado por el miedo y la desconfianza, no logré hacer una amistad importante pese a que Palavicini, Marco Polo y De Anda solían considerame parte de su equipo: en alguna coladera tenía que caer. Uno tiene que *estar* en algún lado, si tan sólo se pudiera *ser* sin *estar* entonces podría ser lo que se dice un alma solitaria. Además, una vez en Cuemanco las penurias se recrudecieron al verme más lejos que nunca de Ana Bertha, de mi abuela, de mi territorio en Portales. ¿Éramos campesinos? No, y sin embargo me levantaba a las cinco treinta de la mañana para presentarme puntual en la escuela, y volver casi anocheciendo a la jodida casa nueva de la que mi padre presumía con vehemencia folclórica. Hubiera preferido sacar agua del pozo, abrir surcos con un arado o levantar bostas de vaca, en lugar de recorrer las solitarias calles de Mazatepec y esperar la partida del primer autobús con dirección a Taxqueña. Me habitué al uniforme y a la rutina de pulir los botones, también a la comida que con esmerado amor preparaba Angelina, la cocinera pata de palo, pero no lograba acostumbrarme a la farsa de la autoridad. En el cementerio de alguna parte del mundo, en Cataluña, en Nápoles, los restos de un antepasado anarquista no me dejaban en paz. "El que obedece está hecho de la misma pasta que el que ordena: son cómplices, amantes y bailarán un vals eternamente", decían a mi oído los provocadores fantasmas. A excepción de unos cuantos, como el comandante Sigifredo o el cadete Garcini, casi todos los que ostentaban un cargo en la escuela despertaban en el rebaño más temor o rabia que reconocimiento. Unos mandaban respaldados por sus músculos y su fiereza; otros porque, pese a ser incapaces de imponerse sobre los demás, habían obtenido un grado gracias a sus elevadas calificaciones. Nos encontrábamos entre matones que nos hacían sentir miedo y sabios que no despertaban más que la risa de sus subordinados. ¿Por qué los sabios despiertan tanta risa? ¿Es así en el resto de las academias militares del mundo? No lo sabía, pero sospechaba que nosotros nos contábamos entre los más estúpidos.

Este segundo año transcurrió a la sombra de un salón estrecho, cercano a los baños: el salón doscientos uno. Nuestro jefe de grupo se apellidaba Ceniceros y, como Garcini, era uno de los cadetes de mayor edad en la secundaria. Usaba lentes con armazón de oro y una esclava platinada con su nombre grabado en piedras rojas. Que portar alhajas estuviera prohibido no le importaba. Ceniceros era grueso de cuerpo y antipático, pero no abusaba demasiado de su cargo. No mostraba interés en conversar con nadie, excepto con tres zalameros que lamían el camino por donde su majestad Ceniceros pasaba. Sin saberlo, los limpiapisos nos ahorraban el mal humor de Ceniceros porque, samaritanos, aportaban las mínimas lisonjas, el tributo que nuestro jefe requería para mantenerse tranquilo. Una década más tarde, cuando mi paso por la escuela militar era sólo un absurdo recuerdo, encontraría el rostro de Ceniceros en el periódico. Lo reconocí de inmediato pese a no llevar sus lentes con armazón de oro y ostentar una melena imposible en los días escolares. Se le acusaba de haber matado a su padre con un tubo de acero.

Recitar la clase de memoria, sin matices eruditos, he allí el oficio de nuestros profesores: ni una palabra de más, ni una oración de menos. ¿Valía la pena esforzarse para lograr el progreso de tanto joven atorrante? De ningún modo. Impartían clase para ganar unas monedas que, si pudieran, obtendrían de una manera menos penosa. El profesor de geografía, un teniente retirado, jubilado del ejército, se solazaba lanzando el borrador de madera a la cabeza de los estudiantes distraídos: aquí la única razón por la que se presentaba todos los días a media mañana. Debido a que el viejo socarrón se divertía como no lo había hecho nunca en su juventud, sus familiares preferían enviarlo a dar clases que meterlo a un asilo. Otro anciano, un coronel en asueto perpetuo, castigaba nuestra distracción golpeándonos con el dorso del borrador en la punta de los dedos. Elegía dejarnos las manos acalambradas en vez de explicarnos los misterios de la tabla periódica. En cambio, el encargado de impartirnos matemáticas le pedía a Ceniceros que interviniera para poner el orden. Se dirigía a él como si nadie más existiera dentro del salón de clases. El resto, unos sapos que más valía no mirar.

Las prácticas militares se tornaron más frecuentes que nunca, pero me habitué a correr llevando un arma en las manos, y a reaccionar con la celeridad de una marioneta cada vez que unas manos, cualesquiera, jalaban los hilos conectados a mis hombros, a mi espalda. Mis oídos se hermanaron al sonido de la corneta, al entusiasmo de los tambores y al aullido femenino del clarinete. La banda de guerra no paraba de ejecutar una música que jamás llegó a conmover mi corazón. Lo más correcto habría sido emocionarse, pero nada, mi corazón un cadáver. Quizás si un soldado enemigo mostrara intenciones de hacerle daño a mi familia, o se empeñara en trasladar a la gentil Ana Bertha hacia un callejón oscuro, me habría servido de una marcha de guerra para defender lo mío. Pero una situación así estaba lejos de mi vida.

¿La razón? No la conozco, mas en esos días mi padre co-

menzó a interesarse por el sexo. En los para entonces espo-
rádicos viajes que hacíamos en su auto desde Cuemanco a
Tacubaya me aleccionaba sobre el espinoso asunto de la for-
nicación y sobre enfermedades como la gonorrea o la sífilis,
esta última de consecuencias hereditarias. ¿Tenía que hacerlo? Supongo que sí.

—Si te contagian de sífilis tus hijos sufrirán más tarde los
estragos.

Fue ésa la primera vez que me imaginé siendo padre, padre de una decena de hijos sifilíticos, saturados de pústulas.

—Sí, papá, entiendo.

—Tú aún no estás en edad de hacerlo, pero los alumnos de
preparatoria van con prostitutas —bajó el volumen de la radio: 6.20 AM "La música que llegó para quedarse"—; es una
situación normal. Las prostitutas no son malas mujeres, al
contrario, están allí para que los jóvenes de tu edad acumu-
len la experiencia necesaria antes de casarse. En realidad son
enfermeras. Es mi punto de vista, enfermeras, no prostitutas, ¿comprendes?

—Sí, papá.

—Dime una cosa, ¿los baños de la escuela son para todos
los alumnos o están separados en secundaria y preparatoria?

—Están mezclados. —Y si hubiera perros también orina-
rían allí, pero no lo dije.

—Ten cuidado dónde orinas o dónde te sientas: a esa edad
los estudiantes son sacos de enfermedades venéreas. La pe-
nicilina no es suficiente para tanta infección. Y no olvides
comunicarme si tienes deseos de estar con una mujer.

—Voy a tenerte al tanto.

—Eres muy joven todavía, pero quería ser el primero en
hablar contigo de estos asuntos. Tenemos que entrar por la
puerta correcta para evitar sorpresas. ¿Quieres una mujer?
Me dices y ya está. Si entramos por la puerta correcta podre-

mos volver a salir. En caso contrario, como te he dicho, tus hijos pagarán las consecuencias.

Sabía lo suficiente acerca de Amalia porque tanto De Anda como Marco Polo hablaban frecuentemente de ella en mi presencia. Amalia, hija de una vendedora de fruta en el mercado Cartagena. Sólo había que aguardar la noche, los puestos cerrados y cubiertos con lona, el mercado casi vacío y por unos pesos podías, de la mano de Amalia, introducirte a una bodega para hacerle lo que desearas. El nombre de Amalia se había hecho célebre en la escuela y acerca de ella hablaban hasta quienes no la conocían. Se cruzaban apuestas absurdas en las que el perdedor se veía obligado a pagar toda una noche con Amalia dentro de la bodega. Amalia podía vaciar en una noche todos los bolsillos estudiantiles, Amalia la puta, la virgen de los cadetes desamparados.

—Casi no acepta gente de secundaria, pero a nosotros sí porque somos altos —dijo De Anda, presumiendo de aventuras a sus quince años de edad: piel amarilla, rostro alargado y un poco prognata, huesos duros, metálicos, huesos que durarían miles de años intactos dentro del ataúd. Tan alto como Marco Polo, pero no tan fornido como él, ni con esa mirada ruin que hacía de Marco Polo un animal temible.

—Lo que no me gusta es el olor a verduras. Deberíamos irnos con la Amalia a un hotel —sugirió Marco Polo. La emoción que no despertaba en mí la banda de guerra me embargó al escuchar la palabra *hotel*. El futuro se aproximaba.

—Lo peor son las ratas —dijo De Anda—. Si te descuidas sale una rata y te muerde el pito.

Estábamos, los tres, sentados a un costado de los talleres, en una sombra con olor a tierra.

—Prefiero pelear con las ratas que oler a verduras.

—Con el olor a verduras te crece el pito más grande. ¿Qué no ves que son nutritivas?

—No seas pendejo, De Anda.

Un sábado, después de la práctica militar, a mitad del mercado Marco Polo me señaló con el dedo a Amalia. La apuntaba con el índice, sin recato. Ella se afanaba detrás de su puesto ordenando los montones de naranjas.

—Sabe que la estamos mirando —dijo Marco Polo.

La cabellera negra de Amalia caía sobre las naranjas doradas cuando se inclinaba para tomar el dinero de los compradores. No me gustaban sus senos grandes ni su nariz achatada, pero tras ese tendajón inmundo se ocultaban unas piernas que, por lo menos, no eran de palo, sino de carne morena, real. Hasta que Amalia se cansó de vernos husmear en su puesto e increpó a Marco Polo. Su voz, de mujer apasionada, sonó para mí por primera vez.

—No me traigas mirones, y menos tan niños —dijo. No usaba cosméticos, pero sus labios tenían color de ciruela.

—Ha estado ahorrando todo un mes, te va a ir bien —mintió Marco Polo. Lo hizo de un modo espontáneo. ¿Ahorrando yo? Si lo hiciera sería para comprar una botella de Habana doce años y sobornar a Oropeza, no para colarme en una bodega plagada de roedores.

—No quiero dinero de los niños, que se vaya a comprar dulces, carajo, ya sabes que no acepto a nadie de secundaria. Luego viene la madre a culparme de que su hijo es un degenerado. Si quiere que me dé el dinero y le doy un costal de naranjas. A ver, ¿cuántas naranjas quieres, niño?

Me pareció antipática. No tenía derecho a dirigirse a mí de esa manera. Si estábamos allí no era por mi causa. ¿O sí?

—No quiero naranjas, ni nada. Y si hubiera ahorrado dinero estaría en un hotel con una mujer de verdad —dije. El primer sorprendido por mis palabras fui yo.

—Lárgate de aquí, pinche baboso. No quiero volverte a ver por este pasillo o te echo a mis hermanos.

Si mi padre hubiera entrado a los baños de la escuela habría resbalado en los charcos de orines que, como una marea pestilente, propia del fin de los tiempos, desembocaba en la puerta de entrada. Aprovechando que nadie vigilaba en el baño (no había centinelas con pulmones de plomo), los cadetes orinaban fuera de los mingitorios, rociaban las paredes con su líquido amarillo, meaban en los lavabos inclusive. Una venganza contra la mala comida, los gritos, los golpes, la arrogancia de los internos. Coraje, y también una venganza contra su cobardía. No sé cuál habría sido la reacción de mi padre de haberse enterado de que una de las aficiones favoritas de Oropeza era ordenar a los cadetes lavar los baños. Su hijo vivía sumergido en un mar de orines para que la escuela, bajo el pretexto de la férrea disciplina, se ahorrara cientos de pesos en criados. Y cada vez que cenábamos en casa, el hijo mayor tomaba el pan con sus manos contaminadas, sus dedos inoculados con los gérmenes que los estudiantes de preparatoria habían pescado en los prostíbulos o en las bodegas del mercado Cartagena.

Cuando una tarde el subteniente Mendoza le informó a Ceniceros de que deseaba hablar con Bedolla y conmigo, sentí un miedo cercano a las lágrimas; ¿miedo?, no estoy seguro de que fuera temor, pero sí un enorme desconcierto. La primera vez que se me solicitaba con tanta urgencia, ¿los motivos?, desconocidos. Nada había de común entre nosotros; de hecho jamás había cruzado una palabra con Bedolla. Él era un niño pertinaz en sus estudios, pero antipático, una especie de pus que nadie deseaba tocar: la pus de la sabiduría. En lo que a mí respecta no había sido confinado una sola vez al calabozo, ni tampoco merecía enemigos que me buscaran para hacerme daño. La única pelea en la que me vi inmiscuido fue consecuencia del aburrimiento de Ceniceros, una tarde en los talleres durante una más de las ausencias de Felipe el Hermoso, nuestro profesor de música. Apoltronado en la silla del profesor ausente, con la corbata desanudada, las mangas recogidas y su ridículo copete ensortijado, Ceniceros le preguntó a uno de sus incondicionales, el Calavera, si tenía los arrestos necesarios para probar sus puños con un cadete más alto que él. En mi defensa puedo decir que la estatura no se puede ocultar: aun cuando no era tan alto como De Anda o Marco Polo, estaba por encima del promedio de los estudiantes de mi grupo. De un día a otro me había estirado cinco centímetros; sin anuncios premeditados, ni vitaminas de más; una mañana amanecí con los pies fuera de la cama, como si hubiera dormido dos años seguidos. El Calavera, número cinco en la lista del grupo, cadete raso, me señaló justo cuando me hallaba sumido en mi cuaderno haciendo esfuerzos para resolver un problema matemático.

—Ese güey, desde que lo conozco me cae mal, se cree italiano, el pendejo, a ver si es cierto —berreó el Calavera, con sus dientes enormes mordiéndole los labios y sus cuencas apenas suficientes para contener sus aceitosos ojos, redondos como canicas.

—A ver, italiano, no te hagas pendejo. Creo que tienes un enemigo —dijo Ceniceros, sin levantarse de su trono. Estoy seguro de que Ceniceros no deseaba molestar a nadie, pero uno de sus zalameros exigía de él un poco de atención. Había que cubrir de alguna manera el sueldo de sus empleados. ¿Se imaginaría el padre de Ceniceros que estaba pagando la colegiatura de su asesino?

Alcé la vista para encontrarme con la mirada miope de Ceniceros, la sonrisa excitada del Calavera y decenas de ojos apuntándome con sus afiladas pupilas, señalándome como la nueva víctima del ocio. Nunca antes había ganado peleas, excepto cuando me golpeaba con mi hermano y lo obligaba a pedirme perdón. En la primaria tuve miedo de los otros y en un par de ocasiones sufrí las consecuencias de mi impericia, pero con el Calavera fue distinto porque sólo tuve que soltar los puños e ir hacia adelante como si cavara un agujero en el muro para escapar de la escuela. Sin técnica ni estilo me lancé sobre mi oponente derribándolo de un golpe en el pómulo. Hubo débiles aplausos y algunos abucheos desaprobando la brevedad del altercado. Y ni siquiera había brotado la sangre: ¿para qué seguir sumando si el espectáculo no era mi fuerte? No obtuve ningún provecho de mi victoria, ni me volví líder o profeta momentáneo. Después de esa pelea volví al anonimato de mi pupitre en un rincón del salón, hasta que el subteniente Mendoza le dijo a Ceniceros que necesitaba vernos a Bedolla y a mí.

Podría ser el calor, una epidemia, la desesperación, pero la población del país aumentaba como una gangrena incontenible. Organismos vivos, larvas, millones de ojos recién abiertos buscando la luz del sol. Las ciudades, principalmente el Distrito Federal, se transformaron en el refugio de millones de provincianos que deseaban a toda costa modernizarse, ganar más dinero, progresar de la noche a la mañana. O acaso llegaban a la ciudad en busca de un trabajo negado en su tierra, lo que sea, pero aquí estaban, depositando la mitad de su estómago en las tuberías. El metro no cumplía sus primeros cinco años de existencia, pero los vagones resultaban insuficientes para transportar a tanta gente a sus casas; cada tren tenía nueve vagones y en cada vagón cabían cincuenta familias. Si los políticos prometían más líneas de metro, los habitantes de la ciudad procreaban con rapidez vertiginosa. En Pino Suárez, cuando los relojes marcaban las cinco de la tarde, decenas de policías se colocaban a lo largo de los andenes para evitar que la gente se precipitara en las vías. En los pasillos principales de la estación, a partir de la pirámide descubierta durante las excavaciones, la gente se detenía a comprar dulces de amaranto, tónicos vitamínicos, o a tomar jugo de caña en pequeños conos de papel. Bebían jugo de caña para reproducirse, para estar más sanos, para saturar todos los vagones de todas las líneas de todos los metros que el gobierno amenazaba construir.

Una mañana, no recuerdo ni siquiera el mes, corrió el rumor de que el gobierno, entidad maligna, había planeado esterilizar a los ciudadanos simulando una campaña de vacunación en todas las escuelas. Los médicos, encargados de administrar la vacuna por medio de jeringas, cambiarían la dosis por una sustancia que volvería a los hombres estériles. Las dosis asesinas, se especulaba, habían sido preparadas en laboratorios de Estados Unidos y transportadas a México en un convoy de camiones de carga escoltado por el ejército. El convoy había recorrido la autopista Panamericana durante dos jornadas enteras antes de llegar a su destino: el Distrito Federal. Cerca de mediodía, miles de madres enloquecidas por la noticia corrían por las calles en busca de sus hijos; se amotinaban frente a las escuelas; exigían entrar a los planteles para cerciorarse de que los rumores eran infundados. Varias brigadas de la seguridad social, quienes efectivamente llevaban a cabo una campaña de vacunación contra la poliomielitis, corrieron el peligro de ser linchadas, apaleadas por las madres que defendían a sus futuros nietos hasta con los dientes.

—Echeverría no haría una cosa así, es un socialista y necesita del pueblo —decía mi padre, que en ese entonces, además de sexo, hablaba mucho de política. La causa, su trabajo de administrador en una editorial que publicaba una revista dedicada a los asuntos políticos: *Iniciativa*. Era un hombre inteligente, ni duda cabe.

—Si inyectan a mi hijo para esterilizarlo no descansaré hasta capar al presidente. ¡Esto es un escándalo! —renegaba mi madre, pero nada sucedió y la gente continuó tomando jugo de caña en la estación Pino Suárez, haciéndose fotografías en las nuevas casetas automáticas, abarrotando los vagones del metro, pariendo hasta de pie en las esquinas.

Así como mi estatura no pasó inadvertida para el Calavera, mis calificaciones tampoco escaparon a los ojos del subteniente Mendoza. Era su obligación estar al tanto. No se veía satisfecho cuando en su oficina nos informó, a Bedolla y a mí, que nos propondría para ascender a cadetes de primera aunque, y en caso de salir sobresalientes en el examen sobre conocimientos militares, podríamos ascender a cabos. Si estuviera en sus manos jamás pasaríamos de cadetes rasos, nos dijo Mendoza, sus ojos fijos en una revista de modelos desnudas, pero el reglamento interno de la escuela prometía dar estímulos a los alumnos con mejor promedio y con un año mínimo de antigüedad en la escuela. Toda una sorpresa este misterioso reglamento.

—Tienen que leerse estos libros. —Nos extendió una lista con cinco títulos, uno de ellos, el más ridículo, se titulaba *El pelotón y el soldado*—. Ustedes son buenos para leer libros, así que no les costará trabajo.

—¿Cuándo será el examen, mi subteniente? —preguntó Bedolla, cuyo promedio era sin duda mejor que el mío.

—No sé, en un par de semanas. Y no se les ocurra aprobarlo, ¿para qué quieren ser cabos, ustedes?

—A mí me gustaría ser cabo, mi subteniente —precisó Bedolla. Su voz delgada, pero entusiasta.

—¿Para qué? ¿Para que se rían de ustedes? Dígame una cosa, Bedolla, a ver, ¿usted cree que la Rata o Barquera van a obedecerlo? Se van a burlar de usted. —Bedolla se quedó mudo. Estábamos nada menos que frente a la verdad.

Hasta entonces Mendoza no levantó la vista para auscultar mi silencio. Una mosca se posó en el trasero de una modelo. De un modesto radio de pilas sobre el escritorio, ambos propiedad de Mendoza, brotaba la voz de Leo Dan: "Esa pared / que no me deja verte / debe caer / por obra del amor".

—¿Y usted también quiere ser cabo, italiano? —Las palabras de Mendoza parecían brotar de sus ojos camaleónicos.

Me habría gustado decirle que me importaban un carajo sus grados, su escuela, su madre, mi subteniente, pero mi cobardía mantenía mi lengua en su lugar.

—No, señor.

—¿Tiene las agallas para enfrentarse a la Rata o a los internos?

—No, señor.

—Usted sí sabe, italiano, aquí lo más sabio es obedecer y estudiar. No se meta en líos.

En la calle de Palma, en el Centro, existía una pequeña tienda de accesorios militares donde los cadetes se pertrechaban de lo necesario para completar su vestimenta: marrazos con cabeza de aguilucho, espadines, pecheras, clarinetes, galones e incluso literatura militar. Lo que no se encontraba en el almacén del Chato estaba en los anaqueles de la tienda de Palma. Allí me dirigí para comprar los libros sugeridos por el subteniente Mendoza. Páginas de calderilla militar para detallar las formaciones de una compañía, los deberes íntimos de un soldado, el significado de los símbolos marciales más comunes y las tácticas de campaña, por cierto impracticables en esos días; en suma: información necesaria para hacer de cualquier cabeza un excusado. Apenas hube hojeado los libros decidí no hacer ningún esfuerzo de más para aprobar el examen. Sin embargo, cometí un error al hacerle saber a mi padre que había sido convocado para un ascenso. ¿Por qué no me quedé callado? Desde entonces no he podido cerrar la boca; desde aquel día soy la extensión de una lengua que se mueve inquieta aun antes de mi nacimiento. Hice lo impropio. Debí cerrar la boca, seguir al pie de la letra las instrucciones de Mendoza para reprobar el examen y mantener con un poco de gallardía mi silencio, en vez de presumir la posibilidad de un ascenso. Pero erré el camino y desde entonces no he podido detenerme, congelar la lengua, aislarme de ese orgullo de *ser* que acompaña a los toros cuando, en estampida, ciegos entierran sus pezuñas en la espalda de los caídos. Acaso no fue nada más vanidad, sino también la ingenua idea de que un grado en el uniforme me brindaría una tranquilidad vedada para el cadete raso: una cinta en el brazo me pondría a salvo de las bestias, de la Rata, de los internos que, hartos de su orfandad, no se cansaban de joder a los otros. Así que leí los libros y presenté el examen, codo a codo con Bedolla y otros despistados, a un lado de matones que ni siquiera tenían el promedio necesario para ser tomados en cuenta, pero que sabían tirar de los puños e imponerse sobre el resto de los alumnos: expertos en patear culos y pegar en la nuca, en sacudir el cerebro de los más débiles con la palma de la mano. De esta calaña los prefería Mendoza: capataces, caporales, testaferros para que tanto a él como a Oropeza les crecieran tentáculos para gobernar la escuela sin la molestia de levantarse de su asiento. Un examen sencillo, para no entorpecer el ascenso de los animales, pero con cierto grado de complejidad para no retar al comandante Sigifredo, que deseaba a otra clase de alumnos para ejercer el mando. Sigifredo quería una escuela, no una cárcel, una escuela con disciplina militar, no un reformatorio en el que se enseñara matemáticas a los delincuentes. Así era el comandante, enérgico, sanguinario, pero idealista como no había nadie más en el edificio, casi un alemán. Un profesionista que firmaba los oficios escolares con las siglas C. P. antecediendo su nombre, orgulloso de su profesión y de sus ideales: Contador Público Titulado, Sigifredo Córdova González.

Los resultados se publicaron unas semanas antes de terminar el año escolar, cuando ya ni siquiera recordaba haber respondido a las preguntas del examen. Las hojas con los nombres de los estudiantes beneficiados se pegaron en un muro cercano a la dirección. Me enteré por boca de Palavicini, que fue a buscarme al astabandera donde, recargado en el basamento de piedra, comía yo una torta de paté y mantequilla. No era sencillo aislarse dentro del hormiguero, porque a toda hora una hormiga te apuntaba con sus antenitas curiosas y te conminaba a unirte a la hilera de obreras pusilánimes.

—Ahora sí, mi jefe, en qué podemos servirle.

No había maldad en las palabras de Palavicini, ni siquiera intención mordaz: aunque parezca un despropósito, Palavicini sólo intentaba sobrevivir y quedar bien con un nuevo jefe. Su padre era un abogado carente de lustre, pero autoritario y violento. Trabajaba en un modesto bufete de abogados en la avenida Revolución. Lo vi un par de veces a las puertas del culo de rata. Un hombre sin estatura, feo y crucificado con unos anteojos de cristal verde. Cuando Palavicini deseaba agradar a una persona le ofrecía de inmediato los servicios de su padre: "Si te meten al bote, me llamas y mi padre te saca de inmediato".

—No estés jodiendo, pinche Palavicini —le dije.

—Acaban de aparecer las listas de los nuevos ascensos. Estás allí.

—¿Y a qué me ascendieron? —pregunté, sorprendido.

—A cadete de primera. Usted dirá, mi cadete, lo que usted ordene —dijo Palavicini cuadrándose, sonriendo desde su dentadura de mandarina seca.

—Pues te ordeno que te vayas a chingar a tu madre —dije, riendo.

No puedo ocultar, aunque me dé vergüenza, que experimenté cierto orgullo cuando leí mi nombre estampado en las listas de ascenso. Tanto que deseé la muerte súbita del día para correr y dar la noticia a mi hermano y a mi padre. Me había convertido en un superior, en uno capaz de mandar a los otros, ordenarles que se tiraran a un barranco o se colgaran de un árbol. Bedolla fue promovido a cabo, con nota de sobresaliente; Colín a sargento segundo; Ceniceros y Garcini serían cabos. Mi nombre estaba casi al final de la lista como uno de los nueve cadetes de primera ascendidos en la secundaria. Listones y moños para el vestido, cintas para los brazos, peinetas para el niño rapado, adornos para la fiesta que comenzaría el año siguiente. Una fiesta sangrienta.

TERCERA PARTE

Dos meses de vacaciones fueron suficientes para que me creciera el cabello: sesenta días de asueto, antes de volver a meter la cabeza en la guillotina escolar y convivir hombro a hombro con los verdugos. Casquete corto a cepillo cada diez días para evitar que el teniente Oropeza se diera gusto tusándote la nuca. ¡Cómo le gustaba trasquilar cabezas al honorable teniente! Durante aquel tiempo el espejo insistió en devolverme el rostro de un extraño: mis orejas se tornaron más discretas y la forma de mi cabeza se hizo menos cuadrada. El cabello realizaba el milagro. Entraba a ese terreno sembrado de fealdad en donde la adolescencia se hace más cínica: granos, cuerpos alargados como cirios, vellos disparatados, huesos elásticos. Los presagios de una angustia inminente me invadían al darme cuenta de que la belleza no estaba de mi parte. Ni una melena abundante haría de mí un hombre atractivo. ¿Me reconocería Ana Bertha en el futuro? Lo dudo mucho. No se me consideraba feo, pero jamás sería perseguido por las mujeres. Sumado a una adolescencia descompuesta y poco prometedora mi pene, una vez erecto, podía ser cualquier cosa menos una lanza erguida o una línea recta. La verga chueca, con la punta mirando hacia arriba, como una pequeña cimitarra que brinda su existencia a los dioses. ¿Podría meter ese pedazo de varilla curvada en algún lado? ¿Existiría una vagina cuya oquedad fuera capaz de recibirme? No lo sabía del todo, pero mientras tanto me masturbaba jalando hacia abajo, tratando de enderezar la carne anómala para llevarla hacia una posición digna. Me encerraba en la recámara y jalaba hacia abajo, con fuerza y dolor, enfrentándome a la inmunda naturaleza que no había usado correctamente el teodolito.

Mudarse a Cuemanco significó señal de progreso para todos, menos para mí. Compartir una recámara con mi hermano cuando en la casa de Portales disponía de una habitación entera significaba retroceder, volver a las cavernas, a la prehistoria (me imagino que esa necesidad de estar solo tenía que ver con volver al vientre y cancelar mis merodeos por el mundo físico, regresar a la tibia ergástula donde uno todavía no se entera de que para vivir hay que pagar rentas y patear una inmensa cantidad de traseros). No conforme, mi padre nos prohibió pegar banderines del Cruz Azul en las paredes porque podía arruinarse el papel tapiz, ¡nada menos que el jodido papel tapiz! Fue una discusión acalorada. Los hijos, en edad de discutir, no comprendíamos que progresar llevara consigo esconder los banderines de nuestro equipo en el armario. La silueta del Gato Marín lanzándose frente a la portería para detener un gol tendría que irse al carajo. La sonrisa de Horacio López Salgado desaparecería y el autógrafo de Fernando Bustos se perdería entre los cajones de la cómoda. Si bien me sería imposible señalar con exactitud la fecha en que comenzaron algunas de mis fobias, sé que a partir de la primera semana en Cuemanco empecé a odiar el papel tapiz. Si estuviera en mis manos los muros no tendrían ningún recubrimiento: sólo ladrillos rojos con un poco de cemento para cubrir las fisuras.

La más beneficiada con la mudanza fue mi hermana, a quien a sus diez años le fue asignada una habitación exclusiva. El privilegio le venía de ser mujer, ya que de su entrepierna saldrían los verdaderos nietos, los vástagos legítimos que, para nacer, habrían de alimentarse de su sangre y su cuerpo. Su vientre era nuestra casa, la casa que la familia construía para reproducirse y protegerse de hordas más numerosas y mejor armadas que la nuestra. Mientras dormíamos, en las casas vecinas se pertrechaban de granadas y cuchillos afilados, se preparaban para la guerra porque presentían que nosotros nos preparábamos también.

Ni siquiera reflexionó en ello, mi padre, cuando nos apartó de su única hija confinándola a una habitación solitaria. Fue sólo un acto reflejo. Era su obligación alejar a los pequeños machos cabríos de la hembra; confinarla a un claustro para que sus senos crecieran en secreto, lo mismo que el césped negro que con premura comenzaba a cubrir su pubis. Un amplio cuarto para que esos senos crecieran y para que la imagen de su desnudez no despertara en nosotros el desasosiego, un armario entero para guardar sus decenas de bragas blancas, rosas, azul celeste, sus calcetas escolares y sus vestidos de algodón. Y si quería concentrarme en los libros de la escuela debía mudarme al comedor, al jardín o al baño, porque en la recámara mi hermano no conocía el silencio, ni tampoco el sueño: quería convertirse en un gamberro. En el discreto jardín trasero, los topos asomaban la cara y me veían, a través de los amplios ventanales, hojear uno de los tomos de la enciclopedia Barsa que mi padre pagaba en abonos mensuales. Recién instalados en Cuemanco adquirimos también la colección de los clásicos de Grolier, y los tomos de la enciclopedia Quillet que nunca utilicé porque a la postre me siguen pareciendo los libros más oscuros que entraron jamás a mi casa. Libros inútiles porque no sirvieron para hacernos más sabios, menos pobres o evitar la muerte, pero que a mi padre le daban esperanzas de habitar una vida distinta, menos callejera o procaz: cajas llenas de libros para terminar de abandonar el barrio de Portales.

Por ese entonces, a mediados de los años setenta, la gente paría desesperada, como si engendrando hijos pudiera ser algo más de lo que era, o se curara de un cáncer metafísico: en los años setenta se escupía menos de lo que se paría. Las embarazadas, afiebradas, no terminaban de colmar el país con niños flacos y horrendos. Había mocosos hasta en la sopa: larvas dientonas cuyo movimiento no habría de cesar sino hasta los sesenta años, edad a la que todos los mexicanos alimentados con chiles, frijoles y tortillas tenían derecho. Compasivo, para evitar que la gente sufriera demasiado a la hora de transportarse, el gobierno de la ciudad adquirió cientos de autobuses nuevos a los que llamó *delfines*.

—¿Cómo dices que se llaman ahora los camiones? ¿Tiburones?

—Delfines, mamá. Son muy lujosos y nadie puede viajar de pie. Si un policía ve que un pasajero viaja de pie detiene el autobús.

—Que yo sepa los delfines no nadan en la mierda —decía mi madre, que culpaba al gobierno de las desgracias ocurridas a su alrededor. Echeverría, Moya Palencia eran a sus ojos ladrones, demagogos. Echeverría había solapado el asesinato de cientos de estudiantes y ahora quería hacerse pasar por socialista. Durante junio del año setenta y uno había declarado frente a los diputados que los estudiantes rebeldes eran maricones, fumaban mariguana y provenían de familias destruidas. ¿Qué clase de socialista era Echeverría? Nada que proviniera de la mano de un asesino podía ofrecernos un poco de tranquilidad, opinaba mi madre.

—¿Cómo pueden llamarse delfines?

—Así se llaman, no sé quién les puso el nombre.

—Echeverría y sus políticos, ¿quién más va a ser? Quieren engañarnos con palabrería hueca. Los camiones deberían llamarse pirañas o ajolotes, no delfines.

—No creo que un presidente se ocupe en bautizar camiones —dije.

—¿Qué vas a saber? Si eso es de lo único que se ocupan. Detalles, tonterías para hipnotizarnos.

En los delfines estaba prohibido viajar de pie y sus cuarenta asientos se ocupaban desde el principio de la ruta. Apenas había espacio para otros pasajeros porque las embarazadas ocupaban una buena parte de los lugares. Como apostilla al lujo se ahumaron los cristales con el fin de proteger a las personas del sol, ¡cuánta delicadeza! Los delfines cobraban dos veces más que los autobuses chatos —se les llamaba así por tener el motor en la parte trasera y carecer de trompa—, pero continuaban siendo un transporte barato y uno tenía la oportunidad de cruzar la ciudad por una cantidad insignificante. Lo mío era abordar el autobús en Taxqueña, después de hacer agobiantes filas de casi una hora hasta que los choferes, hartos de tantas mentadas de madre, permitían a las personas viajar de pie junto a las embarazadas, los niños y los perros. De ser los autobuses más cómodos de la ciudad pasaron, de un día a otro, a ser los más incómodos del mundo: jaulas estrechas donde los animales sacaban la trompa para respirar. Los choferes, pese a las prohibiciones, aprovechaban la oscuridad de los cristales ahumados para rellenar el interior con toneladas de carne. Todas las medidas tomadas con el fin de hacer la ciudad más habitable se derrumbaban transcurridos unos cuantos días y por cada delfín, ballena o autobús nuevo nacían más niños y había más mierda, más pobres, más narices ansiosas de respirar.

Me había acostumbrado a recorrer la ciudad dos veces todos los días, caminar, subir escalones con mis botas ajustadas, la corbata apretada, el uniforme estrecho y un chanchomón del número cuatro que me dejaba marcas rosadas en la frente. La cinta en el brazo, el grado de cadete de primera no hizo más heroica la peregrinación de mi casa hasta el salón de clases. Nadie sabía que ese galón prendido con seguros a la manga izquierda de mi uniforme me convertía en un superior. ¿A quién podía importarle? ¿Superior a quién o a qué? Entre más galones lleva uno en el brazo más estúpido es. Los sargentos, por ejemplo, son engañados tres veces, así que son más estúpidos que quienes, como los soldados rasos, no han mordido el anzuelo ni una sola vez.

Los primeros días del tercer año en la escuela fueron sembrados con la misma semilla amarga de los años anteriores, excepto por el hecho de que encontraba normales actos que antes me parecían repugnantes, absurdos o desalmados. Me estaba haciendo malo, o cínico, tal como dos años atrás predijera Ana Bertha. Por lo demás, el paisaje se repetía con una precisión casi científica. El nuevo año escolar tenía la misma cara sudorosa y ridícula que los dos primeros años. Era la cara de Oropeza partida en dos por la dentadura basáltica de Mendoza y los ojos iracundos de Sigifredo. Y cada gota de sudor, cada grano era un alumno como Bedolla, Marco Polo, yo mismo.

El nuevo jefe de grupo llevaba por nombre Tomás Garrido, un muchacho pecoso, de baja estatura, que a diferencia de Ceniceros y Garcini poseía una lengua fantasiosa y demasiado libre. Era hijo de españoles nacidos en Badajoz, nos decía, aunque nadie sabía dónde quedaba eso. Como ninguno de nosotros había escuchado jamás un nombre tan feo como Badajoz, Tomás se acostumbró a llevar un mapa de España en el bolsillo con Badajoz ubicado en medio de un círculo rojo. "De allí vinieron a conquistar a México", decía, sin altanería, como si nada hubiera podido evitar la conquista ni la llegada de los caballos y las escopetas. Tomás hacía bromas en voz alta, palmeaba la espalda con bastante facilidad y, en contraste con el resto de los jefes de grupo, tenía calificaciones aceptables. Quiero decir que por lo menos sabía escribir sin faltas de ortografía, quiero decir que sabía leer. Si podía señalar Badajoz en el mapa podía entonces señalar Australia o la Patagonia. Tomás no se arredraba frente a los gorilas, al contrario, los trataba de modo que sus carencias salieran a flote, los exhibía; sus palabras sonaban cordiales, pero matizadas por una pátina de superioridad que los bárbaros reconocían de inmediato. Un político en esencia, el cadete Tomás Garrido.

—¿Y tú, eres hijo de italianos o te inventaste el apellido? —A Tomás Garrido le gustaba charlar con todo el mundo. De esa manera se sentía protegido, como si durmiendo en medio de la plaza el toro olvidara su presencia.

—Mi bisabuelo era italiano; yo nací en esta ciudad, en un hospital en la calzada de Tlalpan.

—¿Conoces España?

—No, pero sé dónde está Badajoz —dije.

El repentino escalafón me permitió pasearme con más tranquilidad por los rincones de la escuela, husmear ya sin el temor de ser devorado por los peces más grandes. Podría incluso dar paseos platónicos alrededor del patio, las manos atrás, la mirada fija en Protágoras y Gorgias. Pese a que intentaba no conceder importancia al asunto, mi brazo izquierdo se volvió tan valioso como el brazo de un lanzador de beisbol o un pianista. Por primera vez en mi vida tuve verdadera conciencia de esa parte de mi cuerpo, tanto que no sabía qué hacer con ella, si exhibir la condecoración a cielo abierto o esconderla para evitar las miradas ociosas y suspicaces. A mis espaldas, el reglamento señalaba que cualquiera que se atreviera a maltratar a un superior sufriría un arresto ejemplar, el cual podía traducirse en largas horas de encierro o en trabajos forzados en el armero o en los baños (jamás en la cocina). El castigo real no estaba en las horas, pero sí en el trueque que los infractores llevaban a cabo con los oficiales: dos baquetazos por cada hora de castigo: golpes y más golpes. En realidad el reglamento era letra muerta porque en casos extremos ni los internos ni los cadetes veteranos se detenían en los escalafones para hacer lo que les viniera en gana. Te asestaban manazos en la nuca sin ninguna contemplación o se carcajeaban de ti frente a los demás. Una tradición añeja: en cuanto divisaban a un cadete recién ascendido, los veteranos aguardaban el momento preciso para ponerlo a prueba, tal como lo hizo conmigo la Tintorera, un interno de preparatoria que servía de mensajero a la Chita. La Chita no tenía que moverse ni hacer esfuerzos para amenazar o intimidar a alguien, le bastaba enviar un recadito con la Tintorera.

—Así que ahora vamos a tener que obedecerte, pinche italiano —me enfrentó, con tono retador, la Tintorera. Tenía una cicatriz en la frente, una escolopendra de un millón de patas que añadía cierta comicidad a su apariencia, esto pese a que la Tintorera no tenía en sí nada de gracioso. Un detalle pícaro atrapado en una jeta de amargura, ¿quién se equivocó? ¿Quién falló a la hora de componer la cara de la Tintorera?

—Yo no doy órdenes a nadie —dije. No balbuceaba como en los primeros días de cadete, pero era parco: cuantas menos palabras salieran de mi boca, más continuaría el sol alumbrándome.

—Esos grados no sirven para nada. Lo que hay que tener es huevos.

Carajo, todo en esta maldita escuela se concentraba en los testículos. Los cielos, la tierra, el fuego, la creación entera tenía su origen en esas bolas arrugadas.

—Yo no quería el grado.

—Pero bien que fuiste de nalgas a presentar el pinche examen.

—Tenía que presentarlo. Fue orden de Mendoza.

—Pero lo aprobaste. —La Tintorera me observaba tratando de indagar la verdad de mis palabras. No sólo había verdad en ellas, sino abulia: aprobar los exámenes que te practicaban los internos resultaba tan aburrido como presentar un examen de ascenso.

—Lo pasé porque hasta un anormal puede responder a ese tipo de preguntas. Aunque dejes las hojas en blanco pasas el examen. A fin de cuentas los que te califican son unos idiotas.

—Eres mamón, italiano, pero me caes bien. —¿Era una sonrisa lo que de repente apareció en la cara de la Tintorera?

Suficiente para enterarse de que el italiano no ocultaba ninguna aspiración y de que podían quebrantarse todas las reglas en mi presencia. Una vez ascendido a cadete de primera mis deseos de mandar se hicieron humo. Los cadetes rasos, mis compañeros, los inferiores, tenían permiso de rebanarse las tripas, destazarse en mi presencia, pues yo jamás intentaría remediar lo que carecía de remedio. Querer hacerlo me habría llevado a enfrentamientos inútiles que con toda seguridad habrían culminado en el escarnio público, en huesos fracturados, e incluso en mi degradación. Y nada emocionaba ni causaba más placer a los oficiales que degradar a un estudiante arrancando de un tirón sus galones. Esto era la vida para ellos. Hacer escarnio del acusado en mitad del patio cuando las nueve compañías se encontraban reunidas; leer la sentencia con el micrófono hundido en el cogote; recordar que la institución sobrevive sólo si es capaz de descubrir a tiempo los pequeños granos de herpes; arrancar de un zarpazo los galones: he aquí descrito uno de los banquetes más apreciados por Oropeza y el resto de los oficiales.

El salón trescientos tres se hallaba a un costado de la escalera que conectaba los tres pisos del edificio destinado a la secundaria. El más amplio, sin duda, de todos los salones en los que había tomado antes clase. ¿Era eso progreso? Pasar de una mazmorra estrecha a una crujía más ancha, ¿las cosas mejoraban? Desde mi banca, cerca de los ventanales, miraba a los estudiantes pasar con sus libros bajo el brazo y escuchaba, casi en mi oreja, los gritos de los oficiales precedidos de las últimas notas del corneta de guardia. Y a empezar otra vez el desfile de profesores apocados que no veían en nosotros ninguna clase de futuro ilustre, y a soportar de nuevo las tediosas prácticas militares, las estrictas revisiones de uniforme y corte de cabello, la comida olorosa a cebolla, los mustios saludos a la bandera; y a comenzar otra vez con lo mismo hasta que una mañana apareció un cadáver en el dormitorio de internos.

El cadáver no apareció de la nada, estaba en su cama, boca arriba, con un cuchillo atravesándole el cuello. Un cuchillo hecho en Alemania, con mango de madera y hoja dentada. Fue una mañana de asueto inesperado y el culo de rata se cerró por primera vez afectado de un feroz estreñimiento. Nadie podía entrar ni salir por ese repentino conducto acongojado, excepto el comandante Sigifredo, que armado de un altavoz salió hasta la misma avenida Jalisco para informar a la muchedumbre de cadetes que las clases se suspendían hasta el día siguiente. Teníamos, según rezaba la amenaza del comandante, contador público titulado Sigifredo Córdova, diez minutos para desaparecer de los alrededores de la escuela o nos haríamos acreedores a un arresto el fin de semana.

—Yo creo que se incendió el laboratorio —especuló Bedolla en voz alta para ganar público entre los jóvenes azorados que colmaban la banqueta. Si lo decía un cabo tenía que ser verdad.

—No fue un incendio —lo contradijo Marco Polo—, no hay bomberos ni tampoco olor a quemado. Además, ¿quién va a mezclar las sustancias si los laboratorios están cerrados?, ni modo que los ratones.

—Junto a la dirección hay dos patrullas y un jeep del ejército. Para mí que mataron a alguien —terció De Anda. Los estudiantes murmuraban en pequeños grupos, extraían sus propias conclusiones.

—Algo sucedió en el internado. Me asomé por una rendija y el patio está vacío.

—¿Tú crees que se jodieron a Camacho?

—Debe estar colgado de un árbol, el Camacho.

—No hay árbol en toda la escuela que soporte el peso de Camacho.

—Nos lo van a dar de comer mañana.

—Por si las dudas yo no comeré en una semana.

—¿A qué sabrá Camacho revuelto con perro?

—Yo creo que la Chita se subió a un árbol y no lo pueden bajar.

—A ver, díselo en la cara, güey.

—De la Torre dice que escuchó una ambulancia como a las seis de la mañana.

—Qué va a saber el De la Torre si es un huevón, a esa hora ni siquiera se ha levantado.

—Pero vive a dos cuadras de aquí. Lo despertó la sirena de la ambulancia.

—Es un huevón.

—Un virus, puede ser que hayan detectado un virus.

—Si es un virus, seguro salió del culo de Oropeza.

Las voces se disiparon en el escenario de una mañana sin sol, carente de gracia, silenciosa como un búho que observa desde la espesura de un árbol el cotidiano movimiento de las bestias. Los muertos pesan y nuestro muerto se había adueñado del edificio, nos había expulsado mientras se acostumbraba a la eterna inmovilidad de sus huesos. El estupor que en un principio me causara la repentina clausura de la escuela, se transformó en buen ánimo: libre para hacer lo que se me diera la gana. Ojalá todos los días —mis pensamientos eran por primera vez míos— mataran a un interno para volver a casa a las ocho de la mañana. Nada se comparaba a esa intempestiva libertad que el destino se dignaba obsequiarme. Tuve deseos de hincarme a mitad de la calle y agradecer, pero Sigifredo observaba. ¿Cantar?, qué absurdo, nunca he gozado de una buena voz y cuando me animo a cantar una canción, apenas apagadas las últimas notas me dan ganas de llorar o de enterrarme en la arena.

Podía haber aceptado la invitación de Marco Polo e irnos juntos a un cine del Centro: Río, Savoy, Teresa, donde se proyectaban películas pornográficas desde las diez de la mañana y se permitía la entrada a menores de edad, o la propuesta de Palavicini para alquilar un bote y surcar las aguas verdosas del lago de Chapultepec, pero lo que hice fue irme a casa de la abuela, pasearme por mis antiguos territorios, vagar en el parque Centenario como si fuera un viejo que no puede dejar atrás sus recuerdos. Mi padre llenaba las paredes de papel tapiz, compraba ceniceros de cristal cortado, ponía marcos dorados a todos los retratos y su hijo volvía de nuevo al lodo, a la vida barriobajera y torva de la colonia Portales. Un cangrejo, nada menos que un obstinado cangrejo avanzando de espaldas al futuro. Un hijo para desandar los pasos, retroceder, volver al punto de partida.

La abuela, una pañoleta en la cabeza para esconder sus tubos, me recibió sorprendida porque, además de ser la primera visita que le hacía un nieto, había estado soñando conmigo en las últimas noches. Soñaba que me nombraban presidente del país, que intentaban matarme como a su esposo y que me salvaba un águila que tenía impregnado de veneno el pico.

—El águila les sacaba los ojos, las tripas —me informaba, concentrada en las sangrientas revelaciones del sueño. No era la primera vez que me nombraba presidente o me auguraba un futuro político. Y no me avergüenza confesarlo: en el único lugar donde he podido destacar ha sido en los sueños de esa viuda, madre de tres hijos de distinta estatura.

—¿Y quién quería matarme? —pregunté, azorado. Nunca se me había ocurrido que alguien tuviera interés en matarme.

—Era un grupo de hombres vestidos de negro, seguramente militares. Como si pudieran disfrazarse sin ser reconocidos.

Animada por mi presencia, la abuela se tomó unos minutos para prepararme su especialidad gastronómica, un guisado mezcla de chile poblano, queso y salsa de tomate que comimos con tortillas recién compradas. Fiel a mi decisión de no relatar nada de lo que me sucedía dentro de la escuela inventé, para justificar mi ausencia esa mañana, que se estaban llevando a cabo importantes reparaciones en el edificio.

—Están pintando los salones y podando los árboles —le dije—. Reparaciones de rutina.

—Holgazanes; tuvieron suficiente tiempo en las vacaciones para dedicarse a esos asuntos, pero cuando llega la hora de cobrar te exigen pagar los días completos. Bueno —se consoló ella misma—, al menos no te obligan a respirar pintura o químicos extraños.

—Están pintando los salones de rojo —dije, medio en broma mientras intentaba quitar la nata del café con leche. La mañana estaba hecha para decir mentiras.

—¿De rojo? Tenían que ser militares, sólo están pensando en la sangre.

Los hechos se hicieron públicos apenas se reanudaron las clases. Aboitis era el apellido de nuestro muerto. ¡Teníamos el nombre completo! Ezequiel Aboitis Martínez, un joven de tez morena, cuerpo gelatinoso y ojos alucinados que cursaba el segundo año de preparatoria. Había nacido en Tampico, puerto donde sus padres eran propietarios de una cadena de farmacias. Al menos de eso presumía Aboitis.

—¿Qué droga te metiste?, seguro te la enviaron tus padres —decía la Chita, con el único afán de hostigarlo. Aboitis le provocaba una envidia especial porque tenía tanto dinero como él: un vulgar conflicto entre empresarios, bananas contra aspirinas, ¿no es eso de lo que se ocupan casi todos los hombres? Presumir de sus quesos y sus escobas.

—Cuando quieran les paso unas dosis, cabrones, pero me las pagan. —Aboitis hablaba siempre en plural, como si estuviera dirigiéndose a un auditorio.

—Te las cambio por sandías —proponía la Chita.

—Métanse las sandías por sus culos. Yo lo que quiero es dinero para irme con mujeres.

—¿No te da miedo vivir sola en esta casa, abuela?

—A mi edad es mejor vivir sola, ¿para qué quiero cuervos aleteando a mi alrededor? Los viejos tenemos que estar solos para que la muerte no se sienta incómoda.

—Tú vas a vivir muchos años. Además, cuando te mueras vas a hacerlo en un hospital —dije, sin meditar mis palabras, como si los hospitales fueran lugares deseables para morir, mejor que el lecho de un río, o la falda de un volcán.

—Voy a morirme en mi cama, o en la calle. No me desees los hospitales, ¿o acaso no me quieres?

—Escuché decir a mi padre que vas a mudarte con nosotros. Lo repite casi todos los días.

—Pobre de tu padre. Se lo agradezco, pero primero muerta que arrimada con alguno de mis hijos.

Diversas versiones acerca de lo ocurrido, contradictorias
y en general fantasiosas, comenzaron a circular, pero el
paso de los días fue matizando los infundios hasta ofrecernos una versión apenas aceptable de los hechos. Se rumora-
ba que el cadete Aboitis había sido asesinado como repre-
salia por acosar a varios internos de nuevo ingreso. Y "acosar"
no era precisamente la palabra más conveniente. Su cuerpo
fláccido, de tetas maternales, exigía un tributo semanal por
parte de los reclusos más jóvenes: estaba en su derecho de
interno viejo. Le gustaba acostarse con niños, sorpren-
derlos los fines de semana mientras se bañaban, amenazar-
los con un arma, seguramente la misma que utilizaron para
romperle el cuello, acariciarlos, montarlos en la banca de
madera que estaba en el pasillo que antecedía a las rega-
deras, hacerles con la punta de la navaja una ligera incisión
en las nalgas.

La muerte de Aboitis provocó que varios cadetes abando-
naran el internado por temor a ser acusados, o descubiertos,
dejando sus camas, sus lentejas amoratadas, sus armarios
personales, para marcharse nadie sabe a qué lugar. Yo no recuerdo sus nombres, internos de preparatoria, provincianos,
gente mala, sin ninguna educación.

—Ellos no fueron —afirmaba la Tintorera, enfático, como
si lo supiera todo—, ésos huyeron de miedo, mariconcitos.

—¿Y entonces quién?

—El asesino sigue aquí, con nosotros. Antes de que termine el año va a matar a otro. Les apuesto lo que quieran.

El silencio de Camacho, su gesto pétreo, no daba lugar a
especulaciones; como si los músculos de su cara fueran bí-

ceps inmutables, tejidos tomados de su espalda, incapaces de expresar vida. Y si alguien conocía lo sucedido dentro del internado, ése era Camacho. Cómo no iba a saberlo si la escuela era el caparazón que el armadillo llevaba a cuestas, Camacho el armadillo, el caracol, el quelonio de ojos a medio cerrar. En ausencia de una verdad verificable, comenzó a crearse en la escuela una atmósfera de matones perdonavidas. A los internos les atraía la idea de que el resto de los cadetes sospechara que alguno de ellos era el asesino, el justiciero, el defendeniños; hasta hubo quien en secreto confesó ser el criminal: había matado porque no toleraba al cabrón pervertido del Aboitis. Si la policía se hubiera presentado en ese momento, la escuela entera se habría entregado.

Las clases pasaron a segunda fila y los profesores renunciaron a captar la atención del alumnado, cuya cabeza y concentración se habían trasladado a la escena del crimen. A muchos la cabeza comenzó a trabajarles por primera vez: ¡hasta el estúpido de Plateros tenía una teoría incontrovertible acerca de los hechos! En un par de diarios citadinos apareció una nota pequeña que no aportaba nada a lo que ya todos sabíamos, excepto porque en algunos casos se transcribían, exactas, las palabras del comandante Sigifredo. El comandante aseguraba que se había tratado de un suicidio, uno como tantos que provoca la angustia adolescente. Y para sostener sus palabras citaba a un sociólogo de apellido Durkheim. No se había perdido la oportunidad de dar cátedra frente a la prensa. En definitiva, el cadete Aboitis extrañaba a sus padres y había dado muestras de nerviosismo excesivo, de "una ansiedad incontrolable". El comandante exageraba, lo sabíamos todos, él mismo, Durkheim, y también el periodista que transcribió la nota.

Se hizo común que durante las prácticas militares algún cadete tomara la bayoneta de su arma para recargarla en su cuello y a viva voz, como en una comedia de mala calidad, amenazara con suicidarse. Las burlas se hicieron cada vez más recurrentes y vulgares. Del silencio que procedió al asesinato se pasó al escarnio público y al comentario cínico.

—¡O me dan un cadete de primer ingreso para comérmelo, o me suicido!

—¡Cuidado, la verga de Aboitis ronda por los baños! La pueden reconocer porque tiene un ojo de loco en la mera punta.

—Mi comandante, tuvimos que suicidarlo por violador, disculpe usted, mi comandante.

El oficial Oropeza, el subteniente Mendoza, los comandantes de compañía, de sección, toleraban esta clase de comentarios porque no encontraban una manera más efectiva de restarle importancia al crimen. La verga de Aboitis se hizo tan famosa como un cómico de televisión y se la encontraba en todas partes, en la olla de lentejas, dibujada en los pizarrones y en los mingitorios; varios mosquetones y carabinas fueron bautizados como las peligrosas vergas de Aboitis y en el comedor no faltaba quien la encontrara en su plato de lentejas o confundida con un hígado de pollo entre el arroz blanco:

—Sólo falta que aparezca sobre un nopal, en lugar del águila.

—¿En la bandera? Que no te oiga Sigifredo porque te vas al calabozo.

—¿La verga de Aboitis en medio de la bandera? No puede ser.

Pese a que intenté ser lo más discreto posible, lo ocurrido en los dormitorios del internado llegó a oídos de la familia. Si yo les hubiera narrado los hechos jamás me habrían creído, ni siquiera habrían prestado oídos a mis palabras. Sin embargo, un amigo de mi padre que a sugerencia suya había inscrito un año antes a su vástago en el mismo colegio que yo, fue el encargado de traer la noticia. Benito Baena, era el nombre tanto del padre como del hijo. Y ambos tenían la misma cara, la misma estatura y el mismo temor al futuro. ¿Cuántas generaciones deben pasar para que la cara de los primeros padres se borre por completo? No preví que un suceso hasta cierto punto normal en una escuela donde se jugaba con armas se convirtiera en un escándalo. ¡Si casi partíamos la carne con la bayoneta! ¡Si no movíamos un pie sin antes escuchar los compases de una marcha guerrera! ¿No eran los muertos la consecuencia, el premio a todas estas rutinas? ¿No tendríamos que sentirnos alegres? Mis padres discutieron horas acerca del hecho, gritaron y estuvieron a punto de llegar a las manos. Ella sumida en el sillón, aferrándose a las antebraceras, como si temiera caer en un precipicio. Él caminando a grandes zancadas por toda la sala, como un general nervioso que imparte órdenes a un grupo de subalternos a punto de rebelarse. Los hijos salimos a la calle para alejarnos de la tormenta y nos sentamos en el borde de un camellón, junto a un grupo de bambúes y colorines. Si hubiéramos tenido la estatura adecuada nos habríamos guarecido dentro de los agujeros que los topos cavaban en nuestro jardín, hendiduras enormes que mi padre intentó inútilmente colmar de agua para ahogar a los intrusos. Los vecinos guardaban un silencio tan incómodo como los gritos que cimbraban mi casa. Me habría gustado que intervinieran, pero su cobardía les impidió siquiera acercarse. Así que estábamos solos, sentados a la sombra de aquellos árboles tristes, bajo un cielo sin nubes, ni estrellas, una sábana lisa que comenzaba a oscurecer. Mi madre daba por un hecho que su hijo sería asesinado si continuaba asistiendo a clases; para su esposo, en cambio, el internado no guardaba relación con las actividades de los medio internos. Tienen vidas distintas, decía él; "la misma mierda", afirmaba su mujer desde el sillón: "El mismo criadero de gusanos".

Los hermanos seguíamos sentados en el borde del camellón en espera de que la discusión terminara. Mi hermana lloraba y cruzaba los dedos, a veces cerraba los ojos para comenzar a contar en voz baja: "Cuando llegue a cincuenta estarán tranquilos". Nosotros manteníamos la vista fija en la ventana de la cocina; si mi madre comenzaba a romper vasos tendrían que ser los que estaban a un lado del fregadero. También atendíamos la puerta de entrada principal porque podría suceder que mi padre saliera de modo intempestivo, subiera a su auto y se marchara. Si tuviéramos que elegir entre las dos acciones, ver a mi madre arrojar vasos contra la pared o ver a mi padre marcharse, preferíamos que sucediera la segunda. Mi hermana tuvo que comenzar a contar otra vez ya que después de terminada la primera cuenta los gritos continuaban: "Tres, cuatro, cinco..."

Ahora, mientras subo a mi auto para abandonar el cementerio vuelvo a escuchar sus voces graves, sus argumentos encontrados, sus gritos. Sobre todo el timbre belicoso de ella burlando las paredes. Vuelvo, porque no puedo evitarlo, a recordar la discusión que culminó con mi salida de la escuela y mi inscripción en una preparatoria pública. Debo tomar el periférico en la próxima salida e intento concentrarme ya que desde el entierro de mi padre no había vuelto al cementerio. No puedo poner un alto a mis ideas. Tampoco logro controlar los dolores que si bien se expresan bajo la piel del abdomen son originados en una mente que amenaza derrumbarse. Siento profundos remordimientos porque sé que ella deseaba ser incinerada y yo permití que mis hermanos tomaran la decisión de enterrarla junto a su esposo, a unos centímetros de su esqueleto, ataúd con ataúd en una promiscua, eterna relación. La imagino abriendo los ojos para reclamar

mi desidia. Ella, imbuida de una obstinada fiereza, me había
evitado continuar en la escuela, y yo ni siquiera pude cum-
plirle un último deseo. Siento angustiosos deseos de volver a
poner las cosas en su lugar, pero es demasiado tarde porque
sé que no lo haré, que las horas que han pasado después de
cubrir el catafalco de tierra son ya intransitables, puentes
caídos, túneles de topos sin salida.

Las hojas muertas

Bárbara Jacobs

BÁRBARA JACOBS, de familia de migrantes libaneses, nació en la Ciudad de México en 1947. Escritora, poetisa, ensayista y traductora, es licenciada en psicología por la UNAM. Ha publicado cuentos y ensayos en diversas revistas y suplementos literarios. Bárbara Jacobs logra la fusión de culturas, lenguas y credos de una tierra milenaria: el Líbano. Los ecos de su sangre provienen de tiempos y tierras lejanos y se escuchan constantemente en su obra. Es cuentista con *Doce cuentos en contra* y ensayista con *Escrito en el tiempo* y *Juego limpio*. Entre sus novelas destaca *Las hojas muertas*. Obtuvo el Premio Xavier Villaurrutia en 1987.

SUGERENCIAS DE LECTURA

En *Las hojas muertas*, de Bárbara Jacobs, entramos a una vida de familia, centrada en el misterio del padre. Si te gusta, es recomendable la lectura de *Emilio, los chistes y la muerte*, de Fabio Morábito, *Los buscadores de oro*, de Augusto Monterroso y *Las genealogías*, de Margo Glantz, así como *Pedro Páramo*, de Juan Rulfo. En otro ámbito, puedes encontrar a la italiana Natalia Ginzburg, con *Léxico familiar*.

A Bárbara Jacobs la puedes seguir leyendo en otro libro, de corte autobiográfico: *Vida con mi amigo*.

I. EDGAR ALLAN POE, EL CADILLAC Y LA CASA

Ésta es la historia de papá, papá de todos nosotros.

El hermano de papá se llamaba Gustav sin o y era mayor que él. Cuando nosotros éramos niños tío Gustav vivía en Saginaw, Michigan, con una mujer mayor que él que bebía mucho y que tenía una hija con dos hijos de pelo lacio y largo, medio café. La casa de tío Gustav era muy moderna y tenía muchas cosas de madera y olía a casa moderna americana llena de aparatos eléctricos que no sabíamos para qué servían pero que servían de maravilla. Tío Gustav trabajaba en una compañía que fabricaba parabrisas para automóviles y que era suya y se llamaba Visors Incorporated y estaba en el número 2200 de la calle Waterfall ahí en Saginaw. Tío Gustav manejaba un Lincoln Continental último modelo por lo general rojo vino con asientos de piel negra y botones para bajar los vidrios y subir el asiento o hacerlo para adelante. Desde el Lincoln ante la puerta del garaje de su casa apretaba un botoncito escondido en el tablero y la puerta se iba abriendo hacia arriba, y la madera se enrollaba en el techo del garaje. De joven el tío Gustav se había caído de un caballo y desde entonces cojeaba un poco y no oía bien y uno de los ojos lo tenía medio cerrado y cuando se reía lo hacía con los labios medio torcidos, hechos un poco a un lado. De joven había empezado a estudiar la carrera de Medicina pero luego no la había terminado. En ese tiempo tenía una novia con la que se iba a casar y que era más joven que él y bonita y normal y paisana según nos contaban y que a toda la familia le caía de lo más bien pero nadie sabe por qué fue prefiriendo a la otra, Mildred, que era gorda y no siempre se peinaba. Tío Gustav no llevaba a Mildred a casa de Mama Salima, que era su mamá —y de papá y de tía Marie Louise— y nuestra abuelita de allá. Otro defecto que todo mundo le encontraba casi a primera vista a Mildred era que fuera protestante y que ni siquiera como tal practicara porque no iba a ningún templo ni hablaba con ningún pastor para que le aconsejara cómo dejar la bebida o cómo peinarse y adelgazar un poco. Pero la hija de Mildred quería mucho a tío Gustav como si tío Gustav fuera su papá, que no lo era, y todo mundo decía Sí pero entonces a ella es a la que va a heredar, y todo mundo hacía corajes, pero el tío Gustav con nosotros era lindo y lo queríamos mucho y nos regalaba radios y plumas y lo que quisiéramos, pero que le dijéramos qué queríamos. Un día nos prestó un hacha y nos mostró en el jardín una víbora negra y amarilla que a las mujeres de nosotros les dio mucho miedo y que a los hombres de nosotros los hizo sentirse valientes pues tío Gustav les dijo Córtenle la cabeza. No se la cortamos porque la víbora se metía entre los arbustos del jardín, pero mientras la perseguíamos tío Gustav nos iba filmando con una cámara de cine muy moderna que tenía y en colores.

Marie Louise era la hermana mayor de papá y de tío Gustav. Nosotros le decíamos tía Lou-ma. Tía Lou-ma tenía mucho pelo, rizado, muy negro y se lo dejaba largo hasta abajo de los hombros y le brillaba. Tía Lou-ma para entonces ya llevaba cuatro matrimonios y siempre enviudaba. Su último esposo cantaba en las iglesias y era más bajo que ella y más joven y todo mundo decía que él no se iba a morir y que la tía Marie Louise ya no iba a enviudar porque él era joven y fuerte y cantaba con voz de bajo, pero sí se murió y la tía Lou-ma volvió a enviudar y sus hijos ya no sabían qué harían cantar en su próxima boda porque en la tercera ya le habían pedido al coro que cantara El Tercer Hombre. De su primer esposo había tenido tres hijos, que eran nuestros primos hermanos de allá. A la hija mayor de tía Lou-ma casi nunca la veíamos. Oíamos que tenía muchos problemas porque su esposo bebía mucho. Tenían como cinco hijos y vivían casi en la pobreza y nuestra prima tenía que batallar, según oíamos decir, para sacar a la familia adelante. El primer esposo de tía Lou-ma había sido hijo de libaneses emigrados como papá y sus hermanos y por lo tanto era paisano. En cambio Mildred, la esposa de tío Gustav, no era paisana y a Mama Salima esto la molestaba.

Nuestra prima mayor se llamaba Susan. Tenía tantos problemas con su esposo que una de sus hijas a pesar de que era de nuestra edad o hasta más chica se estaba volviendo calva. Todo mundo decía que cuando sus papás dejaran de tener problemas a ella le volvería a nacer el pelo y le crecería porque ya no estaría nerviosa.

Después de Susan seguía Bob, el primo Robert o Bobbie. Era muy guapo pero muy serio y enojón. Dice mamá que se parecía a papá de joven, pero sólo en lo guapo. Trabajaba en una abarrotería y les decía a los mayores de los hombres de nosotros que cuando crecieran un poco más los invitaría a trabajar con él en la abarrotería para que fueran aprendiendo un verano y luego otro verano y si aprendían podían quedarse a trabajar ahí de ahí en adelante bajo sus órdenes, en Saginaw. Nosotros molestábamos mucho a nuestro primo Bobbie pero sólo por molestarlo. Lo pellizcábamos y lo empujábamos y nos comíamos su porción de postre. Y él, para no pegarnos ni desesperarse con nosotros, se hacía el que lo encontraba muy chistoso y que sus primos hermanos de México que era en donde nosotros vivíamos eran encantadores.

Pero con quien más nos llevábamos nosotros era con nuestra prima Lisa que era la menor de los tres hijos de tía Lou-ma. Lisa por Elizabeth y que también podía decirse o escribirse Liza y Liz. No era la sobrina menor de papá si se cuentan como tan sobrinos suyos los hijos de los hermanos de mamá que, igual que nuestros primos de Estados Unidos, son primos hermanos nuestros, pero papá la quería mucho.

Tía Lou-ma y Susan y Lisa vivían en Flint, cerca de Saginaw, pero cuando nosotros íbamos de visita a Saginaw ellas venían a vernos o a veces nosotros íbamos a verlas. Venían tía Lou-ma y Lisa, porque Susan casi nunca podía dejar sola a su familia por los problemas que tenía. Y venían a visitar a Bob, a Mama Salima y a tío Gustav, y de paso a nosotros, su familia de México. Cuando Lisa empezó a manejar iba seguido a Saginaw a visitar sola a Mama Salima y Bob siempre estaba yendo a visitar a su mamá y sus hermanas a Flint pero mamá no quería dejarnos ir solos con él en coche a Flint y por eso a veces después de Saginaw íbamos en el Cadillac a Flint. Flint y Saginaw están las dos en el estado de Michigan, que es el de los lagos. Los lagos de allá son como mares.

Lisa nos contaba historias de la familia pero no muchas. Le caían muy mal los negros porque nos contaba que en la familia había habido una historia con un negro y que le constaba lo que decía de ellos y que ahí no había parado la cosa. Ni papá y ni siquiera mamá nos confirmaron nunca esta historia entre otras razones porque nunca supieron que ya la sabíamos; sólo esperábamos como agazapados a ver si ellos solitos nos la contaban pero no nos la contaron. Según Lisa, una hija de una hermana de Mama Salima se había ido con un negro y había tenido un hijo con él y él luego la había abandonado con el hijo y luego por otras razones o no sabía Lisa si por esto había ido a dar a la cárcel y por culpa de todo esto Mama Salima no había vuelto a ver nunca más a su hermana que, junto con ella, había emigrado a América, aunque ella se había ido a establecer a otra ciudad de los Estados Unidos en otro estado. Lisa nos decía Ustedes no pueden saber cómo son los negros porque en México no hay. Nosotros no sabíamos si había negros o no en México en general pero en el fondo sentíamos que si los hubiera nos caerían tan bien o tan mal como el resto de la gente que veíamos a nuestro alrededor pero no porque fueran negros sino según fueran, si simpáticos o enojones o algo.

Nosotros sentíamos que a papá los negros le caían como nos caerían a nosotros, bien si eran simpáticos, y cuando estaba con su familia de Estados Unidos lo que hacía era sólo escuchar porque sus ideas desde entonces eran distintas y prefería sólo escuchar y bajaba la cabeza y casi no decía nunca nada.

Hasta eso, igual hacía en México, bajar la cabeza y escuchar cuando otros hablaban y aunque no hablaran de negros. En México papá también permanecía callado pero no porque oyera lo que oía en los Estados Unidos en boca de su propia familia.

El tío Gustav y la tía Lou-ma querían a papá pero no tanto. Él era siempre el que los visitaba a ellos y ellos en cambio sólo rara vez lo visitaban a él en México aunque por carta cada uno le dijera Haré todo lo posible por irte a ver en el invierno. La tía Lou-ma llamaba a papá de larga distancia cada veinte de diciembre porque se acordaba de que era el cumpleaños de su hermano menor, es decir de papá. Y le decía palabras cariñosas pero nosotros notábamos cuando estábamos de visita en los Estados Unidos que tía Lou-ma y tío Gustav como que resentían que papá se hubiera ido de los Estados Unidos y los hubiera dejado, aunque él los visitara. No era lo mismo, parecían pensar su hermano y su hermana mayores.

Mama Salima sí quería mucho a papá y sí lo visitaba con frecuencia en México aunque mamá a veces se desesperara porque la casa era muy chica y no cabíamos todos pero quería mucho a su suegra, nuestra abuelita, la mamá de papá y de tío Gustav y de tía Lou-ma y la tía abuela de un sobrino segundo de papá al que no quería reconocer porque era mitad negro.

Cuando ya habíamos nacido todos nosotros a las mujeres de nosotros las mandaron a vivir a la casa de los papás de mamá que era una casa muy grande en la que también cabían nuestras hermanas. Aun así ya sin ellas en casa de papá y mamá casi no había espacio para los hombres de nosotros y mucho menos para visitas aunque abuelita no fuera visita sino nuestra muy querida Mama Salima. Lo que era una lata en la casa de papá y mamá era el baño de los hombres de nosotros porque era el que además tenían que compartir con las visitas o con la familia y todo mundo quería ir al mismo tiempo y los que esperaban turno en el pasillo oían de paso todo lo que ocurría del otro lado de la puerta pero ni modo, así era.

Pero era rico que nos visitara Mama Salima en México porque se encerraba en la cocina y hacía empanadas árabes de carne o espinaca sin que nadie la viera. Las doblaba de modo diferente para que uno supiera cuál era la de carne y cuál la de espinaca y no se equivocara si uno de los dos rellenos no le gustaba. En árabe se llaman *ftiri* o *ftaier,* una es singular y la otra plural.

A Mama Salima le gustaba hacer tres cosas cuando visitaba a su hijo menor en México. Le gustaba sobre todo ir a caminar al cementerio porque le encantaba el silencio y la soledad y a lo mejor imaginarse las vidas de todos los muertos cuyas tumbas recorría y rodeaba y ante las cuales o ante algunas de las cuales se detenía a meditar o sólo a descansar un rato. Era el paseo favorito de Mama Salima, ir a caminar sola al cementerio, y nos contaban que en Saginaw también lo hacía pero que en México sentía algo especial. También le gustaba tomar el té a las seis de la tarde enfrente de la chimenea encendida y mientras platicaba en árabe con la mamá de mamá, que era prima segunda de Mama Salima, fumar y ver las formas que iba cobrando el fuego de la leña que se quemaba. Y por último lo que le gustaba hacer en México era sentarse a leer, horas y horas, en donde cayera. A veces la veíamos con la vista algo perdida encima del libro pero sería porque lo que leía la haría pensar en algo o algo así. Papá heredó de ella la afición a la lectura.

El libro de cabecera de Mama Salima era Walden y ella vivía casi como Thoreau porque su casa estaba en medio de un bosque y era la única en metros o millas a la redonda como sería la de un guardabosques. A un lado de la casa de Mama Salima en Saginaw, Michigan, pasaba la vía del tren y cuando estábamos de visita nos decían por las tardes que saliéramos a decirle adiós al maquinista si queríamos y si pasaba y muchas veces pasó y sí, le decíamos adiós pero sin acercarnos demasiado. Mama Salima también había leído muchos libros de Émile Zola, los libros de Gustave Flaubert y muchas biografías de Napoleón Bonaparte porque le interesaba la historia y la literatura, como a papá, pero a ella más la vida de Marie Louise, la Archiduquesa de Austria, y la de Joséphine, una vez viuda y otra vez Emperatriz y por último desdeñada o desechada por el Emperador que se divorció de ella para quedarse con Marie Louise. Mama Salima leía en tres idiomas y hablaba esos tres idiomas aunque con diferentes acentos y escribía también en los tres. Los tres idiomas de Mama Salima eran primero el árabe, luego el francés y por último el inglés. El inglés lo aprendió en los Estados Unidos cuando emigró con su esposo a fines del siglo diecinueve y para dejar atrás Hasrun, su ciudad natal, en las montañas de Líbano. Pero el idioma en el que hablaba más y en el que leía más y en el que hasta escribía y publicaba era el árabe.

Cuando nosotros aparecimos en escena Mama Salima ya no trabajaba. Antes había trabajado mucho y ahora sólo escribía para un periódico de vez en cuando. Antes había tenido una tienda en la que vendía tapetes persas pero como le daba por leer detrás del mostrador no se daba cuenta de cuando entraban los clientes en busca de un tapete, o si se daba cuenta no les hacía caso porque prefería seguir leyendo o estaba tan concentrada que de veras no los oía pedirle el precio de este tapete y el significado de su diseño. La cosa es que poco a poco había ido perdiendo clientes hasta que mejor cerró la tienda para poder seguir leyendo en paz y sólo de vez en cuando escribir algo en el periódico árabe.

A Mama Salima siempre la veíamos meciéndose en una mecedora y fumando con un libro en las manos. Su casa estaba llena de libros y periódicos y revistas, pero sobre todo libros en libreros que habían sacado de Líbano cuando emigraron. Mama Salima tenía amigas que tenían granjas en los alrededores de Saginaw y ella iba a comprarles a ellas la leche y la fruta y las verduras y todas esas cosas porque le gustaba ir en carretera, aunque despacio. El coche de Mama Salima era un Chevrolet viejo color gris claro. Ella manejaba despacio en el carril de la derecha. Era maronita pero en los Estados Unidos aprendió a rezar el rosario y se aficionó y cuando iba de visita a las granjas de sus amigas por carretera el rosario se le enredaba en el volante y a veces Mama Salima chocaba pero nunca le pasó ningún accidente de veras grave. Tía Louma y tío Gustav le decían a papá que ahora él le dijera a Mama Salima que ya no manejara; pero papá decía que mejor la dejaran manejar en paz y no le decía nada.

Papá se había ido de los Estados Unidos hacía mucho tiempo y era bastante diferente de su hermano y su hermana.

En México papá tenía un hotel que se llamaba el Hotel Poe y que estaba en la calle de Edgar Allan Poe en el número ocho. En su oficina en la planta baja tenía muchos libreros llenos de libros por supuesto igual que en la casa.

Cuando nos llevaba de visita al hotel luego nos llevaba a una fuente de piedra con un gigante encima pero acostado. La fuente no tenía agua así que caminábamos encima del cuerpo del gigante que yacía bocarriba sin miedo a ahogarnos aunque sí un poquito a caernos aunque no fuera profunda y papá estuviera ahí para levantarnos. Pero no nos llevaba mucho ni al hotel ni a la fuente. Sólo a veces. Y al menor de nosotros y que se llama igual que papá ya no le tocó ir a ninguna de las dos partes porque papá para entonces ya se había cansado de llevarnos o porque nosotros él creía ya nos habíamos aburrido de ir siempre sólo a esos dos lugares a los que sólo él nos llevaba y que nos gustaban casi más que nada.

Al menor de nosotros no le tocaron muchos de los viajes que hacíamos con papá y mamá en el Cadillac de papá. Viajábamos mucho porque el Cadillac y papá tenían que renovar sus papeles porque los dos eran norteamericanos y su permiso de estancia en México se les vencía y tenían que atravesar la frontera y arreglar y renovar todo para no convertirse en ilegales y ser perseguidos por la justicia mexicana.

Unas de las comidas las teníamos que hacer en restaurantes de la carretera porque mamá había preparado en una gran canasta sólo la primera, la que tocaba después de salir de la casa y en el kilómetro que fuéramos de la carretera hacia el norte cuando nos entraba el hambre. Y según a dónde fuéramos teníamos que pasar la noche en moteles, a veces una noche, a veces cuatro y cinco noches de motel según hasta dónde fuéramos o según el clima o según si papá se cansaba antes y quería descansar para poder seguir camino a la mañana siguiente sin que le diera sueño y sin que corriéramos peligro. A veces si de paso nos quedaba la casa de algún amigo de papá caíamos una noche en su casa. Aunque en los moteles le hacían descuento a papá, porque era hotelero y entonces hasta prefería porque éramos muchos y aunque las casas de sus amigos fueran grandes y a nosotros no nos importara dormir en el suelo en sleeping bags porque en ese tiempo no nos daba miedo que alguien entrara en la oscuridad y nos matara o que la calefacción se descompusiera y nos muriéramos asfixiados por el gas o que alguien no hubiera apagado bien la chimenea y una astilla encendida por alguna razón volara y fuera a dar a una cortina y la cortina fuera la primera en incendiarse y luego toda la casa pero primero el suelo en donde estábamos nosotros porque siempre era de madera y los sleeping bags de pluma, que enciende pronto.

Cuando comíamos en los restaurantes del camino o a veces en las casas de los amigos de papá papá cuando pedía hot dogs les ponía mostaza y si pedía hamburguesas les ponía salsa de tomate y si uno de nosotros al hot dog le ponía el tomate y a la hamburguesa la mostaza papá le decía que no sabía nada o que no era conocedor como él, pero no se lo decía enojado porque casi nunca se enojaba.

En ese tiempo casi nunca se enojaba papá, sólo cuando mamá se tardaba en salir de la casa para ya irnos de viaje porque a él le gustaba mucho manejar y ya quería irse cuanto antes. Desde muy temprano calentaba el motor del Cadillac y esperaba a oscuras ante el volante para ya irnos, con las maletas ya en la cajuela, y papá se impacientaba, y mientras mamá seguía en la cocina preparando la canasta de comida o diciéndole a la cocinera y a la recamarera y a todo mundo cosas como qué hacer cada día mientras estuviéramos de viaje, cosas como que lavaran bien los vidrios y no dejaran de regar el jardín y todas esas cosas que les recordaba siempre aunque con más insistencia cuando nos íbamos de viaje. Y si se quedaba la nana con el menor de nosotros mamá se tardaba más en salir porque le daba besos y besos a nuestro hermano menor y todo esto impacientaba a papá y lo hacía empezar a tocar el claxon en la oscuridad de la madrugada y a enojarse.

Pero a media carretera porque coincidía con que le empezaba a dar hambre olía lo que salía de la gran canasta y empezaba a sonreír y a decir Yummie para que mamá también le sonriera y le dijera Ya es hora de comer, y se contentaran y papá parara el Cadillac y a medio camino pero en la orilla comiéramos. En árabe esta comida de camino se llama zwedi.

Éramos felices.

Papá tenía muchos amigos en México aunque sólo uno que otro fuera mexicano porque casi todos eran polacos o italianos o de por allá y entre ellos hablaban en inglés y lo que hacían era jugar bridge en la casa o en un club. Una vez papá le contó a mamá que un general chino del grupo de Chiang Kai-Chek había ido a jugar con ellos al club y que a él no le había gustado mucho pero lo recordamos porque fue de las pocas cosas que papá dijo o contó en nuestra infancia. Cuando sus amigos jugaban en casa con papá se quitaban los sacos y fumaban. El cigarro o el puro les colgaba de los labios y la ceniza quedaba suspendida en el aire hasta que solita se desprendía como una gota de lluvia de un cable de luz o de teléfono y por su propio peso caía y se desmoronaba sobre el mantel verde de fieltro aunque mamá hubiera puesto ceniceros. Y uno de los ojos de cada amigo de papá y hasta de papá estaba siempre semicerrado mientras jugaban por culpa del humo que hacia ahí iba subiendo y para protegerse o para parecer todavía más tahúres verdaderos.

Las mujeres de nosotros estaban enamoradas de unos de los amigos de papá, cada una de uno de ellos y después se los turnaban para que a todas les tocaran todos en sus imaginaciones pero ninguno de ellos se daba cuenta ni les hacía caso quizá porque las veían todavía muy chicas y pensarían que se podrían meter en problemas y perder a papá de amigo si algo

sucediera pero nunca sucedió. Se llamaban Beco, Ed, Sohn y
así. Se arremangaban las camisas y sus camisas casi siempre
eran a rayas y algunos usaban tirantes y tenían algo de barriga.

Con uno al que papá le decía El General pero que no era el
chino no jugaba bridge sino ajedrez en la casa en el comedor,
uno enfrente del otro sin hablar, echados hacia adelante sobre el tablero callados ante la mesa rectangular de madera a
la que mamá a veces añadía dos extensiones en los extremos
para que cupiéramos quince o más alrededor. El General a
nosotros nos decía Cabrones pero ni papá ni mamá lo oyeron
nunca decirnos Cabrones. Nos decía Cabrones porque si
nosotros éramos los que estábamos patinando o andando en
bici o jugando canicas cerca de la puerta de la calle en el patio cuando él llegaba y tocaba el timbre no le abríamos si por
una rendija veíamos que era él. Entonces el jardinero o el
chofer corrían a abrirle y cuando entraba y pasaba a nuestro
lado nos decía sin mirarnos Cabrones. El General siempre le
pedía libros prestados a papá igual que se los pedía la tía Sara.
Y papá se los prestaba porque era muy bueno y creía que se
los devolverían y aunque no se los devolvieran no se enojaba
porque los quería y porque nunca se enojaba, casi.

Aunque los hombres de nosotros iban a un colegio americano y aunque las mujeres de nosotros iban a uno en el que
aunque fuera francés se enseñaban muchas clases en inglés
papá quería que aprendiéramos mejor su idioma y en la tarde
nos hacía estudiar más, con una maestra que se llamaba Eugene Fisherman aunque cuando firmaba una cosa que escribía
todos los días en el periódico Excélsior que abuelito recibía se
ponía en español Eugenia Pescador. A Eugene Fisherman o
Eugenia Pescador papá también le prestaba libros y ella siempre se los regresaba aunque con un forro que papá les quitaba
en cuanto ella se iba porque hacía ruido cuando uno lo tocaba
y hacía que a papá se le enchinara la piel como a nosotros nos

sucedía cuando la uña de Eugene Fisherman o el gis rasgaban de cierta manera el pizarrón en el que escribía para ayudarse a la hora de darnos la clase de inglés.

Si papá nos hablaba nos hablaba en inglés.

Papá no nos hablaba mucho y se desesperaba mucho con uno de nosotros que hablaba mucho y que a cada rato decía cuando era niño como el resto de nosotros Estoy aburrido, y papá a cada rato le decía Sh desde su sillón y aunque ni siquiera levantara la vista del libro que estuviera leyendo porque siempre estaba leyendo. Nuestro hermano el que hablaba mucho tartamudeaba cuando se aburría y una noche que estábamos en Oaxaca en el comedor de un hotel tartamudeaba tanto que papá se impacientó primero y luego se enojó y le dijo Deja de comer y habla, y todos nos reímos hasta los de las otras mesas a los que ni siquiera conocíamos, y papá se enojó más y ya casi ni termina de cenar pero se controló y luego poco a poco sí se fue acabando todo lo que había estado a punto de dejar intacto o a medio comer en el plato que era lo que le gustaba del menú porque por eso era por lo que lo había escogido entre todas las demás posibilidades. De modo que si se enojaba se controlaba a la hora de cenar y dejaba limpio el plato.

Mamá nos decía que aprendiéramos de papá que nunca dejaba nada en el plato. Y que papá había aprendido a comer todo y no dejar nada porque había estado en una guerra y sabía lo que era pasar hambre. Nosotros no sabíamos casi nada de ninguna guerra y nunca habíamos pasado hambre pero empezamos a saber de las guerras más que en los colegios a los que asistíamos, a través de la televisión. Papá compró un aparato en cuanto estuvieron a la venta los primeros que se hacían y cuando empezamos a crecer empezamos a ver películas de guerra en las que todos se mataban unos a otros todo el tiempo sin que les diera tiempo ni siquiera de pasar hambre.

Lo que no sabíamos era en cuál había estado papá y de qué lado y si había sido héroe aunque suponíamos que sí aunque no nos constara. Y un día el menor de nosotros se animó y le preguntó a mamá si papá había perdido o ganado en la guerra en la que había pasado hambre y mamá tuvo que contarle la verdad, es decir parte de la verdad porque primero nuestro hermano preguntó de qué lado había luchado papá y mamá le dijo Del de los buenos, y luego a la hora de contestar si había perdido o ganado y mamá había tenido que decir Perdido, nuestro hermano había dicho Cómo, si luchó del lado bueno. Lo que sí nos quedaba claro era que había pasado hambre y que a partir de entonces no dejaba nunca nada en el plato y en vez de dos galletas de almendras de las que hacía mamá comía cuatro o cinco.

Papá había sido Soldado raso en el Ejército de los Estados Unidos antes y después de casarse con mamá durante como dos o tres años. En un viaje que hicimos nos llevaron a conocer el campamento en el que había estado papá y que se llamaba el Tinker Field pero no vimos nada ni oímos cornetas. Estaba en la ciudad de Oklahoma y ahí también estaba la casa de recién casados de papá y mamá pero sólo la vimos por fuera. La puerta era verde y de tanto que nos paramos enfrente a verla vimos una mano o los dedos de una mano tenebrosa descorrer un poquito la cortina de una ventana al lado de la puerta verde para ver quién estaba parado enfrente viendo. Luego nos metimos en el Cadillac y papá pisó el acelerador casi hasta el fondo y la puerta verde y el Tinker Field quedaron atrás para siempre porque nunca volvimos. Nosotros estiramos los brazos y las manos desde el asiento de atrás porque nos arrodillamos y la barba la recargamos como perros en el respaldo pero no alcanzamos nada y todo se fue y se quedó atrás.

Mamá un día nos regaló la bufanda del uniforme de soldado de papá que era color caqui. Y un día nos regaló otra bufanda de papá de cuando había estado en la guerra. Ésta no nos raspaba tanto el cuello cuando nos la turnábamos en momentos difíciles de nuestra vida para que nos diera buena suerte como cuando teníamos exámenes finales. Era de seda y la caqui era de lana rasposa pero calientita. La de seda era roja con dibujos color oro y tenía flecos rojos y oro y estaba bien gastada y mamá decía Luego la zurzo pero no la zurcía porque no le daba tiempo porque siempre estaba haciendo galletas porque a papá le encantaban y a mamá le encantaba que papá estuviera siempre contento y que no se enojara. Además no la zurcía porque no se la prestábamos. Nos daba miedo que no nos la regresara y que volviera a guardarla en un cajón que estaba cerrado con llave y que era en donde ella guardaba sus secretos y todos tenían que ver con papá y nosotros lo habíamos descubierto porque uno de nosotros al que de cariño le decimos Lo con el tiempo se había ido convirtiendo en cerrajero y un día había abierto el cajón y habíamos visto cartas de papá a mamá y de ella a él y un álbum de fotografías de papá en la guerra de la que hablaba mamá.

En esas fotografías los camaradas de papá y papá no llevaban puesto uniforme de ningún ejército pero sí todos alpargatas aunque fuera invierno y hubiera nieve. Y en una fotografía recargados contra un tanque de guerra los camaradas de papá llevan rifles al hombro y en cambio papá que está como sentado lo que tiene sobre las rodillas es un periódico como para ponerse a leerlo en paz en cuanto acaben de tomar la fotografía de la guerra.

Cuando papá se enojaba se encerraba con llave en su cuarto.

Papá dormía desnudo y le veíamos los vellos debajo del brazo en la axila porque antes de dormirse leía mucho y doblaba un brazo y se lo metía debajo de la nuca sobre la almohada. Y tenía una bata de seda que era con la que desayunaba y no se la cerraba bien y mamá siempre le estaba diciendo después de una tosecita Ciérrate la bata, en voz baja como para que no oyéramos, pero era para que las mujeres de nosotros o la nana o la cocinera no vieran, si entraban al comedor y lo veían.

En invierno papá encendía la chimenea y ahí enfrente o al lado se sentaba a leer sus libros o sus revistas o sus periódicos o sus folletos de bridge, y si uno de nosotros dejaba la puerta abierta papá se enojaba porque el calor se salía. Damn! exclamaba, porque la chimenea estaba en el vestíbulo y todo mundo siempre estaba entrando y saliendo hasta el perro y muchas veces a muchos se les olvidaba cerrar la puerta y cuando se acordaban papá ya había exclamado Damn!

También se enojó y dijo Damn! una y otra vez cuando nos trajeron un perrito nuevo cuando el otro se murió porque el recién nacido no iba a poder cuidar nada y sólo se iba a estar haciendo pipí todo el tiempo en la casa o sobre nuestras piernas y papá dijo No quiero ese perro en casa, después de exclamar Damn! y de irse a encerrar con llave en su cuarto. El perro era una bolita café rojiza bien caliente y tierna y el veinte de noviembre cuando nació y nos lo trajeron a regalar le pusimos Maxwell Harrison Finnigan Albaricoque Pepe Álvarez pero le decíamos Maco a menos que nos enojáramos con él y entonces le dijéramos su nombre completo para que ladeara la cabeza y parara bien las orejas y se desconcertara un rato. Al principio papá no quería nada a Maco pero luego lo fue queriendo y le arrojaba una pelota y jugaba con él y dejaba incluso que Maco lo acompañara en el jardín si a papá le daba por irse a leer ahí debajo de un naranjo.

Antes de Maco habíamos tenido a Terry que era boxer y antes de Terry el boxer a Blackie que era callejero y estos dos sí le habían caído bien a papá desde el principio sobre todo el Blackie porque era negro y callejero. También habíamos tenido a uno fino al que le pusimos Míster Collins y que nos acompañaba sin ladrar ni moverse cuando llorábamos. Un día pintamos a Blackie de blanco con cal mojada y una brocha que le hacía cosquillas aunque no lo hiciera reír y cuando papá lo vio se enojó más que nunca, casi. Esa vez sí nos castigaron, a unos en un cuarto y a otros en otro pero logramos irnos comunicando mediante diferentes mañas que fuimos aprendiendo ese día y que después ya no se nos olvidaron sino que las perfeccionamos. Luego, casi enseguida, Blackie se murió.

El verdadero castigo habría sido encerrarnos en el clóset de papá porque era muy chiquito y porque, si mamá hubiera sabido cómo, podía ser un verdadero calabozo. Uno de nosotros ideó la manera de atorar la manija del clóset de papá con la de la puerta de entrada al cuarto de ellos y no había forma de que el encerrado pudiera salir y escaparse. Así, pudimos conocer de cerca el clóset de papá y su contenido y tocarlo y olerlo. Papá casi no tenía ropa así que no nos era tan difícil conocer qué guardaba en su clóset porque ni debajo de las camisas guardaba secretos como mamá en el cajón, si acaso una galleta de almendra para comérsela a escondidas a medianoche pero el de nosotros encerrado ahí si la descubría se la comía y se le adelantaba a papá también a escondidas y el encierro se convertía más bien en agasajo.

Éramos felices.

El lema del hotel de papá era El hogar lejos del hogar, y cuando papá no estaba en casa estaba en el hogar lejos del hogar como si él también fuera un peregrino. Primero invitaba a algunos de sus huéspedes a la casa y luego ya no. Pero cuando los invitaba los invitaba a la fiesta del treintaiuno de diciembre que era cuando papá se tomaba muchas copas y platicaba mucho y casi tartamudeaba y se reía y con sus amigos hasta rompían una piñata que los amigos que fueran extranjeros de paso ni siquiera sabían lo que era y entonces los hacía reír mucho que mamá les vendara los ojos y los mareara más de lo que seguro ya estaban por el champán y el vino y las copas y les diera un palo y les dijera que le pegaran a ciegas a la piñata que siempre era un pollo o un toro o una bruja o lo que mamá encontrara en el mercado para que se divirtieran hasta romperla y entonces se sorprendieran cuando les empezaran a caer en la cabeza montones de dulces o cigarros o cacahuates con su caparazón o cajetillas de cerillos del hotel de papá en que estaba inscrito el lema que decía El hogar lejos del hogar en inglés.

Pero uno de nuestros tíos no se quedaba a la piñata sino que sólo se tomaba muchas copas de champán con papá y luego se iba porque no quería que se le maltrataran sus trajes que eran casimires ingleses importados y porque decía que los amigos de papá eran comunistas como papá y que él no quería estar con ellos mucho tiempo porque él no era comunista. Papá le decía Quédate, y nuestro tío entonces se burlaba de que el inglés de papá no fuera de Oxford como el suyo y se tomaba otra copa de champán y volvía a decirle a papá Comunista con el índice en alto porque papá, por ser hotelero, había ido a Cuba a una reunión de hoteleros porque lo invitó Fidel Castro y La Habana le había encantado y Fidel le caía bien. Todos lo habíamos visto bajar de la sierra a él o a los suyos con un rosario alrededor del cuello y con las barbas largas y rizadas por televisión y papá no había dejado de sonreír al grado de que casi parecía que lloraba según nos pareció a nosotros que sólo veíamos.

Nuestro tío sin embargo quería mucho a papá y papá a él aunque le dijera Comunista y aunque papá no tuviera ni trajes ni acento de ninguna universidad de Inglaterra. Y la noche del treintaiuno de diciembre papá no destapaba la primera botella de champán mientras no llegara este tío y era el primero que llegaba, antes de que acabara de oscurecer, es decir al final de la tarde.

Otro amigo de papá anunciaba su llegada arrojando desde el otro lado de la reja un manojo de cohetes y de fuegos artificiales y luego él mismo era el primero en empezar a dar maromas en la sala de la casa después de cenar y antes y después de que alguien ya hubiera roto la piñata colgada de un barandal de una terraza y de un árbol con una cuerda gruesa sobre el jardín. Casi siempre eran las rodillas de la tía Sara las que detenían la cabeza del amigo que echaba maromas porque él casi siempre a donde dirigía sus maromas era hacia las rodillas de la tía Sara porque eran lisitas según mamá siempre estaba diciendo y porque la tía Sara había tenido que pasar calores insoportables en una época de su vida en que había tenido que vivir en el sur del país y desde entonces, y antes de que se dedicara a traducir novelas de intriga en una máquina de escribir negra, no usaba ropa interior. Pero no se le veía nada.

La tía Sara se llevaba muy bien con papá porque siempre llegaba a casa a preguntarle sus dudas de las traducciones que hacía. Cuando no encontraba el significado de una frase de intriga se la consultaba a papá y a papá le gustaba explicarle lo que quería decir. A veces papá visitaba a la tía Sara en su casa con mamá. La casa de la tía Sara era muy chiquita y muy bonita y estaba llena de luz y de calor y de plantas y de cosas delicadas de porcelana y antiguas libanesas porque ella sí era paisana. Pero para llegar había que subir una escalera de caracol por la que se colaban muchas corrientes de aire frío y porque la casa de la tía Sara estaba en el último piso de un edificio alto. Su máquina de escribir estaba en el extremo de una mesa no muy grande que hacía las veces también de mesa de comedor y a veces encima estaban también muy bien dobladas y recién lavadas y planchadas las sábanas y las fundas de las almohadas de la cama matrimonial de la tía Sara en la que dormía sola porque era divorciada.

Los hombres de nosotros a veces le veían las rodillas a ver si le podían ver algo más pero nunca le vieron nada más porque la tía Sara era muy bien educada a pesar de su divorcio y de sus costumbres con la ropa interior y siempre mantenía bien cerradas las piernas debajo de su falda estrecha siempre negra. A papá le caía de lo más bien la tía Sara y cuando pasaban varios días sin que llamara o llegara a la casa él le decía a mamá Llámala y pregúntale cómo está y cuándo viene, y mamá lo hacía porque a ella también le caía de lo más bien y con ella no sentía celos de papá.

A papá no le gustaba la música a pesar de que hubiera comprado tocadiscos. Pero la noche del treintaiuno de diciembre ponía discos, uno tras otro, para que sus amigos bailaran y bailaban y las duelas debajo de la alfombra se fueron aflojando poco a poco y desde entonces ya siempre empezaron a tronar aunque nadie bailara ni diera maromas encima sino sólo caminara o se estuviera ahí parado nada más.

El disco que le gustaba poner a papá de los dos lados era de música de Nassau. Le gustaba cómo cantaban y tocaban piano y tambores los negros de Nassau y siempre lo andaba poniendo la noche del treintaiuno de diciembre aunque nunca lo vimos bailar, pero mamá sí bailaba aunque él no.

Una vez mamá nos contó que una vez en una cena de gala papá se había puesto su único traje y había sacado a bailar a mamá pero a media pista se había quedado quieto sin bailar sino sólo sonriendo porque no le gustaba bailar, ni las fiestas, salvo la suya que era la del treintaiuno de diciembre en la noche en casa con sus amigos y sus camaradas.

A papá le encantaban los negros y por eso creemos que a él le hubiera gustado mucho conocer a su sobrino segundo que era mitad negro y que andaba por el mundo quién sabía dónde y que a lo mejor era simpático y también inteligente aunque nuestra prima Lisa dijera que eso era imposible. Si papá la oyera tal vez no bajaría la cabeza y se quedaría en silencio sino que la callaría aunque fuera su sobrina y ella también le cayera bien y él también la quisiera y no sólo porque fuera blanca y de su familia sino porque era simpática y también inteligente aunque prejuiciosa.

El día primero de enero papá permanecía más callado que de costumbre y casi todo el día se la pasaba en su cuarto aunque no encerrado con llave como si estuviera enojado porque no estaba enojado. Mamá decía que a lo mejor le dolía la cabeza o algo porque a ella le dolía también la espalda de tanto que había cocinado y las piernas de tanto que había bailado. Y la casa amanecía llena de corchos de botellas de champán y de confeti y de globos tronados. Los mayores de nosotros se hacían los grandes y estaban en la fiesta entre los grandes como si ellos también fueran grandes y papá terminaba por confundirlos y darles a probar champán. Y los menores de nosotros ya entrada la noche se iban bajando de sus camas en pijama y se escurrían por el pasillo sigiloso y entre los amigos de papá y mamá vestidos de fiesta sin ser vistos y se escondían detrás de un sofá a donde siempre iban a dar los corchos de las botellas de champán y ellos los iban juntando amontonados como estaban y les pasaban cada uno la punta de la lengua encima para probar el champán que siempre había estado ahí pero que ellos apenas ahora iban conociendo.

Era como el retrato al óleo de papá que colgaba en la pared del lado de mamá en la cama y que mamá le había hecho de pura memoria mientras él estaba en el Campamento y ella tenía muchas horas del día por delante y porque estaba enamorada de él. El retrato siempre había estado ahí y era de papá y sin embargo nosotros a papá apenas poco a poco lo íbamos conociendo aunque conociéramos de memoria su retrato y hasta lo soñáramos. Mamá dormía con la almohada encima para que el haz de luz de la lámpara con la que papá leía no la alcanzara pero lo primero que hacía al despertar era quitarse la almohada de encima para ver el retrato de papá que siempre estuvo ahí a lo largo de toda nuestra infancia.

Una noche uno de nosotros se acercó a la sala porque oyó voces que lo despertaron y porque era valiente. No entró pero de este lado de la puerta que además no estaba cerrada oyó a papá y mamá hablar y como llorar por las cosas que se decían. Papá le dijo a mamá que él era mal padre porque él no había tenido padre y no sabía cómo era ser buen padre sino como él era, y entonces mamá le dijo que ella era mala madre porque todos habíamos ido saliendo a él y no a ella y que ella tampoco sabía entonces ser buena madre porque a cada uno de nosotros lo habían ido suspendiendo de su colegio temporalmente y ese día habían suspendido al menor y suponemos que entonces sí mamá pensó que era el colmo y entonces sí que no le pareció cómo iban desenvolviéndose las cosas y la situación, aunque, según nosotros, todo iba bien y éramos felices y papá y mamá nos caían bien, de lo más bien, y nunca nos habíamos preguntado si serían buenos o malos aunque fueran diferentes, entre sí y diferentes de los otros papás de otras gentes que conocíamos y con los que como era natural los comparábamos. Papá y mamá eran diferentes sobre todo papá, pero no nos habíamos preguntado si era buen o mal padre y lo que sí era que nos caía bien, aunque lo conociéramos poco porque nos platicaba poco.

Queríamos mucho a papá y mamá aunque a papá no lo conociéramos tan a fondo como a mamá porque con él casi no estábamos y él casi nunca nos contaba nada.

A papá no le gustaba ir al cine porque decía que la única película que valía la pena era El Tesoro de la Sierra Madre, y cuando nos llevaba lo que hacía era que se quedaba en el vestíbulo leyendo aunque hubiera pagado boleto de entrada y hubiera sido como tirar el dinero a la basura. Pero nosotros vimos una vez una película en la que Bette Davis se hacía la niña y entonces se levantaba la orilla del vestido y con un dedo casi en la boca se ponía a cantar una canción que decía Le escribí una carta a papá allá arriba y le dije Querido papá te necesito, sólo que cuando nuestras hermanas se hacían más niñas todavía y la cantaban le agregaban Querido papá te quiero y Querido papá te extraño, y a nosotros ésa era la película que nos parecía que valía la pena, aunque papá no la hubiera visto y no pudiéramos saber por lo tanto su opinión que según todo lo que leía todo el tiempo siempre creíamos que era la buena.

Un día papá trajo a casa a un chofer para que manejara el coche de mamá y nos llevara al colegio y a mamá a hacer sus visitas y sus compras y para que ella no se cansara tanto. Se llamaba Adalberto y era del norte del país y protestante pero a papá le caía muy bien y le decía Adalberto debes ir a la universidad, y por las tardes Adalberto empezó a ir a clases y luego nos dejaba ver algunas láminas de los libros que papá le compraba para que estudiara y nos daban horror porque eran de las partes del cuerpo porque lo que estudiaba Adalberto era Medicina y en las noches dejaba la luz de la portería encendida hasta bien tarde hasta que se recibió y se regresó al norte a poner su consultorio después de despedirse de papá y de darle las gracias y papá le decía Escríbeme, hombre, y que no dejara de visitarnos y que no nos olvidara y Adalberto llegaba a casa desde el norte el treintaiuno de diciembre a tomarse unas copas con papá y contarle cómo le iba yendo.

Después de Adalberto vino José y José se convirtió en Agente de Tránsito y cuando volvía de visita llevaba puesto un anillo como de oro y con una piedra como rubí incrustada en el centro. Llegaba de botas de motociclista y con insignias en su uniforme y si papá no estaba les enseñaba a los hombres de nosotros a manejar aunque nunca el treintaiuno de diciembre porque ese día se hacía el que era tan importante que no se fijaba en los niños aunque los niños a su vez por lo menos esa noche se estuvieran haciendo los grandes.

A veces papá se iba solo de viaje aunque a ver a su familia o a sus amigos pero no le daba miedo ir solo en el avión porque iba leyendo en paz. Mamá en cambio le tenía mucho miedo al avión pero decía que cuando ya estaba segura de que se iba a caer porque había visto un hilito de humo salir por una rendija de una de las alas lo que hacía era voltear a ver a papá a su lado y si papá estaba leyendo le bastaba a ella para tranquilizarse porque decía que mientras papá estuviera leyendo no podía haber ningún peligro y entonces se dejaba caer en el respaldo del asiento y así desplomada y tranquila soportaba el resto del vuelo.

Cuando papá regresaba de sus viajes nos daba regalos y una vez les trajo unas blusas chinas a las mujeres de nosotros y unas gorras chinas con una estrella roja a los hombres de nosotros y mamá a los hombres sí les dio permiso de ponerse las gorras pero a las mujeres se tardó mucho en permitirles ponerse las blusas porque decía No sé quién le ayudó a papá a escoger las tallas, porque era bastante celosa. Papá se reía de los celos de mamá y de las rarezas de mamá, como una noche cuando mamá le arrebató el libro de las manos a papá en la cama mientras él leía y lo arrojó con toda su fuerza y los dientes apretados contra la pared para que papá dejara de leer y le hiciera caso a ella ahí a su lado y papá no dejaba de reír y se levantó de bata bien cerrada a recoger su libro y encontró la página en la que iba y siguió leyendo aunque temblara un poco de risa pero como si nada.

En cambio cuando mamá se fue de viaje sin papá una vez

sino con abuelita y no en avión lo que hizo papá fue que aprovechó para meterse al hospital a que le hicieran una operación que nunca supimos de qué fue y se estuvo ahí solo y sólo le avisó al mayor de los hombres de nosotros por si le pasaba algo pero lo que hizo fue que leyó en paz hasta que por fin el doctor le dijo Ya puedes irte a tu casa, y entonces papá volvió.

Los libros de papá tenían una etiqueta pegada adentro con un grabado y el nombre de papá y el de mamá aunque mamá no los leyera y aunque los de mamá que eran de recetas de cocina no tuvieran otra etiqueta con su nombre ni mucho menos con el de papá. El grabado era en blanco y negro y mostraba sobre una mesa vieja de madera chiquita un atril con un libro abierto como por la mitad y al lado un candelero tenebroso con una vela a punto de extinguirse.

Los libros de Mama Salima también tenían una etiqueta con su nombre pero la de ella era en colores y mostraba a un niño como pensativo sentado mirando desde la orilla hacia una isla con un castillo encima cuyas últimas torres se perdían entre las nubes. En su mesa de noche Mama Salima tenía además de Walden un libro sobre ópera aunque en su casa nunca oímos música ni vimos tocadiscos.

Papá y mamá son primos segundos pero no se parecen tanto, sólo en las costumbres de comida y otras cosas pero en muchas cosas no se parecen nada y más bien son bien diferentes, el uno del otro, como en lo de la religión, que papá no tiene. Y una vez que llegamos a casa de unos amigos de papá en Dallas, Texas, y a la hora de cenar el amigo de papá le pidió a uno de nosotros que diera las gracias a Dios por los alimentos y nuestro hermano no quiso o no pudo, mamá se enojó mucho y se avergonzó con los anfitriones de lo mal educados que estábamos sus hijos pero en cambio papá no se enojó porque a él le había parecido natural que nuestro hermano se negara. En eso eran diferentes, papá y mamá, y esto a veces hacía que nuestras almas se separaran cada una en dos partes no tan iguales, pero la separación era momentánea y superficial, el alma volvía a unirse en un instante y no quedaba en ella huella de separación, al menos eso era lo que nos parecía a nosotros que en ese tiempo éramos, sí, de veras, felices.

Papá tenía lo que se llama el carácter firme y en cambio mamá no tanto. Nosotros sabíamos que si a papá le gustaban por ejemplo las galletas de almendra, le gustaban, pero ignorábamos con qué iba a salir mamá ante algo que le hubiera gustado una vez: era capaz de que esta vez no le gustara, uno nunca sabía aunque la conociéramos más mucho más que a papá y por eso decíamos pero sólo entre nosotros que en cambio el carácter de mamá era débil o frágil o inestable o volátil es decir mudable, inconstante o vario según casi cualquier diccionario pero no que importara en el fondo pero así era.

Y no es que le gustara hacer ciertas cosas pues a lo mejor no le gustaba pero las hacía y entonces parecía que le gustaba hacerlas porque con ella uno nunca sabía por su carácter volátil y en cambio con papá aunque uno no lo conociera sabía.

Una vez una amiga de mamá la convenció de algo que a lo mejor a mamá no le habría gustado hacer pero la cosa es que nos dijo Ya vengo, y se fue con su amiga y lo que sucedió fue horrible. Resulta que mamá se fue a pintar el pelo y quedó espantosa y nosotros sólo nos asustamos sobre todo porque nos acordamos de Blackie —nuestro perro al que habíamos pintado de blanco antes de que se muriera casi enseguida—, pero papá no se asustó sino que igual que cuando nosotros pintamos a Blackie se enojó mucho y Damn! exclamaba y apretaba los labios y los hacía para allá, Damn! exclamaba y hacía la cabeza para acá y nuestras almas se fueron separando en dos partes no tan iguales y esta vez creímos que así se quedarían, que se crearía un barranco entre cada parte y que no habría puente posible que lograra juntarlas nunca más pero no fue así, fueron puros miedos imaginarios de nuestra parte que, sin embargo, tenían lo suyo y se acumulaban y quién sabe qué resultados darían después.

Uno nunca sabía. Había muchas cosas que sucedían y luego dejaban de suceder pero uno nunca sabía si luego volverían a suceder y el suspenso le gustaba a papá según los libros de intriga que leía para descansar de los libros de historia y literatura y de los de política pero a nosotros no nos gustaba sino que más bien nos inquietaba y uno de nosotros incluso empezó a convertirse en sonámbulo por las pesadillas que tenía pues de pronto se sentaba en la cama con los ojos abiertos y azules y estiraba los brazos y decía Cuiden a mis hijos, como si fuera papá que se hubiera ido y de despedida nos dejara encargados con alguien. Está dormido decía mamá y nos pedía que no nos riéramos y que a la mañana siguiente no le recordáramos lo que había sucedido, pero nosotros temíamos pues pensábamos Qué tal si vuelve a suceder, pues la verdad es que uno nunca sabe.

Por ejemplo: antes, cuando éramos más chicos todavía y en vista de que en ese tiempo cabíamos todos amontonados entre cunas y camas y catres y suelo en un solo cuarto, papá y mamá recibían huéspedes en la casa aunque fueran a pasar incomodidades sobre todo por el baño. Y luego cuando a las mujeres de nosotros las mandaron a vivir con abuelitos, los papás de mamá, pues también recibían huéspedes en la casa papá y mamá a pesar de todo. Pero luego un buen día dijeron Ya basta, y a partir de entonces sólo recibían a Mama Salima aunque mamá sufriera un poco por la falta de espacio y quizás a uno que otro amigo de papá siempre que se tratara de un viejo amigo, como Jack, por ejemplo. Pero la verdad no era tanto que faltara espacio para los huéspedes, y tampoco que papá prefiriera que los huéspedes ocuparan los cuartos de su hotel, sino que todo se debió a la última huésped que recibieron y lo que sucedió con ella y ella se llamaba Rose y se apellidaba Dustt, polvo en inglés pero con doble te, porque con una no basta.

Rose Dustt era vecina más o menos cercana de Mama Salima en Saginaw y tenía una familia muy grande y una casa enorme y un esposo médico que había hecho su vida alrededor de la experiencia tenebrosa de su abuelo pues resulta que el abuelo del esposo médico de Rose Dustt también había sido médico y le había tocado la suerte tenebrosa de que una noche a media noche alguien llamara a su puerta y él como médico y como ser humano abriera a ver quién era y qué se ofrecía y se encontró con un hombre querido que le pidió ayuda médica y él, el abuelo del esposo médico de Rose Dustt, lo atendió como médico y como ser humano y sólo para enterarse después, ya que el herido había sanado y ya que él no sabía en dónde podía haberse metido, de que el peregrino al que le había abierto la puerta y dado la mano era nada menos que el asesino en fuga del Presidente Abraham Lincoln de los Estados Unidos y esto como es natural había causado conmoción.

Esa historia estaba muy bien porque por lo menos causaba entre nosotros como es natural intriga como en algunos de los libros que leía papá y era entretenido preguntarse si habría hecho bien o mal el abuelo del esposo médico de Rose Dustt o qué habría sentido al enterarse de a quién le había hecho el bien que había hecho pero todo tiene un límite en la vida y resulta que cada vez que viajaba Rose Dustt a México se hospedaba en casa y después de contar a papá y mamá los detalles que iba descubriendo o deduciendo su esposo respecto al caso de su abuelo les decía Traigo fotografías de

Mama Salima, y disponíamos una pantalla para que proyectara las transparencias y nos sentábamos en el suelo, sobre la alfombra sobre las duelas de la sala de la casa, a disponernos a ver las fotografías de Mama Salima que había traído Rose Dustt desde Saginaw para que las disfrutáramos y entonces sucedía lo que hizo que papá y mamá dijeran Ya basta, y nunca más casi volvieran a recibir huéspedes en casa.

Lo que sucedía era que Rose Dustt proyectaba trescientas sesenta y cuatro transparencias de su familia y, al final, una de Mama Salima sentada en una silla de jardín solita en el bosque y a nosotros no nos parecía justo y papá decía Damn! cuando Rose ya se hubiera metido en el cuarto de huéspedes a dormir, cuarto que mamá había preparado para la ocasión y en detrimento de nosotros que pasábamos la estancia de Rose Dustt en México con dobles y triples incomodidades, sobre todo a causa del baño.

Pero a Jack sí lo hospedábamos con gusto en casa porque era muy amigo de papá y la verdad era que si no hubiera sido por Rose Dustt papá siempre habría seguido hospedando en casa a sus verdaderos amigos aunque pasaran incomodidades por la falta de espacio.

Jack visitaba de vez en cuando a papá en México, era un viejo amigo suyo que se apellidaba Carpenter y que tenía la quijada como la de Popeye y que viajaba en coche con termo y linterna y binoculares y mapas y brújulas y herramientas y botiquín mientras que nosotros sólo con termo, pero nos caía bien, de lo más bien. Mamá nos contaba que Jack era amigo de papá de antes, y que precisamente con él se había ido a la guerra y que por eso tenían muchas cosas de qué hablar y no debíamos hacer ruido ni entrar a donde estuvieran a interrumpirlos porque se la pasaban recordando cosas de cuando habían estado en la guerra en la que habían pasado hambre y en la que, según sabíamos nosotros a escondidas por las fotografías del álbum que mamá guardaba bajo llave como un tesoro muy personal, habían usado alpargatas.

Bueno, a todo esto fue llegando el momento en que a nosotros nos empezó a dar cada vez más curiosidad saber todo eso de "antes" en la vida de papá porque ya nos habíamos cansado un poco de imaginar cosas de su vida y de que por andarlas contando más o menos con veracidad nos anduvieran suspendiendo del colegio a cada rato aunque por desgracia sólo de modo temporal. Papá nos caía muy bien, aunque se enojara y aunque no nos hablara y aunque sólo se la pasara leyendo o jugando bridge con sus amigos italianos y polacos o ajedrez con el cabrón del General que con su lenguaje se la pasaba desarmando la corrección del nuestro en nuestra infancia.

Llegó el momento en que empezamos a estar ávidos de información de papá y en una ocasión en que papá y mamá nos dijeron Nos vamos, les dijimos que nos parecía bien siempre que nos escribieran una carta por lo menos cada semana y mamá dijo Yo me encargaré de eso, y se fueron a Europa.

Se fueron a varios países, muchos, no importa de momento anotar cuáles, sólo sí decir que a España no, porque papá había dicho que a España Todavía no era el momento de ir. Así que fue desde Roma desde donde mamá empezó a cumplir la promesa de mantenernos informados y esa primera comunicación sí satisfizo un poco nuestra curiosidad y nuestra avidez de saber qué de papá.

Mamá nos contó que un día mientras tomaban ella y papá una copa en un café al aire libre en Roma ella había visto en la mesa de al lado a Greta Garbo y le había dicho a papá Mira es Greta Garbo, y papá había mirado y había dicho No puede ser, y aunque mamá insistiera papá dudaba y había terminado por consultar a otros turistas en otras mesas y aunque los otros asintieran y le aseguraran a papá que sí era Greta

Garbo papá decía No puede ser, porque su carácter era firme y mamá nos escribió que papá era un escéptico y que igual que Greta Garbo lo único que quería en el mundo era que lo dejaran en paz, en el caso de papá para poder leer en paz y recordar su vida de antes en paz aunque el antes fuera la guerra.

Muy bien. Papá quería leer y eso nos constaba, pero también hacía otras cosas y tampoco sólo jugar bridge o ajedrez o atender a sus huéspedes en el hotel o el hogar lejos del hogar.

A papá también le gustaba por ejemplo nadar y a nosotros nos gustaba cómo nadaba papá porque nadaba cuando el sol no hubiera salido o cuando ya se hubiera puesto para no quemarse, aunque cuando manejara en carretera doblara el brazo izquierdo sobre el marco de la puerta y se le quemara. Nadaba muy bien y a las mujeres de nosotros les daba hasta miedo que se alejara tanto con esas brazadas largas que daba y parejas como de experto y decían Se va a perder papá, y entonces desde la orilla se metían un dedo a la boca y se hacían las más niñas y le cantaban Querido papá te necesitamos, Querido papá te queremos, Querido papá te extrañamos para que volviera y cuando volvía le tendían ellas una toalla y él les decía Gracias nenas, en inglés y antes de meterse bajo techo en alguna terraza y ponerse a leer en paz ante las olas y el mar y la arena en la que nosotros enterrábamos el miedo de ver perderse a papá.

Papá era todo un hombre y las mujeres de nosotros que estaban medio enamoradas de los amigos extranjeros de papá decían que si entre ellos hubiera uno como el del retrato al óleo que mamá había pintado de memoria de papá por lo enamorada que estaba de él ellas de ése sería del que se enamoraran pues de papá no podía ser porque no podía ser.

Y las mujeres de nosotros aunque no estuvieran enamoradas de papá porque eso no podía ser sí sentían celos de una amiga determinada de papá que se llamaba Barbara sin acento y que vivía en Manhattan y de la que mamá no sentía celos porque decía Eso ya pasó.

Cada treintaiuno de diciembre a media fiesta casi siempre sonaba el teléfono en la casa y casi siempre era una llamada de larga distancia para papá desde Nueva York. Lo llamaba esta amiga suya que se llamaba Barbara sin acento y que tenía una voz ronca y mamá siempre decía Ya está alegre Barbara cuando contestaba y le pasaba el teléfono a papá. Alrededor de papá había globos y champán y sus amigos hablaban y bailaban y daban maromas en la sala mientras papá contestaba la llamada de su vieja amiga Barbara. Nosotros siempre oíamos a papá decirle más o menos las mismas cosas y estas cosas siempre tenían que ver con que él le prometía de veras que no se le iba a olvidar nunca nada de antes y con que él le juraba de veras que se acordaba y se acordaría siempre de todo lo de antes.

Mamá nos había contado que Barbara había sido una novia de papá cuando papá vivía en Manhattan y era joven y tenía muchas novias y no sólo una como cuando la tuvo a ella, mamá. Y nos contaba que Barbara había recorrido con él las librerías y las bibliotecas de Nueva York porque papá desde entonces lo que hacía era pasarse el tiempo leyendo y en ese tiempo le interesaba más eso que tener una familia como le interesó tenerla cuando la conoció a ella, pues ella, mamá, sí había sido especial.

Pero un treintaiuno de diciembre Barbara no llamó y hasta mamá se preocupó un poco y se preocupó más y papá también cuando al siguiente treintaiuno de diciembre y el siguiente tampoco llamó Barbara desde Manhattan. Y por eso cuando otro treintaiuno de diciembre sí sonó el teléfono a media noche a media fiesta en casa mamá corrió a contestar y se alegró de oír la voz ronca de Barbara y se entristeció cuando la oyó llorando del otro lado de la línea y llamó de prisa a papá que hablaba y hasta tartamudeaba con sus amigos y bebía champán con ellos y mamá le dijo Apúrate porque Barbara ya está alegre pero está mal porque la oigo mal, pero papá no volvió sino a prometerle a Barbara que no se olvidaría de nada de antes y a jurarle que siempre recordaría todo lo de antes y fue entonces cuando uno de nosotros descolgó la bocina de una extensión del teléfono y oyó cuando Barbara con la voz ronca que decía mamá que tenía porque Ya estaba alegre le dijo a papá que lo necesitaba y que lo quería y que lo extrañaba, cosa que así era y que comprendíamos pues también a nosotros nos sucedía exactamente lo mismo.

2. DE UN TAPETE PERSA AL OTRO LADO DE LA FRONTERA SUR DE LOS ESTADOS UNIDOS DE NORTEAMÉRICA

I was going to be the greatest writer! I didn't have a book published yet, but I was going to be a great writer. I wrote about theatre. What did I know about theatre? Nothing! But I wrote about everything and anything: chess, dancing, music!

EMILE JACOBS

Bueno, pero llegó la hora de que empezáramos a saber en qué consistía todo eso de la vida de antes de papá, cuando era joven y antes de que se casara con mamá y antes además de que se convirtiera en Soldado raso del Ejército de los Estados Unidos porque eso sí lo sabíamos y a partir de la boda también más o menos conocíamos la vida de papá. Decimos más o menos porque cuando fuimos creciendo y fuimos sabiendo más entre otras cosas porque papá nos empezó a platicar nos dimos cuenta de que lo que sabíamos era poco y no tan exacto y que la verdad de antes era parecida a lo que sabíamos y a lo que imaginábamos pero más completa, mucho más completa.

La mamá de papá o Mama Salima se apellidaba Shihan y todos coincidimos en que a todos nos hubiera gustado que ella nos cargara de chicos y nos apretara contra su pecho porque nos daba la impresión de ser acolchonado y tibio pero ella vivía en Saginaw, en los Estados Unidos, y nosotros en México, y la veíamos apenas cada seis meses y no había mucho tiempo en las visitas para que nos cargara y nos arrullara y si lo hizo nos quedó la sensación de que no lo hizo suficientemente pues pensamos en ella y nos hace falta. Pero hemos visto fotografías y nos consta que a papá sí lo cargó y lo arrulló y lo apretó contra su pecho tibio y acolchonado hasta casi asfixiarlo de tanto amor porque Mama Salima quería mucho a papá entre otras cosas porque papá fue su hijo menor y las mamás quieren mucho al hijo menor y se apegan a él y no lo sueltan y él tampoco las suelta aunque papá sí soltó a su mamá pero después. Mama Salima le cantaba canciones de cuna en árabe a papá y lo mecía en sus brazos y lo quería.

Mama Salima quería a papá y quería a tío Gustav y quería a tía Lou-ma desde entonces, a principios del siglo veinte, y eran su familia. Su esposo también era su familia pero nos hemos ido enterando de que las cosas entre ellos no marchaban de la mejor manera posible pues parece que Mama Salima nunca quiso mucho a su esposo, el papá de papá, y ésta puede ser una de las razones por las que sabemos tan poco de él, abuelito Rashid. Ya habíamos oído decir a papá una noche a medianoche que él era mal padre porque no había tenido padre del cual aprender a ser buen padre pero no sabíamos nada más. Papá se las había arreglado en la vida y en el mundo sin esa figura del padre que mamá decía ser tan importante.

Pobre abuelito Rashid. Cuando emigró a los Estados Unidos creemos que lleno de ilusiones empezó por tener que aceptar que en Ellis Island le cambiaran el nombre y nos parece que no le ha de haber parecido como no le parecería a nadie. Pero a Ellis Island entraban los emigrantes pobres y si querían pasar de ahí tenían que bajar la cabeza y aceptar o resignarse y es lo que hizo abuelito Rashid. Tuvo que dejar de llamarse Rashid Nahum.

Papá lo recuerda poco y lo malo es que Mama Salima no conservó o a lo mejor nunca tuvo ni siquiera una fotografía de abuelito Rashid aunque en ese tiempo ya existían las cámaras fotográficas y ya se había empezado a establecer la tradición de fotografiarse y de guardar cerca de uno las fotografías de la gente a la que uno iba queriendo y quería. Pero Mama Salima no guardó nada de abuelito Rashid ni siquiera una fotografía y de ahí que nosotros no tengamos de él una imagen en la cual pensar y perdernos. No sabemos si era más alto que Mama Salima que era alta ni más corpulento que ella cosa que ella sí era. A lo mejor abuelito Rashid era bajito y delgado aunque nosotros queremos imaginarlo grande y fuerte y de bigotes gruesos y pelo abundante y negro cuando pisó tierra americana en Ellis Island. De por aquí y de por allá hemos ido sabiendo que él le llevaba veinte años a Mama Salima y que ella se casó de catorce allá en las montañas de Hasrun. Sus familias los casaron porque ésa era la costumbre y si ella hubiera estado enamorada de él a lo mejor le habría hecho un retrato al óleo en el barco que los trajo con todo y muebles y hermanos y hermanas porque en ese tiempo el viaje debe de haber sido largo y Mama Salima debe de haber tenido muchas horas libres por delante. Pero si las tuvo las ocupó seguramente en leer pues parece que desde entonces leía y serían los últimos años del siglo diecinueve y al tocar Ellis Island ya venían casados y distanciados abuelito Rashid y Mama Salima, los papás de papá.

A nosotros ahora nos ha ido dando por imaginar a abuelito cuando regresó a su país de pelo blanco y con las mejillas hundidas, con bastón de mango de plata pero no para apoyarse en él sino sólo como una especie de arma y lo vemos alto, delgado, con los primeros botones de la camisa desabrochados y un saco suelto y gastado. Así lo vemos regresar a su país y de modo específico a su ciudad natal. O triste o enojado. A lo mejor él tenía en mente quedarse ahí sólo unos meses y luego regresar a América y volver a reunirse con Mama Salima y sus tres hijos pero no sabemos, y tampoco sabemos si creía que después de unos meses en que la gente lo llamara por su nombre él recuperaría algo que no era sólo fuerza y que entonces podría volver a hacer frente a su país adoptado y a su negocio y a su esposa y a sus hijos. A lo mejor esto es lo que él creía. Pero un día mientras estaba ahí creyendo esto o alguna otra cosa lo que sucedió fue que se murió y en consecuencia lo enterraron allá y de allá no volvió a América ni a su familia y su familia de América no asistió al entierro y a nadie le consta qué nombre pusieron en la lápida si Rashid Nahum o el que le pusieron en Ellis Island como requisito para que se quedara y para que les facilitara a los demás dirigirse a él y sentirlo familiar y cercano. Así que allá se quedó abuelito Rashid solo y triste completamente.

Parece que dos hermanos suyos también habían emigrado a América antes que abuelito o después de él o al mismo tiempo en el mismo barco pero comoquiera que haya sido parece que no se llevaban y de ahí que nunca se hayan reunido en América sino que más bien se hayan ido distanciando cada vez más hasta perderse si no olvidarse y la cosa es que a lo mejor nosotros tenemos tíos y primos y a lo mejor hasta sobrinos con los que nos hemos ido topando por el mundo sin saber que somos parientes y no sólo que nos parecemos y que un aire nos une y una atracción inexplicable. Mamá nos ha contado que esos tíos de papá se fueron a la ciudad de Grand Rapids pero en todos los viajes que hicimos con papá en el Cadillac a los Estados Unidos evitamos la ciudad de Grand Rapids aunque hubiera servido de atajo y no tenemos una imagen de ella como no tenemos ninguna de abuelito Rashid.

Lo único cierto es que cuando abuelito Rashid se fue y no volvió, y si escribió cartas en árabe nadie las conservó, papá sólo tenía a lo mucho siete años y no recuerda nada o no nos ha contado qué recuerda de lo que puede ser que recordara si quisiera. Y lo único cierto es que estos datos indocumentados son lo único que verdaderamente sabemos de estos primeros años de la vida de papá.

Vivían en Manhattan y ahí había nacido papá el veinte de diciembre de 1909 en la esquina de las calles Rector y Washington. De ahí partió abuelito y ahí es a donde no volvió, no tenemos muy claro si el edificio era alto y en qué piso estaba instalada la familia.

Al quedarse viuda Mama Salima por alguna razón decidió mudarse al estado de Michigan a la ciudad de Flint con todo y el negocio de tapetes persas que abuelito Rashid había montado al emigrar. Tapetes y objetos de por allá, hemos oído que en un tiempo hasta lámparas y mesas y suponemos que cojines y espejos y narguiles era lo que importaba abuelito de Líbano para vender en los Estados Unidos y Mama Salima retomó el negocio al enviudar y un día decidió mudarlo junto con la familia a otro lugar y se fueron. A lo mejor para entonces Mama Salima ya había leído Walden y Walden ya era para entonces su libro de cabecera y le habrá parecido que el Estado de los lagos se acercaba más a Nueva Inglaterra y el mundo de Thoreau que una ciudad de edificios altos y calles estrechas y oscuras sin árboles y sin sol como Manhattan.

La mudanza fue en tren y la llegada a Flint ha de haber causado cierta tranquilidad y calma a la familia.

Sabemos que Mama Salima era de familia maronita y suponemos que adoptó la religión católica porque en Flint no habrá habido suficientes libaneses maronitas como para seguir la tradición de ese rito en la religión y desde entonces empezó a enredarse un rosario entre los dedos y el volante de su viejo Chevrolet y chocar por el carril derecho de las carreteras de vez en cuando mientras rezaba. Mama Salima les cantó canciones de cuna en árabe a sus tres hijos aunque a abuelito Rashid a lo mejor casi no le dirigiera la palabra pero a papá y a tío Gustav y a tía Lou-ma también les habló en árabe y el árabe fue entonces para papá y sus hermanos su lengua materna.

Y luego papá entró al colegio detrás de sus hermanos mayores y los tres se fueron desenvolviendo en inglés y convirtiéndose en americanos. Papá fue a la Parochial School a la que iba tío Gustav pero no tía Lou-ma y ahí aprendió a ser acólito y ayudar en la misa como imaginamos que le tocó hacer antes que a él a su hermano mayor.

Pero la verdadera vida de papá empezó los sábados cuando de niño se convirtió en americano y por las mañanas repartía periódico en bicicleta entre sus vecinos y por las tardes con el dinero que ganaba compraba libros desde entonces. Paper boy!, se anunciaba así papá y le abrían y entregaba la prensa.

Lo vemos natural en él, era natural que él fuera o hubiera sido un niño lector y lo vemos tirado bocabajo sobre un tapete persa con el pelo del tapete haciéndole cosquillas en los muslos aunque no lo hiciera reír y con las piernas dobladas en escuadra y de vez en cuando deja caer una pierna y la punta de un pie toca o roza alguna figura de flores en el tapete y tiene la cara entre las manos y las manos están apoyadas en los codos y papá está sumido en la lectura de un libro de los libros que iba comprando los sábados por la tarde después de repartir el periódico como hacían otros niños americanos como él.

Papá compraba los libros en la farmacia de la esquina pero apenas cumplió la edad adecuada o los requisitos solicitados lo que hizo fue que sacó una credencial de la biblioteca local y empezó a familiarizarse con las bibliotecas y sacar libros de ahí o leerlos ahí, ante una mesa, aunque los pies le colgaran sobre el piso y aunque él prefiriera leer en su casa, bocabajo sobre un tapete mientras Mama Salima cocinaba o fumaba ante la chimenea encendida sin pensar en nadie ni extrañar a nadie.

Y como es natural un libro llevó a papá a otro y un autor a otro y papá iba creciendo y de paso iba leyendo más y dejaba atrás la literatura infantil, y leía otras cosas que le iban llamando la atención hasta que antes de cumplir quince años de edad dio con Bernard Shaw y desde los primeros momentos de su adolescencia se aficionó a él y a sus ideas socialistas y por esto y por aquello hasta empezó desde entonces a soñar con ir un día a Moscú desde donde él vivía, que era Flint, Michigan, el Estado de los lagos.

Para empezar un día dejó de ayudar en la misa y de asistir a misa los domingos aunque Mama Salima y tío Gustav y tía Lou-ma se asustaran y desde entonces pensaran que papá no era como ellos aunque lo siguieran queriendo. Papá seguía repartiendo periódicos pero empezó a conseguir empleos mejor pagados para comprar más libros y leerlos tirado sobre el tapete.

Para entonces Mama Salima había dejado de trabajar y

fueron tío Gustav y papá los que empezaron a mantener y sostener a la familia con empleos de medio tiempo mientras seguían yendo al colegio y estudiando y formándose como jóvenes americanos hijos de emigrantes en los Estados Unidos.

Mama Salima había cerrado el negocio y se dedicaba a leer y a fumar y además escribía en el periódico en árabe sobre lo que leía y lo que pensaba y se encerraba a cocinar y a hacerse la ilusión de que vivía en una choza de madera a la orilla de un lago o salía a caminar entre las tumbas del cementerio local o tomaba su Chevrolet viejo y manejaba despacio por la carretera para ir a comprar la verdura y la fruta y la leche en una de las granjas de una de sus amigas que vivían en los alrededores y que a eso se dedicaban.

El tiempo pasaba y papá crecía.

Entró al Flint Junior College a seguir los estudios pero a la vez vendía espinacas al por mayor y reparaba las líneas de los teléfonos encaramado sobre los postes alineados a lo largo de las calles principales de Flint según órdenes e indicaciones que le iban dando sus jefes próximos desde la acera y que pertenecían a la compañía Michigan Bell local. Si papá trabajaba horas extra le pagaban un poco más y podía comprar más libros y en ese tiempo no pensaba en que podía caerse de uno de los postes o que si tocaba un alambre pelado hasta podía electrocutarse, porque era joven y se sentía feliz y debía mantenerse y sostener a la familia y comprar libros para leerlos.

Pero en eso el tío Gustav decidió inscribirse en la universidad a estudiar Medicina y fue cuando le pasó a papá su trabajo en la compañía Standard Oil y fue cuando de los cables de las líneas de teléfonos papá pasó a las mangueras de gasolina, a lavar el parabrisas de los coches de sus clientes en la gasolinera de alguna esquina de la ciudad, a revisar el aire de las llantas, a poner aceite y agua por unos dólares más, por las tardes y los fines de semana mientras no estuviera asistiendo a clases en el Flint Junior College y mientras no estuviera haciendo lo que de verdad le gustaba hacer y que era como siguió siendo y es leer.

Es seguro que entonces no fuera sólo aficionado al beisbol sino que jugara con sus vecinos o con sus compañeros del Flint Junior College o con los que trabajaban con él en la gasolinera que es probable que fueran todos los mismos y que se reunieran a unas horas en un lugar y a otras en otro en la cancha, en la farmacia, afuera del cine, con una cerveza en la mano sobre los asientos del coche descapotado de alguno de los jóvenes amigos de papá con quienes papá hacía planes de diferentes tipos pues a unos de sus amigos podía hablarles de unas cosas y a otros tenía que hablarles sólo de otras y es probable que con ninguno pudiera hablar de las ideas socialistas que había leído en los libros de Bernard Shaw y que él compartía, de modo que él y sus amigos hacían planes de los cuales unos parecían cercanos y posibles y otros sueños inalcanzables como el de ir a Moscú por ejemplo en el caso de papá.

La vida diaria de la ciudad de Flint alrededor de 1930 era más o menos así, pero en cuanto a papá para él la vida estaba en los libros que sacaba de la biblioteca y que leía tirado en su cama toda la noche y hasta el amanecer y esta vida era la historia y la literatura.

Y un buen día papá se decidió y se fue a Nueva York a estudiar periodismo en la universidad para lo cual tuvo que dejar Flint atrás y a Mama Salima y a tío Gustav y a tía Lou-ma atrás con sus vidas y sus cosas para él buscar y encontrar la suya allá adelante y fuera de los libros que leía pero basada un poco en ellos porque ellos ya eran la vida interior de papá.

Al irse a Nueva York en realidad estaba regresando a donde había nacido y en la universidad se fue haciendo de amigos que habrían sido sus amigos desde antes si Mama Salima en lugar de levantar la tienda y mudarse a Flint se hubiera quedado con sus hijos y como abuelito Rashid a lo mejor imaginó que haría ahí, a donde llegaron al emigrar, que era la ciudad de Manhattan. Con sus nuevos amigos que podían ser viejos amigos papá empezó a recorrer además del Central Park las librerías de viejo de la Calle Cuatro. Se instaló en un cuarto de azotea y luego en otro y uno y otro lo compartía con algún camarada y siempre procuraban que los cuartos en que vivían estuvieran en los alrededores de Washington Square porque por ahí estaba la vida o también por ahí rondaba la vida al menos de la gente como ellos o como la que ellos querían ser que eran los escritores y los pintores y los músicos y los actores del momento y con los cuales papá y sus amigos se reunían en los cafés a conversar y a pasar el tiempo.

El tiempo pasaba.

Una noche un amigo invitó a papá a casa de su amigo Waldo Frank en Cape Cod en donde había una fiesta y papá en ese tiempo era un poco fiestero y le dijo a su amigo Sí voy, y sí fue y fueron. Waldo Frank ya era para entonces un escritor conocido y papá había leído sus libros y los admiraba y estar en su casa le pareció un honor y papá se lo dijo porque en ese tiempo no le daba tanto por el silencio sino que conversaba y hablaba aun sin tomarse unas copas antes para animarse y despreocuparse. Papá estaba contento esa noche por muchas razones pero también un poco desorientado porque en esos días ya había abandonado la carrera de periodismo y bien a bien no sabía bien a bien qué hacer con sus ideas que partían de las ideas socialistas que leyó por primera vez en los libros de Bernard Shaw y no sabía tampoco qué hacer bien a bien con su tiempo, además de visitar librerías y bibliotecas y bancas del parque o del café en donde pudiera sentarse a leer en paz.

Entre los invitados a la fiesta de Waldo Frank había un joven como papá con quien por esto y por aquello fue trabando conversación hasta que su nuevo amigo le fue contando a papá que estaba por sacar una revista en Nueva York que ya hasta nombre tenía y éste era The Monthly Review y a papá le interesaba el tema y la revista y como en ese tiempo hablaba se lo decía a su amigo y su amigo de pronto le dijo Por qué no escribes para la revista, y entre una cosa y otra fueron conviniendo en que papá incluso podía ser un corresponsal de la revista y que a donde podía irse para desde ahí enviar sus colaboraciones que ahí escribiría sería o podía ser por ejemplo Moscú. Las piezas embonaban y los sueños y las ideas de papá se materializaban de modo que dijo Sí claro, porque aceptó sin vacilaciones y se dieron la mano y los dos dijeron It's a deal, porque ahí, en casa de Waldo Frank, se cerró el trato.

Pero papá era muy joven y no era muy formal y en vez de brindar con su nuevo jefe lo que hizo fue subirse a un árbol del jardín de la casa de Waldo Frank como si hubiera sido un poste de teléfonos de la Michigan Bell y alguien le hubiera dicho desde la acera Súbete y arregla los cables. Alrededor estaban los amigos del anfitrión que eran los colaboradores de The New Yorker y gente así y entre ellos también estaba Mae West y papá los veía desde una rama y no sabemos qué pensaba porque a lo mejor no pensaba nada sino que sólo quería estar contento y despreocupado y estaba feliz cuando vio que los demás allá abajo empezaban a dirigirse al comedor porque era la hora de cenar y a papá allá arriba le dio hambre y como era joven era impulsivo y en vez de bajarse del árbol como un invitado formal se dejó caer y sí, se cayó del árbol en plena noche de Cape Cod.

La cena consistió en almejas al vapor que a papá no le supieron a nada pero la reunión siguió su curso y en un momento dado papá y el director de la revista The Monthly Review pidieron a Waldo Frank una carta de recomendación para que papá obtuviera visa y pudiera irse cuanto antes a Moscú en donde Waldo Frank ya había estado.

En ese tiempo el Embajador de la Unión Soviética en los Estados Unidos era Constantin Umansky y fue a través de él como papá consiguió la visa en el otoño de 1934 que fue cuando papá quitó su departamento en West End y la Calle 85 y repartió y dejó encargadas sus pertenencias que eran casi sólo libros entre sus amigos y empacó y se embarcó y en esta ocasión lo que dejó atrás fue nuevamente Manhattan, y ni Umansky ni papá sabían en ese momento que un día volverían a coincidir en dos países lo que por lo pronto no imaginaban y por lo pronto lo que hizo papá fue que se fue a Moscú.

El otoño de 1934 no era el mejor momento para llegar a Moscú pero lo fue para papá porque fue cuando llegó aunque de entrada tuvo que vivir errante y pasar incomodidades pues compartía cuartos con amigos que iba haciendo en departamentos ocupados por familias grandes. Papá llegó a Moscú sin pertenencias pero poco a poco se fue haciendo de ellas y ellas empezaron a consistir y consistieron casi en su totalidad en libros. En Moscú papá compró muchos libros de literatura y de historia y biografías y los libros de arte más bellos que compraría en su vida, y éstos eran libros grandes, con láminas a todo color y con texto en dos y tres y cuatro lenguas. Y en Moscú papá empezó a escribir.

Asistía al teatro, al cine, al ballet y escribía sobre lo que veía y sobre los libros que leía y la gente que iba conociendo y los juegos que veía jugar y que en ese tiempo no jugaba como el ajedrez sobre el que escribió aun sin saber bien a bien de qué estaba hablando. Sus amigos eran amigos de Eisenstein y su novia de ese tiempo era sobrina de Eisenstein y se llamaba Zenaida y Zenaida un día llevó a papá a conocer a su tío y papá lo conoció ese día y lo vio ese día y otros días. Y un día papá se animó y le pidió una entrevista al tío de Zenaida Eisenstein pero él no se la concedió y papá no lo tomó a mal porque en ese tiempo todo se permitía porque era el tiempo en el que estaba aprendiendo y esto era aprendizaje. Zenaida le regaló a papá un dibujo hecho a lápiz por ella y que muestra a un hombre desnudo, de espaldas, sentado en lo alto de una montaña y como señalando el horizonte y al que puso por título El precursor y que papá conservó.

Pero Zenaida no era la única amiga de papá en Moscú. Gerry el polaco y que se apellidaba Silverstein también era su amigo y con él viajó por la Unión Soviética y fueron entre esto y aquello a Leningrado y a Bakú principalmente y se llevaban bien y Gerry igual que tío Gustav estudiaba medicina y además era polígloto pues hablaba y leía y escribía cinco o seis idiomas y papá lo admiraba y después, mucho después, como prueba de cuánto admiraba y quería a Gerry a uno de nosotros le puso ese nombre en su honor para recordarlo y no olvidarlo y tenerlo presente de la mañana a la noche todos los días de su vida de después.

Moscú fue la universidad de papá.

En Moscú se encontró con la cultura y con el arte y con la historia y hay tantas cosas que hizo ahí por primera vez que a veces nos parece que ahí nació y ahí se educó y ahí se hizo hombre y en cierto sentido fue así y no es así sólo porque nosotros así lo veamos.

En Moscú una noche papá oyó su primera ópera y ésta fue Carmen. Papá no es nada musical y a pesar de que Mama Salima sobre su mesa de noche tuviera un libro sobre ópera en la casa de papá nunca se oyó música propiamente y sin embargo papá recuerda que agradeció que su primera ópera hubiera sido la que fue, Carmen, pues le gustó mucho y a lo mejor hizo su parte de precursora en lo que seguiría de la vida de papá pero por lo pronto le dio tanta emoción estética que él pudo escribir un artículo elogioso con sinceridad y esto lo agradece. Y aun cuando de teatro tampoco supiera gran cosa y aun cuando a pesar de que no supiera gran cosa escribiera sobre el teatro que veía, en Moscú vio una obra que lo impresionó tan fuertemente como la primera ópera que oyó y que tampoco olvida. El escenario estaba rodeado por el auditorio y esto en ese tiempo era original y en todo caso impactó a papá y lo recuerda también con placer estético. Entre el público estaba el autor y cuando se puso de pie impactó a papá porque era excepcionalmente alto y joven pero no excepcionalmente joven. Se llamaba Ohlohpkov.

El tiempo pasaba y papá vivía en Moscú y desde ahí enviaba sus colaboraciones a The Monthly Review en Nueva York que nunca le enviaba ningún pago. Mientras tanto, papá entregaba las mismas colaboraciones al diario Moscow Daily News que las iba publicando en inglés una por una y a la revista International Review que publicaba extractos de ellas en inglés y en francés y estas dos publicaciones son las que le dieron el gusto a papá por primera vez de ver su nombre en letra impresa y lo veía dos y tres veces a la semana y de eso vivía y luego supo que una revista polaca tomaba del Moscow Daily News los artículos de papá y también se los publicaba sólo que en Varsovia y en polaco y allá fue a donde fue a dar el artículo más largo que escribió papá en su estancia en Moscú y que trataba del tren subterráneo de Moscú y en Polonia lo destacaron y lo publicaron a dos páginas con fotografías y por esto y por aquello a papá le enviaron un sobre y la paga fue el doble de lo que había recibido por el mismo artículo en Moscú y Gerry y él lo celebraron con vodka aunque no sabemos si también con caviar ni si del rojo o del negro.

Pero no era el mejor tiempo para vivir en Moscú.

El gusto que papá sentía al ver su nombre impreso en el Moscow Daily News disminuyó cuando las autoridades quitaron al director del diario y en su lugar nombraron a Borodin. Pero para entender esto hay que conocer las circunstancias y éstas consistían en que Borodin había regresado en desgracia a Moscú después de una misión con Chiang Kai-Chek quien, en respuesta, lo había expulsado del país y esto hacía que el nombramiento de Borodin equivaliera a un castigo y esto de paso ponía al descubierto en qué concepto se tenía al Moscow Daily News en donde papá escribía y esto sin tomar en cuenta porque no viene al caso más que en nuestros recuerdos personales que unos cuantos años después un general correligionario de Chiang Kai-Chek y papá jugarían ante la misma mesa de bridge en un país en el que los dos coincidirían sin que de momento pudieran siquiera imaginarlo y aunque a papá por razones dobles y hasta triples esa nueva presencia de Chiang Kai-Chek a través de uno de sus hombres le desagradara.

Y tampoco era el mejor tiempo para vivir en Moscú pues por esos días había tenido lugar el asesinato de Kirov el colaborador de Stalin y la situación de los extranjeros en la Unión Soviética era de mucho control por parte de las autoridades y papá era extranjero y aunque estuviera feliz estaba siendo controlado de una forma o de otra como por ejemplo porque algunos de sus amigos empezaron a preferir no ser vistos con un extranjero y de ahí que tuvieran que dejar de alojar a papá en sus cuartos o de compartir con él un departamento y papá lo comprendía pero no quería irse porque estaba feliz.

Pero un buen día habían pasado nueve meses y la visa de papá había expirado y como persistía en seguir ahí a pesar de esto y de lo otro durante un mes vivió ilegalmente en Moscú mientras trataba de renovar su permiso y trataba de quedarse ahí todavía un tiempo más.

Casualmente Umansky había regresado a Moscú ahora en calidad de Director de Prensa Extranjera y papá fue a verlo pero Umansky ni siquiera lo recibió y a lo mejor ni siquiera recordaba a Waldo Frank y mucho menos que papá fuera un recomendado suyo y por lo tanto de confianza al grado de que él mismo a través del cónsul le había concedido la visa desde los Estados Unidos cuando había sido Embajador. Si fallaba esta posibilidad papá estaba dispuesto a buscar otra y oía cuanto le sugerían y alguien le sugirió que escribiera directamente a Stalin y papá era joven y era impulsivo y dijo Por qué no, y le escribió y le solicitó que interviniera, a pesar del momento y a pesar de la historia, en favor de papá para que papá pudiera seguir su sueño de vivir en Moscú. Alguien le había dicho a papá Si no te resuelve el problema por lo menos te contesta la carta, pero a pesar de esto Stalin tampoco le contestó la carta a papá y mucho menos le concedió una extensión de su permiso de estancia ahí en la vida. Y entonces papá no se desanimó porque era joven y porque estaba contento y trató de buscar la solución en el Moscow Daily News a pesar de todo pero principalmente porque al fin y al cabo ahí colaboraba y le iba bien y entonces fue cuando fue a ver directamente a Borodin a pesar de todo. Pero Borodin le dijo No está en mis manos hacer nada para que te renueven la visa, pero le dijo que en cambio sí le podía decir a papá que siguiera escribiendo y que no dejara de entregar sus colaboraciones a pesar de todo y se lo dijo porque a pesar de que fuera el Director y de que hubiera caído en desgracia y a pesar de que papá fuera extranjero los dos se caían bien y papá no tomó a mal que su jefe no pudiera ayudarlo y en cambio lo recuerda como alguien que intentó ayudarlo a pesar también de que usara bastón y de que le hubiera ido tan mal con Chiang Kai-Chek.

Papá daba vueltas y el tiempo pasaba y se acercaba el verano de 1935 y el mundo daba vueltas y en el mundo sucedían muchas cosas y papá a pesar de todo estaba contento y que-

ría seguir en Moscú aunque su tiempo ahí ya estuviera venci-
do y él estuviera viviendo ahí casi de modo clandestino de
cuarto en cuarto a los veinticinco años de edad y con una
barba que le rodeaba los labios y que le cubría el mentón y
que era negra y tupida y rizada y que no tiene en el retrato al
óleo que le hizo mamá de memoria y que nosotros vimos colgado en la recámara de papá y mamá a lo largo de toda nuestra infancia.

Unos días antes de que se cumplieran diez meses de papá
en la Unión Soviética una noche asistió a una fiesta y como en
ese tiempo era un poco fiestero incluso bailaba y estaba bailando cuando se le acercó a media pista un hombre alto y
fuerte que resultó ser Paul Robeson y entonces papá le dijo
cuánto lo admiraba porque en ese tiempo papá sí hablaba y
Robeson entonces por su parte elogió la barba de papá y la
cosa es que los dos americanos trabaron conversación a media pista de baile una noche en Moscú y papá le contó en qué
andaba en cuanto a su visa expirada y Robeson lo tomó bien
y le sugirió no solicitarla como periodista porque eso traía
problemas sino como maestro de baile porque según Robeson papá bailaba bien y los dos se rieron y no volvieron a encontrarse ni ahí ni en ningún sitio nunca más.

En medio de todo esto llegó el momento en que papá empezó a repartir sus pertenencias que eran puros libros y a hacer su maleta que se echó al hombro casi vacía. A sus amigos
de Moscú les iba diciendo Te encargo esto y Te encargo lo
otro, porque él tenía en mente regresar y no pensaba deshacerse de nada pues quería todo lo que había ido acumulando
en Moscú aunque todo consistiera casi exclusivamente en libros. En la estación de tren al salir tuvo que pagar una multa
de cien rublos por la visa expirada y como papá aseguró a las
autoridades que regresaría las autoridades le aseguraron a él
que en ese caso la próxima vez la multa ascendería a mil y

papá se rió porque estaba feliz aunque estuviera triste porque había llegado el momento de irse y dejar Moscú atrás. En su pequeña maleta no llevaba casi nada y lo único que llevaba era el dibujo de El precursor que le había regalado Zenaida y una caja de dulces típicos de ahí que le había regalado también Zenaida y que papá, aunque fuera a tener deseos de comérselos, pensaba mejor guardarlos como recuerdo aunque se hicieran duros y viejos y perdieran su color aunque poco a poco. Y en el bolsillo de su saco llevaba un par de fotografías suyas que se había tenido que hacer tomar ahí para cumplir con los requisitos de la salida.

Era el verano de 1935 y papá sabía y sentía que algo se estaba apoderando de Europa y si había tenido que dejar Moscú atrás ahora quería ir a ver por sí mismo qué era lo que estaba sucediendo en el mundo pues eso también era aprendizaje y también era vivir aunque su vida se hubiera tenido que quedar atrás en Moscú que era en donde de cierto modo había nacido papá.

En el tren de salida de Moscú y de salida larga de la Unión Soviética y rumbo al resto del mundo de por allá a papá le tocó de casualidad y buena fortuna estar en el mismo compartimiento que Arthur Rubinstein. Rubinstein acababa de hacer una gira de conciertos por la extensa Unión Soviética y ahora dejaba eso atrás y se encaminaba hacia Inglaterra según fue contando a papá porque Rubinstein era platicador y papá lo escuchaba y en ese tiempo papá también era algo platicador y entonces él a su vez fue contando cosas a Rubinstein que en ese tiempo sonreía y escuchaba y se interesaba y los dos trabaron conversación en el mismo compartimiento del tren cara a cara o uno al lado del otro mientras el paisaje ruso pasaba por la ventana y se iba quedando poco a poco atrás. ¿Y qué hiciste tú en Moscú? preguntó Rubinstein a papá y papá le fue contando y habló y habló y a lo mejor incluso tartamudeó un poco de tanto que tenía que contar porque quería y seguía contento de haber vivido en Moscú y de haber aprendido tanto y de haber también empezado a escribir y Rubinstein sonreía y lo escuchaba y aunque papá poco a poco empezó a sentir que lo mejor sería que se fuera callando para mejor tener qué recordar de lo que Rubinstein pudiera irle contando a él, siguió hablando y luego empezó a pensar que Rubinstein querría zafarse de él porque el viaje era largo y a lo mejor quería mejor sólo ver el paisaje del país que iba dejando atrás y mejor dejar de escuchar las ensoñaciones de un joven idealista americano que no paraba de hablar. En un momento dado tuvieron que cambiar de tren en alguna estación para seguir viaje rumbo a Europa y papá buscaba compartimiento cuando lo alcanzó Rubinstein y le dijo que se sentaran juntos para seguir conversando y papá se sintió doblemente feliz y Sí le dijo Claro y Encantado y de este modo llegaron juntos a Varsovia que fue en donde papá se quedó y en donde se despidió de Rubinstein con quien no se volvería a encontrar pero con quien por fortuna ya se había encontrado y desde el andén vio la sonrisa de su amigo dirigida a él por última vez en la vida y papá se fue a casa de su amigo Gerry el polaco que lo había invitado y que ahí lo estaba esperando y que todavía no se cambiaba el apellido Silverstein para protegerse porque todavía no era necesario. Papá se quedó un mes en Varsovia en la casa de los padres de su amigo y de ahí se fue a Berlín a ver por sí mismo qué estaba sucediendo en Alemania y en el mundo y lo que vio fue a los nazis tomando las calles con sus Tropas de Asalto y llenando la ciudad y el país de su presencia y poco a poco a toda Europa y el mundo del significado de sus intenciones que horrorizaban a papá y lo entristecían. Y de ahí se fue a Francia y de ahí se fue a Inglaterra y Francia y también Inglaterra le parecieron países dormidos que todavía no se daban cuenta de lo que se estaba formando a su alrededor y de ahí que todavía no se hubieran horrorizado. Y de ahí papá subió a Finlandia y de Finlandia por fin empezó el regreso a casa.

Eran los últimos días de 1935 y papá llevaba fuera de Estados Unidos más de un año y regresar y reajustarse seguramente le fue difícil con todo lo que traía adentro y con todo lo que había dejado atrás y con todo lo que sabía que estaba sucediendo en el mundo y que intentaba apoderarse de él y que a papá lo horrorizaba y lo entristecía.

Al llegar a Nueva York de entrada tuvo una que otra decepción pero sobre todo dos que también lo horrorizaron a su manera y lo entristecieron porque era joven y muchas cosas todavía le importaban mucho. Una de las decepciones consistió en que las autoridades de su país le preguntaron Qué traes en tu maleta, y papá se la bajó del hombro y la abrió y les dijo Nada pero vean, y ellos vieron y encontraron una caja de dulces soviéticos y entonces le dijeron a papá ¿Y esto?, y se la quitaron de modo que papá perdió ahí mismo en la aduana de Manhattan el recuerdo de Zenaida que podía haberse mejor ido comiendo en el camino poco a poco. Y la otra decepción consistió en que papá averiguó y se enteró de que la revista The Monthly Review no nada más todavía no empezaba a salir sino que nunca había salido y por supuesto nunca había publicado una sola de las colaboraciones que papá había escrito en Moscú y que desde ahí había enviado con el fin de que se las publicaran en su país y en su ciudad natal que era Manhattan. Ahí y entonces papá lamentó no haber conservado ejemplares de las publicaciones soviéticas en las que sí lo habían publicado pero era tarde para lamentarse y lo único cierto es que se quedó con las manos vacías.

Esto sin contar con que al ir averiguando y buscando se había ido enterando de que de las pertenencias que había dejado repartidas y encargadas entre sus amigos tampoco quedaba nada y papá lo lamentaba aunque sólo fueran libros lo que hubiera perdido.

Entre esto y lo otro el nuevo tiempo empezó a pasar y papá leía y se entretenía en Manhattan. Fue entonces cuando se hizo amigo de su amigo Ed —Ed Lending— o quizás ya eran amigos desde antes pero la cosa es que en esos días una mañana se encontraron y fueron a jugar tenis en Central Park y cuando terminaron de jugar uno de los dos invitó al otro a desayunar huevos fritos con tocino pero el invitado declinó y entonces lo que hicieron fue que siguieron caminando y conversando y de pronto sucedió que Ed invitó a papá a formar parte de un grupo del que él formaba parte y que se trataba de una sección del Partido Comunista y papá dijo Sí, y se unió y empezó a asistir con su amigo Ed a las reuniones, y con Ed y algunos otros camaradas una noche papá se subió supuestamente a despedir a alguien a un barco anclado en la bahía de Nueva York y entre todos quemaron la bandera del barco y ésta era una bandera nazi.

El barco se llamaba algo así como Bremen y papá recuerda que al primer disparo de uno que se hacía pasar por camarero detrás de su uniforme y que en realidad después se supo que era un detective que bien que supo en qué andaban papá y sus amigos y por eso disparó cuando uno de ellos tocó la bandera y que fue al que apuntó, papá como era joven y también impulsivo lo que hizo fue de un salto arrebatarle al detective disfrazado el arma que colgaba de su mano y arrojarla de un solo movimiento al mar oscuro para, cumplidas sus misiones previstas e imprevistas y al tiempo que la policía llegaba, huir a toda prisa de ahí con sus amigos y ya a salvo darse cuenta de que en su puño tenía sangre y sí, todavía sangraba. Él lo recuerda lo recuerden otros o no.

Sin embargo el propósito de las reuniones de la sección del Partido Comunista al que papá y Ed se habían unido era organizarse para ir a luchar a España y se fueron organizando y entonces se constituyó la Brigada Lincoln y papá formó parte de ella desde el principio junto con Ed y también Jack, Jack Carpenter, con su quijada de Popeye desde entonces, y Dell, otro amigo de papá que les llevaba diez años a los demás y era alto y delgado, y otros, muchos otros camaradas que ya eran o que se volvieron o que se fueron volviendo amigos de papá y él de ellos y todos de todos.

La Brigada Lincoln se uniría a las Brigadas Internacionales que apoyaban a la República española en contra de la insurrección de un militar traidor.

Para entonces papá y Ed compartían un cuarto de azotea y estaban juntos todo el tiempo y hablaban mucho del Partido y de lo que el Partido les proponía y hablaban de lo mismo con sus camaradas ahí en la azotea y a veces llegaba Alvah Bessie y de eso hablaban y a papá Alvah le caía bien aunque a Ed no tanto.

La sección del Partido Comunista a la que papá pertenecía iba enviando a los voluntarios en grupos de cinco por barco de Nueva York a Francia y a papá le tocó una vez más quitar su departamento para embarcarse ahora casi a finales de 1936 junto con otros camaradas entre los que iba un Capitán del Ejército de los Estados Unidos de nombre Merriment y que, de ese grupo, era el único que contaba con experiencia militar y en el trayecto les fue comunicando algo de lo que sabía y todos los demás a su alrededor lo escuchaban y trataban de aprender para no llegar a su misión sin saber nada. Y otro de los voluntarios que hicieron el trayecto de Nueva York a Francia en el mismo barco que papá era un mexicano que a su vez les fue contando a sus compañeros de viaje a cuántos fascistas iba a eliminar él solo porque después de todo para eso estaba ahí y para eso estaba en lo que estaba.

Sin embargo cuando llegaron a Sète en Francia no les permitían bajar del barco pues el cónsul norteamericano que los recibió les dijo que el propósito de su viaje era ilegal y él lo sabía y por eso estaba ahí y lo que hizo fue que les ofreció pagarles el pasaje de regreso a casa pero ninguno de los voluntarios aceptó y finalmente desembarcaron aunque sólo para que las autoridades francesas los detuvieran y los encarcelaran. Resulta que a medida que iban saliendo grupos de voluntarios de los Estados Unidos el New York Times iba publicando listas de los nombres de los ciudadanos norteamericanos que se embarcaban rumbo a España como miembros de la Brigada Lincoln de modo que se sabía quiénes iban y a qué iban los que iban y el nombre de papá apareció en una de las listas y el nombre de sus amigos y las autoridades querían detener esto y por lo pronto a papá y al Capitán Merriment y al mexicano y a los otros que llegaron a Sète los detuvieron y los encarcelaron.

Los soltaron algunos meses después.

Para entonces papá ya había comido alcachofas por primera vez y había hecho la reflexión de que se empleaba demasiado trabajo para comerlas para que al final en realidad no se les comiera casi nada.

Ya había terminado el invierno de 1936 y empezaba 1937 y los voluntarios se iban reuniendo y algunos se iban quedando atrás y se dispersaban y se olvidaban de una vez de la misión que los había hecho partir o decían que no la olvidaban sino que en otro momento la retomarían y algunos ya no la retomaban. El voluntario mexicano al salir de la prisión en Sète les comunicó a sus camaradas que iba a subir unos días a París y que luego los alcanzaría así que los demás se fueron a Perpiñán en donde los contactos y otros grupos de brigadistas los estaban esperando y esperaron ahí junto con los otros al mexicano y a otros pero muchos ya se habían ido desprendiendo del grupo y ya no llegaron a reunirse con papá y sus amigos y los demás en Perpiñán.

Como primer intento de introducir a los brigadistas en España los contactos los metieron de noche en un camión que cargaba naranja y que debía transportarla del otro lado de la frontera entre Perpiñán y España y los cubrieron con una manta. Al cabo de unas horas en esta situación y sin que el camión hubiera echado a andar papá y sus camaradas se soltaron a comer naranjas y a aprender a decir lo mejor posible el nombre de esta fruta a la española con la jota bien marcada y con las variaciones de pronunciación propias del idioma de cada uno. Pero antes de que amaneciera les quitaron la manta de encima, los bajaron del camión y los hicieron esperar a que anocheciera de nuevo para probar un medio más seguro de atravesar la frontera. Los días que estuvieron en Francia papá fue designado jefe del grupo porque de todos era el que por Mama Salima y por los libros de Mama Salima sabía algo de francés y el que en todo caso se animaba a aprender y a pronunciar aunque bien a bien no lo hiciera tan bien porque era joven y muchas cosas no le importaban y en cambio otras le importaban mucho.

Era pleno invierno. Los guías organizaron a los brigadistas para seguirlos en cuanto oscureciera pues el plan era cruzar los Pirineos a pie y para esto los organizadores repartieron entre los voluntarios boinas y pares de alpargatas para que todos se uniformaran por lo menos en esto y aunque esto no los hiciera parecer un grupo de españoles y no borrara huellas más características de la procedencia de cada uno. La caminata fue larga y no fue fácil, fue a oscuras y en pleno invierno y algunos de los muchachos se iban quedando atrás y había que mandar por ellos y cada hora de todos modos los hacían detenerse a todos en parte para contarlos y que no se perdiera ninguno y en parte para que descansaran cinco minutos antes de seguir hacia la frontera con España.

Papá tenía veintisiete años de edad y fue el primero en

cruzar la frontera y pisar territorio español después del guía y en cambio a su amigo Dell que era diez años mayor que él habían tenido que irlo a buscar y lo habían tenido que esperar pues se estaba quedando atrás y él sí quería igual que papá y muchos de los otros seguir y llegar y no perderse ni desprenderse del grupo y olvidarse de todo. Un guía retrocedió en busca de Dell y papá los vio alcanzar al resto del grupo precisamente en el momento en que un Comandante de las Fuerzas Leales de España les daba la bienvenida y les agradecía su presencia en nombre de la República española.

Una vez hecho esto empezó el entrenamiento de los voluntarios y la primera orden que recibieron fue la de marchar un tramo y un tiempo determinado para que no se entumecieran y a pesar de lo cansados que estaban precisamente de caminar en el frío y la noche aunque todavía en territorio de Francia, pero todos obedecieron y de este modo fueron cumpliendo con su primera misión en tierra de España.

Papá era joven y quería enrolarse en la Fuerza Aérea y como en ese tiempo hablaba en cuanto pudo se lo hizo saber al Comandante pero el Comandante le dijo que la República contaba apenas con unos cuantos aviones más bien viejos y que no estaba para arriesgar ni siquiera éstos en manos inexpertas y papá lo tomó a bien porque de todos modos era aprendizaje y para sus adentros dijo No los culpo, y se puso a disposición del Comandante para hacer lo que le pidieran. Papá y Dell y Ed y Jack y todos los camaradas junto con el Capitán Merriment recibieron un mes de entrenamiento en la Infantería después del cual papá fue designado al Servicio de Transportes entre otras cosas porque sabía manejar y lo que debía manejar ahora era una ambulancia.

La primera ambulancia que manejó papá en España había sido donada a las Brigadas Internacionales por los actores y actrices de Hollywood y lo primero que hizo papá al recibirla

fue cubrir lo mejor que pudo la cruz roja que tenía pintada
en el techo así como las insignias y letreros que la identificaban
porque pensó que eso también era buen blanco para los aviones enemigos y por lo tanto debía cubrirlo para que los aviones
enemigos no tuvieran al menos ese blanco que atacar.

Una de las bases de las Brigadas estaba en Almería en la
costa sudeste de España y una de las misiones de papá en su
ambulancia además de transportar heridos era la de llevar a
los Frentes en el Sur y en Madrid equipo y alimento y era lo
que papá hacía. La ambulancia donada por Hollywood en
dos meses con apenas unos cuantos kilómetros recorridos se
convirtió en carcacha y tenía las llantas ponchadas y sonaba
y estaba a punto de desintegrarse porque los caminos por los
que papá la conducía estaban llenos de desperdicio y de toda
clase de desecho o eran caminos construidos por los propios
brigadistas y esto dadas las circunstancias no constituía un
trabajo ideal y de ahí que la ambulancia saltara y sonara y
papá saltara con ella y estuviera a punto de desintegrarse
como ella a cada rato.

Por ejemplo los primeros días de la Ofensiva del Ebro junto con otros camaradas papá transportó a ciento cincuenta
heridos de un batallón de seiscientos en solo cuarenta y ocho
horas de manejar pero sin detenerse y en sólo seis días contaban ya con seiscientas bajas y todo esto era así y la ambulancia que papá conducía a pesar de todo era buen blanco para
los aviones italianos y alemanes enemigos que no se tomaban
el trabajo de cubrir sus insignias ni de hacerse pasar siquiera
por españoles y la guerra seguía y los camaradas de papá iban
muriendo y papá seguía transportando heridos y equipo y
alimento en su ambulancia destartalada.

Pero esto no era lo único que hacían papá y sus amigos
pues en medio de la guerra encontraban tiempo para encontrarse y hacerse más amigos y en un momento dado un com-

pañero le enseñó a papá en plena guerra a jugar ajedrez y ahora empezó a entender papá de qué se trataba el juego del que él había escrito en Moscú para el Moscow Daily News y del que ahora un amigo americano como él y de nombre Neider le enseñaba los primeros pasos.

En un momento dado un día de los dos años que papá luchó como miembro del Quinto Regimiento de la Brigada Lincoln de las Brigadas Internacionales que apoyaban a las Fuerzas Leales de España en contra de la insurrección del traidor papá se encontró en medio de la guerra a su amigo Gerry el polaco luchando como él. Y en otra ocasión se encontró igualmente de casualidad y en medio de la misma guerra a su viejo amigo Ed al que no había vuelto a ver desde que él se embarcó hacia España junto con el Capitán Merriment y otros salvo al llegar. Una noche papá había transportado a dos médicos al Hospital de Benicasim y ellos lo habían invitado a pasar la noche ahí y seguir su camino a la mañana siguiente. Papá aceptó cenar con ellos, y cenó huevos fritos y éstos fueron los primeros huevos que comía en mucho tiempo y le supieron excepcionalmente bien y agradeció a los médicos a los que había transportado y les dijo buenas noches y se instaló ante el volante de su ambulancia y emprendió el camino a medianoche cansado como estaba y sin saber que probablemente esa misma noche Lillian Hellman visitaría el mismo hospital y se perdió para siempre la posibilidad de encontrarse. Sin embargo papá no podía manejar bien y cabeceaba en la carretera camino a Albacete detrás de un camión al que no lograba rebasar y papá debía dar enfrenones a cada rato y entonces decidió hacerse a la orilla y dormir un rato y lo que sucedió fue que se quedó dormido el resto de la noche. Y a la mañana siguiente y aparentemente sin motivo en vez de irse a Albacete a donde debía recibir instrucciones se desvió y fue a dar a Murcia y una vez ahí buscó el cuartel general de las Brigadas y se presentó y fue entonces cuando de casualidad se encontró con su viejo amigo Ed y entonces los dos se abrazaron y no dejaban de abrazarse en plena guerra. El encuentro con Ed fue feliz y asombroso y uno de los dos recordó el desayuno de huevos fritos con tocino que el otro no había aceptado aquella mañana después de jugar tenis y mientras cruzaban Central Park antes de que papá se enrolara en la sección del Partido que finalmente lo enviaría a España y ahí en España papá y Ed se lamentaron de no haber insistido y de no haber aceptado y los dos desearon en voz alta comerse ese par de huevos fritos con tocino lo más pronto posible y papá no pudo contarle a su camarada que la noche anterior dos médicos lo habían invitado a cenar precisamente huevos fritos en el Hospital de Benicasim aunque, después de todo, no hubieran estado acompañados de tocino.

Pero la guerra era más fea y más triste que esto y cuando papá empezó a ver morir a sus compañeros se fue horrorizando y entristeciendo y nosotros creemos que ahí empezó también a preferir guardar silencio que hablar. El Capitán Merriment cuyo nombre significaba júbilo y con quien papá se había embarcado en Nueva York y con quien había llegado a Sète y con quien también en Sète había sido encarcelado un día cayó y la suya fue una de las primeras muertes que papá sintió de forma personal y luego siguieron otras y las peores de éstas tuvieron lugar en Almería.

Papá capitaneaba un grupo de camiones y quince hombres cerca de Almería. Se preparaban para arrancar con las provisiones hacia Albacete pero todo estaba en calma y entonces decidieron detenerse a comer mariscos antes de emprender el viaje y ahí estaban y en eso estaban. De pronto y antes de que papá se diera cuenta de qué estaba sucediendo fueron bombardeados de manera brutal y una granada estalló en su grupo y mató a siete de sus camaradas y de paso hirió a otros cinco mientras comían para emprender camino hacia una de sus bases con equipo y provisiones.

De los muertos cuatro eran norteamericanos, uno era francés y uno de los norteamericanos muertos era Neider, el que le había enseñado a papá a jugar ajedrez. Otro se llamaba Alexander y otro Burgmaster. Burgmaster había nacido en Manhattan como papá.

En lo que papá y los otros dos que salieron ilesos del ataque levantaban a los heridos y a los muertos y trataban de juntar y llevarse a la base de las Brigadas en Albacete lo que había quedado de su equipo pudieron ver en la bahía a los cinco acorazados alemanes que los habían bombardeado y, camino a su cuartel general con sus muertos y sus heridos, se enteraron de que la agresión había sido en respuesta a una ofensiva aérea por parte de la República cuando era de todos sabido que la República no contaba con equipo para nada semejante y ni siquiera sabían lo que era la defensa antiaérea y mientras tanto el mundo a su alrededor seguía dormido y sin darse cuenta de esto ni de lo demás que sucedía y estaba sucediendo en España permitía que siguiera sucediendo y no hacía nada.

El gran número de americanos que constituía la Brigada Lincoln poco a poco se había ido reduciendo y las tropas de voluntarios cada vez eran menos numerosas y también los jóvenes españoles que se unían gradualmente fueron siendo menos. Llegó el momento en que las Fuerzas Leales decidieron que los miembros de las Brigadas Internacionales que quedaban regresaran a sus países para que los gobiernos italiano y alemán retiraran a su vez a sus hombres y su equipo y así fue como todo se fue terminando.

Pero papá no regresó a los Estados Unidos al mismo tiempo que el resto de sus compañeros que regresaron pues junto con otro pasó los últimos días de la guerra en el hospital con un ataque de malaria y cuando fue dado de alta y finalmente regresó a su país era casi mediados de 1939 y la guerra había terminado y el lado del que papá y sus amigos habían luchado había resultado el perdedor por más que hubiera sido el lado bueno.

La primera consecuencia que enfrentó papá al llegar a su país después de haber luchado por la República española fue que las autoridades le retiraron el pasaporte y la segunda fue que los intentos que hizo de conseguir empleo terminaron en fracaso.

Durante un tiempo vivió errante de nuevo en Manhattan. Iba de cuarto de azotea en cuarto de azotea, los dejaba cuando ya no tenía excusas para explicar por qué no pagaba la renta y en ésas estaba y eso era lo que tenía que hacer hasta que por fin empezó la Feria Mundial de Nueva York y papá pudo conseguir el puesto de Director del Pabellón de la recién liberada República de Líbano en donde lo mejor que le sucedió fue que conoció a mamá y esto no era poco.

Desde 1934 cuando papá se había ido a Moscú hasta ahora prácticamente no había vuelto a reunirse con su familia y un tiempo incluso les hizo creer que estaba en otras cosas y en otras partes y por ejemplo desde España enviaba cartas a Mama Salima a través de un amigo suyo en Inglaterra. Lo hacía por no preocupar a nadie de sus verdaderas andanzas pero también porque en su familia nadie compartía sus ideas.

Pero papá no lo tomaba a mal. Al contrario, tomaba a bien cuando Mama Salima le escribía o le contaba que él por ahí tenía una prima segunda en la que no estaría mal que pensara de vez en cuando y de ahí que papá ya pensara en mamá, su prima segunda, aun antes de conocerla y por sugerencia de su mamá, nuestra abuelita. Papá pensaba en ella y sentía placer, y pensaba para sentir placer en ciertos aspectos de la guerra en la que acababa de estar para olvidar los otros.

Se reclinaba en su asiento detrás del mostrador del Pabellón de Líbano en la Feria Mundial de Nueva York y para no
entristecerse pensaba por ejemplo en la vez en que a los ojos
de un camarada en España se había convertido en todo un
héroe. Los cigarrillos eran tesoros para papá y sus compañeros en la guerra contra el traidor y los enrollaban ellos mismos y dos terceras partes del tabaco con que los hacían consistía en polvo y la basura menor que encontraban en los
bolsillos de sus sacos. En una ocasión, papá y un camarada
estaban descansando a la orilla de una carretera cuando un
avión enemigo descendió repentinamente y los atacó. Papá
estaba a medio enrollar un cigarrillo y junto con su compañero se arrojó en una trinchera en cuanto fueron atacados.
Y papá lo que hizo en ese momento y que fue lo que lo con-
sagró ante su amigo fue que en medio de lo que sucedió no
dejó caer el tabaco del último cigarrillo con que contaban.

Sin embargo aunque sonriera en plena Feria Mundial al
recordar esto para olvidar lo otro lo otro hacía presencia y de
paso hacía que papá se entristeciera y desde entonces no encontrara qué hacer con todo eso que sentía y por lo que había
atravesado sino quizás entristecerse y poco a poco ir guardando silencio.

En la Feria conoció y se hizo amigo de Yamil Barudi que
era hijo de emigrantes libaneses como él y que tenía muchos
amigos de Arabia Saudita, y en una ocasión papá estuvo con
Elliot Paul y con Carlos Quintanilla, y en otra oyó decir también ahí en la Feria a Will Durant Moscú no va a caer, y se
emocionó.

Pero en ésas estaba y no había nada que hacer y fue así
cuando un día entró mamá al Pabellón de Líbano acompaña-
da por su mamá a conocer y visitar a papá, que era su primo
segundo y sobrino segundo de abuelita, la mamá de mamá.
Mamá viajaba con su mamá y habían hecho una escala en

Flint y en Flint se habían hospedado en casa de Mama Salima y ahí, sobre la repisa encima de la chimenea, mamá había visto una fotografía de papá sin barbas y se había enamorado de él aunque fuera su primo aunque no hermano sino segundo y Mama Salima les había dicho que ése era su hijo menor y que por esos días estaba al frente del Pabellón de Líbano y que por qué no lo visitaban. De modo que mamá y su mamá hicieron otra escala en Manhattan y sí, fueron a conocer y visitar a papá en la Feria Mundial.

Papá estaba reclinado hacia atrás en un sillón con los pies encima del escritorio y las manos entrelazadas detrás de la nuca pensando a ratos en las partes alegres de la guerra en la que acababa de estar y en la que había pasado hambre y de la que había salido perdedor y a ratos en las partes tristes que quería olvidar cuando en el marco de la puerta del Pabellón de Líbano vio a mamá y a la mamá de mamá.

—Así que eres tú —le dijo a mamá sin dudar de quién era y mamá asintió y los dos se enamoraron aunque mamá de hecho ya estaba enamorada pues se había enamorado de papá antes de conocerlo cuando lo vio en una fotografía sin barba y pensó Es él.

Pero de ese primer encuentro a los días de las tres bodas de papá y mamá pasaron más de dos años.

Durante este tiempo se escribieron cartas y mamá iba y visitaba a papá su primo segundo y ahora su prometido y paseaban por los Estados Unidos siempre acompañados por abuelita, la mamá de mamá, y a veces hospedados por Mama Salima que ya se había mudado a Saginaw a su casa en medio de un bosque por el que pasaba la vía del tren y también el tren.

Cuando terminó la Feria Mundial papá logró conseguir un empleo en la Compañía George A. Fuller que era una gran constructora que tenía sus oficinas en la Calle 57 y la Avenida Madison en el piso decimoctavo precisamente del Edificio

Fuller. Pero en eso empezó 1943 y fue a este empleo al que renunció papá para estar en disponibilidad de ser reclutado por el Ejército de los Estados Unidos que se disponían por fin a entrar a la segunda Guerra Mundial del lado a todas luces indicado.

Papá se entrenó en Miami y ahí se hizo amigo de Marsh Holleb y de ahí fue enviado al Central State College del Ejército, en Edmond, en el estado de Oklahoma, en donde entre seiscientos soldados más y entre otras tareas papá aprendió a escribir a máquina bien y no sólo con dos dedos como había llegado a arreglárselas en Moscú. Le costó tanto trabajo que el día del examen que logró pasar con una velocidad de treinta palabras por minuto todos sus compañeros lo felicitaron y le aplaudieron. Pero en el examen final no le fue tan bien pues aunque de los seiscientos sólo ocho iban a ser elegidos para puestos de mando y aunque papá llegó a ser de los ocho, finalmente fue rechazado, no como Marsh, al que sí aceptaron y el que de inmediato empezó a ascender.

Resulta que a papá lo sometieron a un interrogatorio y que su actitud y sus respuestas no satisficieron los requisitos de los Oficiales del otro lado de la mesa ante la cual papá estaba de pie en posición de firme con un uniforme que le quedaba chico y le incomodaba.

Ante él, diez Oficiales algunos de los cuales le parecieron más o menos decentes pero el resto tenía todo el aspecto de maldito que uno tiende a asociar con el oficio de miembro de cualquier ejército. Y el de peor aspecto fue el que condujo la interrogación a papá.

Empezó por leer ante los ahí presentes el archivo con que contaba el Ejército de la vida de papá y hacía énfasis en dos puntos: en que de 1934 a 1935 papá había estudiado periodismo en la Lenin School of Journalism en Moscú, y en que de 1936 a 1939 había sido miembro de la Brigada Lincoln de las

Brigadas Internacionales que habían luchado en España. Papá no negó nada de esto ni se mostró inquieto y de ahí que el Oficial le preguntara entonces que si se creía tan inteligente como para aspirar a un puesto de mando en el Ejército de los Estados Unidos y más si aspiraba a uno de inteligencia que le definiera precisamente este término inteligencia en diez palabras.

Papá optó por contestar que podía definirlo en cinco y lo hizo:

—Reunir, seleccionar y diseminar información.

Sin embargo debido a esto aunque sí lo enrolaron en el Ejército precisamente unos días antes de que se terminaran los enrolamientos lo destinaron a un campamento en la ciudad de Oklahoma que era el Tinker Field y que fue donde lo mantuvieron congelado durante dos años y hasta que papá mejor renunció. Pero papá no tomó nada de esto a mal porque todavía era joven y todo todavía era aprendizaje.

Las cartas que papá escribía a mamá pasaban por un censor antes de que las recibiera mamá y el censor estampaba un número sobre ellas y mamá se lo sabía de memoria porque siempre era el mismo. Y las cartas que ella enviaba a papá eran leídas por un censor antes de que papá las recibiera y el número de este censor era el mismo que el que aparecía en las cartas de papá, de modo que papá y mamá sabían que un censor seguía el curso del amor entre ellos pero no les importaba y por fortuna el censor lo dejó ser y pasar.

En una de ésas en el mes de septiembre de 1943 papá fue a encontrarse con mamá a Saginaw en donde estaba con su mamá hospedada en casa de Mama Salima durante un fin de semana largo y después de haberse escrito muchas cartas de ida y de vuelta los dos de uno y otro lado de la frontera entre los Estados Unidos y México, que era donde vivía mamá. Y en una de esas una mañana papá y mamá aprovecharon la situación y un tanto clandestinamente se fueron al registro civil y con la afanadora del lugar y un secretario a punto de retirarse como testigos se casaron. Las razones eran más o menos válidas pues la única manera de que papá pudiera obtener una licencia del Ejército para irse a casar con mamá a México era demostrando que ya estaba casado con ella según la ley norteamericana. Sin embargo por muy válidas que hubieran sido sus razones para casarse a escondidas en Saginaw se armó un pequeño escándalo pues a la mañana siguiente la noticia apareció en un diario local y una vecina servicial lo llevó a las dos primas y ahora consuegras mientras desayunaban y conversaban en árabe alrededor de la mesa.

Comoquiera que sea y en vista de que las autoridades de su país no le habían devuelto su pasaporte, papá cruzó la frontera con una tarjeta de identidad y una licencia de siete días y el ocho de noviembre de 1943 se casó con mamá dos veces, por lo civil para hacerlo ante la ley mexicana y por la Iglesia para caminar por su pasillo central en la Ciudad de México vestido con uniforme de Soldado raso del Ejército de los Estados Unidos y tarareando para sus adentros She walked down the aisle, wearing a smile, que era parte de la letra de una canción popular por esos días de otoño y de guerra en el mundo y que a papá le daba la imagen de una novia que caminaba por el pasillo central vestida con una sonrisa y nada más.

Pasaron la luna de miel en la ciudad de Cuernavaca y antes de que se cumplieran los siete días de la licencia la Embajada de los Estados Unidos localizó a papá y le comunicó la orden de que regresara cuanto antes a su base en el Tinker Field y de ahí que papá y mamá hubieran tenido que interrumpir lo que fuera que hubieran estado haciendo y empacar y volar hacia el medio oeste de los Estados Unidos en donde se instalaron en calidad de recién casados en la ciudad de Oklahoma.

Ahí papá le enseñó a mamá a cocinar y mientras ella aprendía durante dos meses no comieron sino huevos fritos con tocino y papas hervidas hasta que mamá se fue animando y en el supermercado preguntaba a las empleadas cómo hacían ellas las espinacas y ellas le contestaban Como todo mundo y cómo las hace usted, y mamá les decía Yo les pregunté primero, y entonces le iban diciendo y ella iba aprendiendo y en sus horas libres lo que hacía era que iba pintando un retrato de papá sin barba al óleo hecho de memoria de tan enamorada que estaba de él.

El Ejército tenía asignado a papá en la Oficina de Transportes y Rieles pero lo mantenía sin hacer nada y le prohibía incluso hacer trabajo de oficina como sería escribir a máquina ahora que papá ya sabía hacerlo profesionalmente y fue cuando de puro no hacer nada lo que hizo fue que se empezó a aficionar a la lectura de novelas de intriga y leer estas novelas era lo que se pasaba haciendo en sus horas de trabajo a escondidas aunque tuviera prohibido trabajar.

Fue cuando conoció a Herb Federbush.

Papá le contó a mamá sus sospechas de que el Ejército le había puesto a un espía detrás y naturalmente mamá lo atribuyó a los libros que le había dado por leer también en la casa de recién casados a papá y le dijo No puede ser, hasta que una tarde en que papá la invitó a tomar un helado al centro de la ciudad mamá misma vio al hombre que papá le había descrito seguirlos desde que salieron de su casa y en la heladería sentarse en una mesa vecina y pedir la misma combinación que ellos de dos bolas de helado en cono una de vainilla y la otra de café cubiertas de chocolate derretido con nuez picada encima.

Así era y así fue.

El Ejército le había puesto a papá un espía y el espía cumplía con su misión y espiaba a papá y lo espió durante varios meses hasta que un día papá lo invitó a tomar un café porque papá no tomaba nada de esto a mal y el hombre aceptó y se hicieron amigos y él le dijo Me llamo Herb, Herb Federbush, y papá y Herb se dieron la mano y trabaron conversación a ambos lados de la mesa y con una taza de café de por medio y Herb no tardó en contarle a papá que efectivamente lo espiaba. Herb debía reportar a dónde iba papá, con quién hablaba y hasta qué leía y también a quién le enviaba cartas o de quién y de dónde las recibía y por supuesto hasta qué decían. Pero Herb renunció a su misión o las autoridades por una razón u otra lo relevaron y Herb lo que hizo fue seguir siguiendo a papá pero ahora en calidad de amigo y papá le caía tan bien que en el Tinker Tailspin que era el diario del Campamento Herb publicó un artículo sobre papá en el que se deja ver que lo admira y hasta que lo quiere y por su parte papá y mamá también lo querían a él y se lo demostraban y cuando papá y mamá decidieron dejar el Ejército y el Campamento y la ciudad de Oklahoma a quien le dejaron su casa de recién casados fue a Herb, Herb Federbush el espía de papá.

Mamá y buena parte del primero de nosotros dejaron Oklahoma antes que papá y se fueron a la Ciudad de México los dos en el mismo asiento de un avión que hizo muchas horas de vuelo. Papá se quedó para renunciar al Ejército en donde nunca lo habían ascendido y en donde siempre lo habían mantenido congelado y en donde nunca le dieron la oportunidad de luchar con los Aliados y una vez más contra el fascismo sino que más bien se lo impidieron y en donde siempre le habían hecho sentir que con su pasado no iba a llegar ni lejos y ni siquiera a ninguna parte y en donde nunca quisieron emplear ya no el espíritu de papá que era bueno y estaba del lado bueno sino lo que papá sabía y podía hacer desde escribir a máquina profesionalmente hasta hablar un poco de francés y un poco de árabe y un poco de español con lo que por lo menos lo habrían podido enviar a África o aunque fuera a Londonderry a donde él quería ir y lo solicitó, porque en ese tiempo aunque ya menos que antes todavía hablaba aunque fuera un poco.

Y entonces lo que hizo después de renunciar fue que compró un viejo Ford usado y lo llenó de libros y cacerolas y tapetes persas y cubrió las maletas bien sujetas en el techo con una manta verde que formaba parte de sus bienes como ex Soldado raso del Ejército de los Estados Unidos y detrás del volante tomó la carretera hacia el sur y con el brazo izquierdo doblado sobre el marco de la portezuela empezó a dirigirse hacia la frontera y hacia la nueva vida que iba a empezar aún sin pasaporte y con los bolsillos del pantalón vacíos y así se alejaba de su país y el paisaje de su país y sus costumbres y sus cosas se iban quedando atrás y papá avanzaba y miraba hacia adelante detrás del parabrisas y quién sabe qué tarareara para sus adentros en esos momentos porque papá nunca ha sido nada musical.

Ésta estaba siendo la vida de antes de papá y éste estaba siendo el momento en que su vida de antes iba a terminar para que su vida de después pudiera empezar y seguir hasta donde pudiera y papá manejaba por las grandes carreteras, y se encaminaba hacia el sur y de este lado de la frontera lo estaban esperando en orden de aparición gentes y cosas y situaciones que en su mayoría mientras manejaba y dejaba atrás su país no podía ni siquiera imaginar.

El papá de mamá había enviado a un Licenciado Palazuelos a ayudar a papá a cruzar la frontera y el Licenciado Palazuelos estaba esperando a papá y le dio la mano y lo recibió ya en territorio mexicano que fue cuando las autoridades aduanales y de migración también se acercaron a dar la bienvenida a papá sólo que en lugar de darle la mano lo que hicieron fue que rasgaron la manta verde con la que papá había cubierto las maletas sobre el techo del viejo Ford usado y abrieron las maletas y sacaron todo y todo era sólo libros y cacerolas y tapetes persas y lo revisaron y luego lo volvieron a meter sólo que papá ya no logró cerrar las maletas y así tuvo que entrar al país y así fue llegando a la Capital con la manta rota y sus libros y sus cosas en desorden.

3. LA CITA Y EL PUENTE

The lousy articles I wrote! I'd like to read them again! I'll write them again, someday.

EMILE JACOBS

Cuando murió Mama Salima todos estábamos alrededor de la mesa tomando café los grandes y los chicos esperando a que papá o mamá nos dijeran Levántense y váyanse cuando apareció la nana en el marco de la puerta y alarmada y con la voz entrecortada le dijo a mamá que llamaban de larga distancia a papá y papá se dirigió al teléfono y lo vimos contestar y lo oímos decirle a tía Lou-ma y a tío Gustav No me digan y Voy para allá y bajar la cabeza y sollozar y ésta era la primera vez que lo veíamos así aunque triste ya lo hubiéramos visto antes y entonces empacó una pequeña maleta negra en la que metió sólo una camisa y una muda de ropa interior y solito se fue al aeropuerto con su traje oscuro y a mamá le dijo Ya vengo y le dio un beso y a nosotros nos esquivó la mirada y nosotros no supimos qué decirle ni qué hacer. Regresó un par de días más tarde y seguía triste aunque ya no lloraba y nosotros a solas entre nosotros recordábamos que las últimas veces que habíamos visto a Mama Salima ya casi no nos reconocía y pasábamos enfrente de ella y sus ojos casi no nos veían porque tenía la mirada de veras perdida en la distancia y fumaba y el humo le envolvía la cara y suponíamos que por eso se le nublaba la vista y no hablaba pero a papá no supimos darle el pésame y lo que hicimos fue esperar a que el tiempo pasara y sí, fue pasando.

Para entonces papá ya había vendido el hotel y ahora se dedicaba a leer todavía más que antes y mamá estaba empezando a preocuparse y cuando hablaba con sus amigas por teléfono medio en francés y medio en inglés y medio en árabe les decía Me preocupa y nosotros entendíamos que se refería a que papá estuviera ahora todo el día en casa y poco a poco empezara a negarse incluso a contestar cartas y lo que sí ya no quiso hacer más fue su fiesta la noche del treintaiuno de diciembre de ese primer año sin hotel y en el que se estaba convirtiendo en hombre retirado.

Mamá pensó por eso que sería buena idea animarlo y para el día de su cumpleaños número cincuenta le regaló de parte de ella y de nosotros un reloj de oro con nuestros nombres grabados y la primera reacción de papá fue rechazar el paquete aun antes de abrirlo y hasta se levantó de la mesa enojado y tiró la servilleta y no se acabó la comida y mamá tuvo que esperar todo un día para que por fin él le dijera Bueno, sí, y aceptara lo que entre todos le habíamos regalado y se puso el reloj y no se lo volvió a quitar y una que otra vez lo oímos decir Es mi lujo, y sonreír porque sí era su único lujo porque para entonces ya tampoco tenía Cadillac y en fin ropa fina nunca había tenido ni nunca tuvo y en cuanto a sus libros sólo él sabía el valor que tenían y era evidente que enfrente de nosotros no iba a decir que ellos eran su lujo porque suponía que no hubiéramos entendido y a lo mejor tenía razón.

Luego por no sabemos qué motivos porque la cosa marchaba o al menos nosotros no nos dábamos cuenta de que no marchara pues seguíamos estudiando y seguíamos haciendo más o menos lo que habíamos hecho hasta entonces salvo quizá viajar y además algunos de nosotros ya habíamos empezado a trabajar y entonces ninguno notaba que empezara a faltar dinero en casa porque nos daba gusto a todos comprar lo que fuéramos queriendo entre otras cosas porque nunca por esos días quisimos nada que no pudiéramos tener y la comida no faltaba ni la leña para la chimenea de modo que no podíamos saber si algo malo estaba ocurriendo en las finanzas de papá porque aunque ya nos platicara más que antes el tema de la economía de la casa no lo tocaba con ninguno de nosotros y mamá se las arreglaba para que ni nosotros ni sus papás ni el resto de la familia notara que algo andaba mal y que algo nos empezaba a hacer falta.

La cosa es que un buen día papá empezó a invitar a casa a un español refugiado que se llamaba Paquito y los dos se encerraban a platicar y pronto formaron una sociedad y se convirtieron en socios y de lo que se trataba su negocio era de que importaban o exportaban puros y Paquito fumaba puro y, aunque papá no, parecía que su expresión había recobrado algo de calma y a lo mejor hasta se le empezó a asomar cierta alegría y la casa como por magia como que se iluminó y parecía que todo hubiera estado en silencio y que de pronto todo hubiera cobrado animación y se volvieron a oír pláticas en casa y a veces hasta risas y las puertas no sólo se cerraban sino que se abrían y papá y Paquito empezaron a prosperar y aunque no volvimos a tener Cadillac papá pudo comprar unos terrenos en La Florida y como de la sociedad él hablaba inglés a él fue al que le tocó viajar por cuestión del negocio y fue a Nueva York y visitó la Dunhill en la Quinta Avenida y fue a Londres y fue a Canadá y hasta los papás de mamá se alegraron por él y por su hija y por un momento pareció que el mal momento si es que lo había habido había por fin y por fortuna quedado atrás.

Paquito nos caía bien a todos y a las mujeres de nosotros más porque las invitaba a los toros aunque no les gustaran y les tocó incluso ver al Cordobés y las llevaba también a los grandes restaurantes y aunque ellas no supieran ni qué pedir se sentían grandes porque tenían que maquillarse y se conducían como si sí fueran grandes y Paquito se reía y no se quitaba el puro de entre los labios ni siquiera para tirar la ceniza que entonces se quedaba suspendida en el aire hasta que solita caía pero sólo rara vez en un cenicero.

A Paquito le quedaban grandes los trajes y aunque no fuera muy guapo siempre estaba invitando a alguna mujer a los toros o a los restaurantes o al teatro y no sólo a mamá y a las mujeres de nosotros, sólo que a su esposa nunca la llevaba a ninguna parte. Una noche uno de nosotros vio a Paquito con una de sus amigas en un teatro y se fijó bien en la amiga para contarnos a los demás cómo era y qué impresión le había causado. Y nos contó que era muy guapa y que daba la impresión de ser gitana o bailarina y que aunque no fuera muy joven bailaría y hasta desnuda ante un espejo hasta que Paquito le dijera Basta y Ven acá y entonces a ella no le importaría manchar la orilla del cuello de la camisa de Paquito con la pintura roja de sus labios que eran gruesos y que parecían estar siempre mojados o brillantes aunque más brillante estaba su pelo que, aunque lo tuviera recogido, daba la impresión de estar suelto y de mecerse pesadamente de allá para acá y de sonar como suena la seda cuando uno la roza con las puntas de los dedos.

Paquito le caía muy bien a papá y papá un día le contó que una de las mujeres de nosotros estaba invitada a una cena de gala y que no tenía con quién ir y fue entonces cuando Paquito le dijo a papá que él sí sabía con quién y lo que hizo fue que llamó a uno de los hijos de los embajadores en México de la República Española en el Exilio y lo invitó a llevar a nuestra hermana a la fiesta y él la llevó y se hicieron amigos y entonces los embajadores y papá y mamá también se hicieron amigos y Paquito sonreía, con el puro entre los labios, contento por haber además vinculado el presente de papá a su pasado pues, en adelante, papá y mamá y nosotros empezamos a ir a la Embajada por lo menos y sin falta cada día 14 de abril a celebrar la República y papá brillaba entre los invitados al menos para nosotros que lo veíamos contento entre los refugiados y los demás invitados que a veces incluían a Siqueiros y a gente así con la que papá incluso platicaba y no sólo brindaba y recordaba.

Pero un día Paquito desapareció y ni su esposa ni la Embajada ni la policía ni papá supieron nunca más nada de él ni si se había muerto o si se había ido y si a España o a dónde. Y el negocio de los puros naturalmente se vino abajo y papá y la casa volvieron a ensombrecerse y mamá se preocupaba y llamaba a sus amigas y les contaba y bien a bien no sabía qué hacer más que ahorrar y empezar a arreglárselas otra vez sin entradas y con papá todo el día en casa sentado en un sillón con un libro en las manos y sumido una vez más en su retiro, que consistía en guardar todavía más silencio.

Cuando había regresado de enterrar a Mama Salima uno de nosotros un día lo había oído contarle brevemente a mamá que tía Lou-ma y tío Gustav no le habían querido dar nada de lo que Mama Salima había dejado y que él sólo les había pedido los libros de su mamá pero ellos le habían dicho Nada y todo porque le reclamaban que él se hubiera ido de los Estados Unidos como si se hubiera acabado de ir y como si no tuviera o hubiera tenido derecho a irse a donde quisiera cuando quisiera pero así era y le dijeron No. Y con tía Lou-ma a pesar de todo parecía que no había pasado nada porque ella lo siguió llamando cada día de su cumpleaños pero con tío Gustav parecía que sí se habían peleado y papá no quería

saber nada de él como suponemos que él no quería saber
tampoco nada de papá, su hermano menor. Y encima de todo
papá empezó a tener aspecto de huérfano y de desterrado o
de hombre sin familia y sin país y se sumía en sus lecturas y a
nadie le comentaba nada.

Otro día también a la hora de comer uno de nosotros llegó
a casa con un disco y lo puso y a pesar de que papá no era
nada musical en cuanto oyó las primeras palabras de la primera canción lo que hizo fue que ahí enfrente de todos nosotros se conmovió al grado de que tuvimos que quitar el disco.
Se trataba de las canciones de la Guerra Civil de España que
un amigo le había regalado a uno de nosotros y le había dicho
A tu papá le va a gustar. Le habrá gustado pero sus hombros
subían y bajaban y papá había agachado la cabeza contra el
pecho y sollozaba y mamá al verlo también se descontroló y
nosotros no supimos qué hacer y lo único que queríamos era
que sucediera algo que acabara con la tristeza de papá.

Fue cuando no sabemos cómo apareció en la casa un señor muy elegante de bigotes grises todos recortaditos y trajes
muy bien cortados que se apellidaba Del Río y que entre una
cosa y otra planeó o tramó un negocio con papá y se volvieron socios y poco a poco la sombra que cubría la casa y la expresión de papá volvió a levantarse y mamá volvió a sonreír y
a hacer galletas de almendras y aunque no se volvió a celebrar
en casa ningún treintaiuno de diciembre el socio de papá
apellidado Del Río regalaba por esas fechas a mamá una caja
de camarones gigantes y mamá los preparaba un año con una
receta y otro con otra y no había nadie en casa que no sonriera aunque papá era el que sonreía más aunque no dejara de
leer y de comprar libros y de sacar libros de la biblioteca y
de suscribirse a revistas norteamericanas no sólo de noticias
sino también de asuntos de negocios que a nosotros nos parecían aburridas pero que a él parecían interesarle. Y el nego-

cio con Del Río prosperó y cuando estuvo a punto de terminar los dos socios fueron precavidos y cada uno ya tenía tratos con otros para no quedarse sin nada y así fue como papá entró en una compañía inglesa y canadiense que estaba a punto de quebrar pero que papá logró que no quebrara, y hasta la hizo crecer y en vez de comer en casa cada día comía con uno o dos de sus empleados y sus empleados lo querían y le daban regalos y le regalaron un Don Quijote de lujo en inglés con cantos dorados y con ilustraciones de Doré porque sabían que papá tenía debilidad por España y aunque él no les hubiera dicho exactamente en qué consistía su debilidad se emocionó con el libro y lo puso en un librero especial de la sala de casa y mamá también estaba contenta y una vez más había dejado de preocuparse después de haber estado muy preocupada por los retiros de papá y la forma en que se aislaba cada vez que se retiraba.

Pero ya habían pasado unos quince años desde que papá había vendido el hotel y en todo caso se acercó el día en que cumplió sesenta y cinco años de edad y por esto o por aquello los dueños de la compañía le dijeron Hasta aquí y papá no pudo hacer nada y se quedó sin jubilación ni indemnización ni nada y en cambio sí con una demanda porque lo demandaron y entonces papá tuvo que ponerse en manos de abogados y esto aunado a sus tendencias al retiro lo llevó incluso a quitar su nombre del directorio telefónico y aunque ya no contestara ni cartas ni llamadas ahora nos hacía a nosotros decir a quien preguntara por él que estaba muerto y nosotros por pura superstición no lo obedecíamos pero en cambio sí decíamos Ya no vive aquí y si nos preguntaban En dónde vive les contestábamos que no sabíamos.

En eso un día estábamos alrededor de la mesa cuando la nana se acercó y dijo a mamá otra vez que alguien llamaba a papá de larga distancia y vimos a papá contestar la llamada y al colgar de nuevo dirigirse a su clóset y meter una camisa y una muda de ropa interior en una pequeña maleta negra y lo oímos decirle a mamá que tío Gustav estaba muy grave en el hospital y que iba a verlo y fue. Y después pero bastante tiempo después supimos que papá había logrado ver a su hermano mayor un rato precisamente la víspera de su muerte y que por fortuna se habían dado la mano y habían hecho las paces y habían llorado antes de despedirse porque una enfermera dijo a papá Se acabó el tiempo y papá tuvo que interrumpir su visita sin que le hubiera dado más tiempo para decirle nada a tío Gustav más que Te quiero y a tío Gustav tampoco le dio tiempo sino de decirle lo mismo a papá mientras agonizaba en la cama de hospital.

Y por esos días por varias razones papá y mamá tuvieron que dejar la casa y mudarse a la de la mamá de mamá. Para entonces ya todos nosotros nos habíamos ido de la casa cada quien a un lugar diferente y unos de nosotros incluso fuera del país y aunque la casa ya de por sí por esto no fuera más la casa para papá y mamá sí lo seguía siendo y les costó mucho trabajo dejarla y les costó tanto trabajo dejarla que incluso en un par de clósets dejaron algunas cosas como para tener que regresar por ellas y no regresaban por ellas como para seguir teniendo un día que regresar por ellas.

Pero esto era porque el tiempo pasaba y había pasado y no había otra cosa que hacer y entonces papá y mamá se fueron acomodando en la otra casa y mamá iba y venía y la hacía también su casa pero papá no, porque él se fue quedando en su cuarto y no salía de su cuarto y su cuarto era prácticamente toda su casa.

En un principio cada uno de nosotros tuvo una idea y se la fue a proponer a papá para que no cayera en un retiro total pero papá aunque nos escuchaba no nos hacía mucho caso y poco a poco lo fuimos dejando en paz. Le llegamos a sugerir que pusiera una librería porque mamá cada vez se preocupaba más de que él no hiciera nada más que leer y le sugerimos que si no quería poner una librería pusiera una agencia de viajes pero él decía que no, que las librerías no daban dinero y que había demasiadas agencias de viajes. Uno de nosotros incluso le sugirió que entonces escribiera su vida y a esto también dijo papá que no sólo que a la vez que lo decía sollozaba y nosotros fuimos sintiendo poco a poco que no había nada que hacer y fuimos dejando cada uno a papá en paz ahí leyendo en su sillón de antes sentado junto a una ventana amplia por la que entraba siempre mucha luz durante el día y la tarde y por la que se podían ver los árboles del jardín y del otro lado de la barda un puente.

El puente que veía papá desde su ventana era de piedra y muy sencillo sólo subía y bajaba entre dos barandales gruesos tan viejos como el resto del puente y sobre los que por las tardes se sentaban un rato parejas de enamorados y se abrazaban aunque por debajo ya no corriera ningún río sino que hubiera tierra y pasto y desperdicio acumulado entre montones de hojas muertas.

Cuando visitamos a papá en su cuarto a veces lo vemos levantar la vista del libro que esté leyendo y ver el puente y a todos nos ha repetido una cita que recuerda desde que se mudó ahí y ve el puente y que dice que La ley en su majestuosa justicia prohíbe tanto a ricos como a pobres dormir bajo los puentes y pedir limosna por las calles y nos pregunta si la conocemos y nos pide que averigüemos quién es el autor porque él lo ha olvidado y luego sonríe y nos pregunta Adivinen si son ricos o pobres los que por gusto duermen debajo de un puente y piden limosna y antes de que le contestemos regresa a su lectura y ésta puede ser algo así como The Years with Ross de James Thurber o The Decline and Fall of the Roman Empire que también relee de Gibbon.

Pero no es que papá esté sentado todo el tiempo leyendo porque también oye los noticieros por una estación norteamericana de radio y los ve por televisión por un canal norteamericano y por televisión también ve las series mundiales de beisbol y los campeonatos de tenis y entonces hace apuestas con algunos de nosotros o con nuestros hijos o sobrinos y se anima mientras duran aunque su equipo o su jugador pierdan. Papá siempre le apuesta al equipo de beisbol que cuente con mayor número de jugadores negros ya sean norteamericanos o latinoamericanos y en cuanto al tenis le apuesta a los tenistas de países socialistas y cuando el que gana es el prototipo de un joven norteamericano papá se enoja y hasta grita y no porque haya perdido la apuesta y a los de nosotros que ven estos juegos con él estas actitudes de papá los desconciertan aunque otros de nosotros les expliquen que no tienen por qué puesto que son coherentes con la vida de papá, al menos con su vida de antes, y hasta divertidas.

Pero con todo mamá se preocupa y le dice a papá que por lo menos haga algún ejercicio para que no esté todo el tiempo sentado y de un tiempo para acá papá sale a caminar con el perro en las mañanas casi que sólo por complacer a mamá aunque también porque ha ido engordando y por más dietas que haga no adelgaza y esto sí le preocupa a él.

Hay muchas cosas que preocupan a papá.

Por ejemplo, tía Lou-ma. Un día la fue a visitar y cuando regresó nos contó —o contó a mamá y uno de nosotros por esto o por aquello se enteró— que ya casi no ve y que a él lo confundió con tío Gustav y que en ningún momento lo llamó por su nombre. Y también preocupa a papá por supuesto no tener entradas y estar viviendo de lo que ahorró y que cada día alcanza para menos y que esto preocupa a mamá y mamá por no preocuparlo a él trata de arreglárselas pero también ella cada vez se las arregla menos y nosotros no sabemos qué hacer porque casi que no hay nada que hacer aunque ayudemos.

Debajo del vidrio de su mesa de noche papá tiene un recorte de periódico que nosotros vemos cuando lo vamos a ver a él. Se trata de una caricatura en la que aparece el Presidente de la República el día que toma posesión y se le ve como un hombre delgado y sencillo en un primer cuadro entrar por una puerta con un letrero que dice Presidencia del País y en el segundo cuadro se le ve salir seis años más tarde cuando ha terminado su periodo como un hombre más bien gordo con un atado al hombro que le pesa y que contiene miles y miles de centenarios de oro.

En una ocasión papá aceptó que entre todos lo invitáramos a Nueva York y se fue solo y se estuvo ahí más de una semana y cuando regresó le contó a mamá que no había buscado a ninguno de sus amigos por temor a enterarse de que habían muerto y que en cambio sí buscó las librerías de viejo a las que iba cuando era joven en la Calle Cuatro y que no las encontró y le contó también que todo le había parecido muy cambiado y que un día se había tropezado y se había caído en las escaleras del metro sin que nadie lo ayudara a levantarse pero que sí había sabido indicar en dos o tres ocasiones a quien se lo preguntó cómo llegar a tal lugar y que esto le había dado mucho gusto no sólo porque pudo recordar sino porque había dado la impresión de ser de ahí aunque no era más de ahí desde hacía muchos años. Y también le dijo a mamá No sé en dónde me gustaría vivir, pero que no en Manhattan, que de eso estaba seguro aunque ahí hubiera nacido y ahí hubiera vivido de joven y estado feliz y sido joven y feliz ahí.

Y por razones similares ya no estaba suscrito ni compraba The New Yorker porque entre otras razones todos los colaboradores que él había leído desde joven para ahora habían muerto y los nuevos le parecían malos y en todo caso no le interesaba leerlos para nada.

Fue por entonces cuando uno de nosotros empezó a soñar que iba a Nueva York y que cada vez que trataba de llegar a la Catedral de San Patricio algo sucedía que se lo impedía o si llegaba se encontraba con la puerta cerrada y la cosa era que nunca conseguía entrar y nos contó su sueño a los demás y a todos nos pareció un sueño presagioso y triste porque dejaba ver que algo que uno de nosotros quería y que era lo que todos nosotros queríamos y queremos no sucedía y era peor porque tenía que ver con papá, así que como cuando éramos niños queríamos cantarle Papá te extrañamos, Papá te queremos y Papá te necesitamos, aunque sonáramos infantiles, esto lo sabemos todos y lo sabe cada uno para sus adentros, cuando hablamos de papá siempre lo somos porque esto nos acerca a él que es en donde todos queremos estar porque papá tiene mucho que ver con la época de antes que es la época en que éramos felices. Ahora también queríamos cantarle a papá pero algo hacía que esto tampoco lo pudiéramos hacer y todos nos quedábamos privados de lo que queríamos y que tenía que ver con papá.

Durante todo este tiempo la más preocupada ha sido mamá y la vemos planear cosas que entretengan a papá pero que a él no le gustan porque lo que él quiere de veras es leer en paz y no está aburrido aunque no sepamos si está triste aunque parezca que sí y esto sea lo más seguro. A lo mejor no ha olvidado nada de lo que creyó que iba a olvidar, puede ser. Mamá ha intentado renovar la mesa de bridge de papá pero se ha encontrado con que la mayoría de los miembros de esa mesa o han muerto o se han ido o, igual que papá, quieren todo menos renovar ninguna mesa y sobre todo ningún juego porque ellos también estén en donde estén lo que quieren es sólo estar en paz.

Pero una vez papá accedió a uno de estos intentos de mamá de rescatarlo de su retiro total y accedió a llamar por teléfono de larga distancia aunque nacional a uno de sus viejos amigos que no era que se hubiera regresado a su país que era Italia y su ciudad que era Turín sino que al enviudar había quitado su casa en la Ciudad de México y se había mudado a la de Cuernavaca precisamente en donde cuarenta y tantos años atrás papá y mamá habían pasado su luna de miel. Papá lo llamó y mamá oyó que papá hablaba y que incluso reía con su amigo y lo oyó prometerle que una mañana de éstas lo iría a visitar y que incluso pasaría una noche o dos allá con él porque tenían efectivamente mucho de que platicar y que si todo iba bien a lo mejor incluso podrían reunir a unos cuantos amigos y formar su mesa y volver a jugar bridge como en los viejos y buenos tiempos por qué no y mamá oyó a papá de veras animado y pensó para sus adentros que por fin le había dado buen resultado uno de sus intentos de rescatar a papá pero en eso oyó que papá colgaba y lo vio entrar al cuarto de los dos confundido como un niño y a pesar de sus setenta y tantos años de edad.

Se dejó caer en su sillón y mamá lo dejó estar y los dos permanecieron solos en su cuarto y de la pared no colgaba ya el retrato al óleo que le había hecho mamá a papá de recién casados cuando papá era Soldado raso del Ejército de los Estados Unidos y mamá estaba aprendiendo a cocinar y a ser esposa y ama de casa y con todo tenía muchas horas por delante en el día y pintaba a papá de pura memoria de lo enamorada que estaba de él. Cuando papá se repuso ahí al lado de la ventana desde la cual podía verse bastante bien el viejo puente de piedra mamá le preguntó arrodillada a sus pies y abrazándole las piernas según observó uno de nosotros del otro lado de una puerta entreabierta Qué te pasa, mientras lo miraba y trataba de tranquilizarse y papá le dijo Es mi único amigo y no lo veo casi nunca, y sollozó hasta que se fue calmando poco a poco a medida que se hacía tarde y que por la ventana se veía que iba oscureciendo.

Para entretenerlo a la mañana siguiente mamá dispuso que él se ocupara de ciertos quehaceres de la casa como pedir el gas y recibirlo y como pagar en el banco todo lo que había que pagar cada mes o cada dos meses y le sugería que fuera a pie aunque temprano en la mañana ya hubiera caminado porque le hacía bien hacer ejercicio y papá obedecía y la víspera ponía en orden los papeles y de regreso sacaba del bolsillo los recibos ya sellados y los archivaba y sí, parecía entretenerse un poco en su retiro y encontrar que estas ocupaciones estaban bien mientras se sentaba a leer o a oír o a ver los noticieros y los comentarios de las noticias y papá seguía al día por lo que hace al mundo aunque por lo que hace a su vida también siguiera de retirada.

De ciertos viejos amigos que vivían en los Estados Unidos oía de vez en cuando aunque fuera mamá la que se ocupara en contestar las cartas o las tarjetas postales que algunos enviaban de China por ejemplo como su amigo Marsh de tiempos del Ejército y que ahora era un próspero abogado en Chicago y que con todo seguía fiel a papá o desde Israel desde donde antes a papá le habría dado tanto gusto recibir algo pero desde donde ahora le daba una mezcla de tristeza y extrañeza y hasta de coraje pues decía cuando sucedía algo de lo que ahora a cada rato sucedía en el mundo que Israel al igual que los Estados Unidos se había convertido en un país terrorista a pesar de todo y por más increíble que pareciera y a papá le dolía porque bueno, no era necesario decir por qué pero algún amigo le escribía desde allá y le contaba que ya tenía un nieto más y entonces mamá le contestaba que ellos también y comparaban y llevaban la cuenta y papá y mamá bajaban la cabeza porque en eso también a la vista del mundo iban perdiendo pues aunque únicos sólo tenían hasta ahora cinco nietos y sí, les habría encantado poder contar a sus amigos de antes que tenían más muchos más y que todos sus hijos iban bien y tenían éxito y no sufrían o todavía no sufrían pero esto no se lo podían escribir a nadie porque no era verdad y esto entristecía mucho a papá y mamá.

En una ocasión uno de nosotros oyó a mamá preguntarle a papá cuándo había sido más feliz en su vida y a papá contestarle Cuando los niños eran chicos, lo que equivalía a decir cuando vivía toda la familia junta en la otra casa y aunque desde muy chicas las mujeres de nosotros en donde en realidad vivieron fue en la casa de los papás de mamá precisamente en el cuarto en el que ahora viven papá y mamá y que sobre todo para papá es prácticamente toda su casa.

De vez en cuando volvió de visita a México Jack el viejo amigo de papá con su quijada de Popeye y en una de sus últimas visitas porque él también desapareció insistió mucho a papá en que fueran a visitar juntos a otro viejo miembro de la Brigada Lincoln que vivía en México y que papá no conocía pero Jack que seguía las pistas de cuantos podía y que trataba de reunirlos a todos o por lo menos de comunicarles a todos en qué andaba cada uno sí sabía de él y papá aceptó y fueron a su casa. Se trataba de un músico llamado Conlon Nancarrow que vivía tan aisladamente como papá pero que hacía música que hacía salir de donde él vivía encerrado y que ya estaba llegando a Nueva York y siendo oída y escuchada. Papá y Jack estuvieron en la casa de Conlon una mañana de sábado y vieron las pianolas en que Conlon trabajaba y platicaron de la Guerra Civil según contó Jack a mamá cuando regresaron pero no quisieron oír su música entre otras cosas porque papá no es nada musical y Conlon no lo tomó a mal pero lo cierto es que cuando Jack regresó a los Estados Unidos ni papá volvió a buscar a Conlon ni Conlon a papá y cada uno siguió aislado en su propio retiro aunque el retiro de Conlon traspasara los muros y estuviera siendo reconocido y hasta respetado y en cambio el de papá no porque papá no contestaba cartas ni llamadas ni hacía mayor caso ya a este tipo de encuentros o reencuentros por lo menos en apariencia porque internamente no sabemos lo que ellos hacían o iban haciendo en él y en qué lo iban convirtiendo cada vez más.

Pero un día el propio Jack dejó de visitar a papá y de escribirle y las cartas que mamá envió a su dirección regresaron cerradas a casa y papá y mamá supusieron que Jack había muerto y mamá prefería no hablar de esto para no entristecer a papá o para no entristecerlo más. Parece que Jack tenía un hijo pero ni él se comunicó con papá ni con mamá ni mamá sabe a ciencia cierta si el hijo del que Jack hablaba existía pues nunca lo conocieron papá y mamá ni Jack les mostraba fotografías y papá y mamá lo respetaban.

Sin embargo antes de desaparecer Jack se había encargado de decir a papá que debía solicitar su Seguro Social a los Estados Unidos como ex miembro del Ejército y papá le había dicho que dudaba que a él el Gobierno de su país quisiera darle nada ni tenerle ningún tipo de consideración por su pasado y su vida de antes que en el propio Ejército habían condenado y que debido a ella el Gobierno incluso le había retirado su pasaporte que tanto trabajo le había costado después reponer y sólo gracias a un funcionario menor de la Embajada en México al que papá por esto o por aquello le cayó bien pero Jack insistió y le dijo a papá que hiciera todo lo posible por solicitarlo y que como ciudadano norteamericano que seguía siendo a pesar de todo tenía derecho a obtenerlo, que tratara insistió Jack antes de irse y fue la última vez que visitó a papá y que lo vimos.

Y sí, papá hizo la solicitud y cumplió con todos los trámites y un buen día recibió su primer cheque del Seguro Social y la noticia de que mamá también tenía derecho a él y que en cinco años a partir de esa fecha los dos podrían hacer uso de todos los servicios médicos que necesitaran en los Estados Unidos y esto animó un poco a papá y él y mamá sin decirnos nada llevan todo este tiempo aguantándose dolores y haciendo a un lado sospechas de enfermedades y contando los días para poder alcanzar la fecha fijada y cuando deban internarse y ser sometidos a operaciones o tratamientos no les cueste dinero y el cheque mensual del Seguro Social es una de las cosas que papá espera recibir del cartero y una de las cosas que espera en su vida retirada y aislada.

De hecho esperar la llegada del cartero es una de las ocupaciones diarias de papá y deja su cuarto alrededor de la una todos los días y baja las escaleras y camina por el patio hacia la reja y a veces sale a la calle y desde ahí mira hacia un lado y otro y espera. Como cuando papá repartía periódicos en Flint el cartero se desplaza en bicicleta y papá y él se llevan tan bien que el cartero permite que papá juegue con él y pretenda que no le da todo lo que tiene para papá y papá busca en su mochila o hace como que busca y el cartero ríe y no lo toma a mal porque de veras parece que entre ellos corre el aire de ser colegas o de haber sido o de poder serlo pues papá sabe de veras de repartir algo de casa en casa y así conoció los nombres de sus vecinos y se asomaba a las casas y veía cómo vivían y alguna vecina le habrá dicho más de una vez Pasa y tómate un vaso de leche y papá habrá aceptado porque así era ser americano y papá no era tanto emigrante como hijo de emigrantes y quería volverse y se volvió americano aunque después aunque mucho después en ocasiones se avergonzara de serlo pero sin que por eso fuera a renunciar a su nacionalidad.

Al cartero lo llama por su nombre y lo tutea y papá de veras espera con ansia su llegada y no sólo por el cheque del Seguro Social sino por la revista The Nation y últimamente

por una lotería canadiense en la que se metió y que lo desespera pero en la que como en todo juego tiene esperanzas.
Cada mes recibe unas tarjetas de esta lotería que debe raspar
para ver qué combinación de números o signos traen las que
le tocan y si es una gana y si es otra pierde y siempre pierde o
cuando gana lo que gana es un dólar o un jaboncito perfuma-
do que nunca le envían y entonces papá pide a uno de nosotros que escriba una carta a los organizadores de la lotería y
exija el jaboncito pero los organizadores primero son unos
y luego otros porque a los primeros les va tan mal que venden
el negocio a los segundos y ahora los segundos deben pagar
los premios a los jugadores atrapados por los primeros y nos
pagan y papá de veras se desespera y pide a otro de nosotros
que lea cuidadosamente las instrucciones y se las explique
porque a lo mejor pierde porque no sabe cómo jugar exactamente y las instrucciones son ilegibles y contradictorias y vagas y en todo caso intrascendentes pero papá insiste en jugar
y en exigir el pago de sus premios mínimos y todo es pérdida
porque el dinero que invirtió no lo recuperará nunca pero se
entretiene.

A veces nos parece que sólo por eso es capaz de ir a pelear
a las oficinas públicas de teléfonos o incluso a los bancos y
lo que hace es que se pone su traje y es el primero en entrar porque antes de las nueve ya está en la puerta esperando a que le
abran y entonces pide hablar con el gerente y por lo general
le dicen o que el gerente no ha llegado o que está muy ocupa-
do y le preguntan qué desea y ahí papá empieza a enojarse y
entonces exige ver al gerente y se empecina y cuando por fin
le permiten pasar a la oficina principal pasa y una vez ante el
gerente expone su problema y si el gerente le dice Un momento papá golpea su escritorio y exige que lo atienda y se
enoja y el gerente acaba por darle la razón y prometerle que
nunca volverá a ocurrir el error que la oficina cometió contra

papá y sólo entonces papá se levanta y se va aunque no pueda evitar presentir que el error volverá a suceder y sucede porque no es error sino una gran falla general que parece no tener remedio pero que por lo pronto sirve a papá para enojarse y protestar y exigir y sí, esto lo entretiene.

Sin embargo mamá se preocupa y quisiera que por lo menos papá volviera a jugar ajedrez pero desde que su compañero de ajedrez murió papá tampoco ha vuelto a jugar y ni siquiera saca el tablero y lo ve porque íntimamente le ha de recordar no sólo al General con el que jugaba en la casa sino a Neider su camarada en la Guerra Civil que le enseñó a jugar y que luego murió a sus pies por una granada alemana. Todo le ha de ir recordando algo por el estilo a papá y por eso casi siempre se ve así como se ve y ya se sabe cómo aunque a veces se ríe incluso a carcajadas pero en estas ocasiones mamá se alarma y también se preocupa porque dice que no es natural tanta risa por tal motivo que puede ser que la esposa del Presidente de los Estados Unidos se caiga en medio de un concierto y ante celebridades y cámaras de prensa y sus piernas al aire queden registradas y su compostura quede en ridículo y esto hace reír profundamente a papá igual que lo hace reír que un Presidente depuesto y en exilio por corrupto y maldito a los ochenta años de edad se esté entrenando físicamente y levante las piernas y crea que está ejercitándose y fortaleciéndose para recuperar el mando perdido y volver a robar y a matar y esto también hace reír a papá y lo entretiene pero mamá le da un golpecito debajo de la mesa para que no se ría tanto y entonces parece que lo prefiere triste y entonces los preocupados somos nosotros y en estos casos no sabemos qué hacer si reírnos plenamente como papá o guardar la compostura como mamá y por lo general optamos por reaccionar como papá y entonces por lo general dentro del resto de la familia somos tan mal vistos como él y quizás empezamos a ser señalados como comunistas como él porque igual que a él nos da gusto cuando al Presidente de los Estados Unidos le fallan sus estúpidas maquinaciones.

Durante un tiempo alegraba a papá y hasta lo emocionaba enterarse por radio o por la prensa o por la televisión en qué andaba su viejo amigo Yamil Barudi hasta que Yamil Barudi como uno por uno de todos los demás también un buen mal día había desaparecido. En una ocasión Yamil había visitado en México a papá y le había presentado a uno por uno en casa a los tres príncipes árabes con los que viajaba y los cinco habían hablado de ir juntos al hipódromo y apostar pero luego no sabemos por qué la cosa no se había hecho y entonces todo había quedado sólo como el recuerdo de un juego pospuesto. Yamil Barudi había llegado a ser nada menos que representante de Arabia Saudita ante las Naciones Unidas a pesar de ser libanés o como papá hijo de emigrantes libaneses. Y papá leía y oía cómo su viejo amigo atacaba toda propuesta de los Estados Unidos, y desde su sillón y su retiro papá le aplaudía y era como si Yamil hiciera lo que hacía también en nombre de papá y seguir el curso de su vida entretenía y emocionaba a papá.

La muerte de El General que jugaba ajedrez en casa con papá y que a nosotros nos decía Cabrones aunque ensombreció a papá y lo hizo renunciar a jugar ajedrez también lo hizo sonreír porque había sido una muerte un tanto tierna que en un hombre como él era todo un contraste pues nadie se esperaba que paralelamente a su hosquedad fuera sí, tierno, y muriera sólo porque su esposa acababa de morir y entonces él una mañana dos o tres días después de haberla enterrado se sentó en un sillón de su casa de viudo y se murió. Bueno, es que los amigos de papá iban desapareciendo o iban muriendo poco a poco y de pronto ya eran más los que no estaban que los que estaban y los que estaban estaban dispersos o como papá aislados por razones similares a las de él y todo a su alrededor era por fuerza silencio y distancia y sí, tristeza, aunque a ratos también hubiera otras cosas que podían ser por lo menos entretenidas.

En medio de todo esto papá salía a caminar en las mañanas con el perro y se paseaba cerca del puente que veía desde la ventana de su cuarto y a veces lo subía y lo bajaba y lo volvía a subir y a bajar pero nunca pasó por debajo aunque se preguntara cada vez si eran pobres o ricos los que dormían ahí cubiertos con las hojas muertas y el desperdicio acumulado porque el perro quería jugar y no le daba tiempo a papá de entretenerse debajo del puente y de ahí que tuviera que subir y bajar para que el perro se le adelantara y ladrara y corriera y papá hiciera como que lo alcanzaba porque eso sí ya no podía arrojarle una pelota para que él se la trajera entre los dientes porque eso sí papá tanto esfuerzo ya no podía hacer o en todo caso prefería guardar su energía para una buena pelea con algún gerente y no gastarla en un juego que con este perro papá no había practicado. Antes de salir a dar su caminata últimamente deja su reloj de oro sobre la mesita de noche y se pone un pantalón viejo y un suéter viejo porque por estos días cada vez más corre el rumor de que a todas horas en todos los rincones de la ciudad asaltan y roban y atacan y papá no quiere exponerse y esto tranquiliza a mamá.

Algunos de sus amigos que viven en los Estados Unidos y que antes visitaban a papá en la Ciudad de México y a veces hasta se hospedaban en casa o cuando papá tenía el hotel en el hotel aunque cada vez son menos porque todos se han ido muriendo ahora de vez en cuando escriben o llaman a papá y mamá y les dicen que van a viajar a México pero que no van a pasar por la ciudad de México y que entonces para verse y conversar y recordar les sugieren o incluso los invitan a reunirse con ellos en esta o en aquella playa o ciudad del inte-

rior o incluso unas horas en el aeropuerto de la Capital pero
lo que sí no pueden es estarse ni siquiera una noche en la Capital ni aunque sea sólo con tal de estar con papá y mamá y
no en la Capital propiamente dicha sino simplemente en
casa con papá y mamá pues a esto se niegan pues se niegan a
estar en la Capital y entonces papá o más bien mamá contesta la carta o la llamada y les dice a sus amigos que les encanta-
ría ir a reunirse con ellos en el aeropuerto o en el interior del
país o en una playa pero que no pueden y no pueden porque
papá no quiere, pues simplemente ya no quiere salir ni viajar
por carretera ni ir a ninguna playa ni atravesar él tampoco la
ciudad para ir al aeropuerto ni siquiera para estar un rato con
sus amigos que son sus amigos que le van quedando y a los
que de veras quiere y pasa el momento y no se ven y pierden
o no aprovechan la oportunidad y mamá lo lamenta y siente
que hizo lo posible pero que no convenció a papá y papá sigue en su retiro y sí, prefiere estar sentado al lado de la ventana con vista al puente y con un libro en las manos.

Pero casi a finales de 1986 su viejo amigo Ed Lending lo
invitó a visitarlo un par de días en Miami y por varias razones
papá aceptó y fue y de paso vendió uno más de los terrenos
en La Florida para ir viviendo de ese dinero aunque era difícil vender esos terrenos y aunque él los hubiera comprado
para dejárselos a mamá cuando él muriera porque sus libros a
mamá no le dirían gran cosa y en cambio le ha costado mucho mantener los terrenos y se ha pasado el tiempo pagando
impuestos y pagando los servicios que les instalan a los terrenos y pagando a los agentes que tratan de venderlos y que le
escriben para decirle No, nadie quiere estos terrenos porque
no están bien ubicados, pero papá esta vez fue a ver qué se
podía hacer por ellos para deshacerse de ellos y poder seguir
viviendo y manteniendo a mamá y la casa de abuelita porque
son lo único que tiene porque aunque lo que de veras tiene

son sus libros sus libros ni a mamá ni a nadie le dicen nada o en todo caso de ellos no se piensa deshacer porque le gusta releerlos y los relee y más ahora que ya casi no puede comprar libros nuevos y que la Biblioteca Franklin que visita ya casi no tiene libros nuevos porque ellos tampoco pueden seguir pidiendo libros nuevos y casi todos los viejos que le interesan a papá ya los leyó y ya los releyó.

Después de ver al agente de sus terrenos en La Florida papá sí fue a visitar a su amigo Ed en Miami y estuvo dos días con él y sí, tenían mucho de que hablar y papá le dijo al regresar a mamá Hablamos horas y horas cada uno sin escuchar al otro y se rió y le dijo Bueno, no es cierto y que sí habían hablado mucho porque desde hacía mucho no se veían y una noche después de horas de hablar Ed de pronto destapó una botella de champán y en medio de todo lo que se decían oyéndose y no oyéndose Ed levantó la voz para que papá oyera y le dijo o le preguntó Sabes qué estamos celebrando y papá le dijo que no y entonces Ed le dijo Hace cincuenta años nos unimos a la Brigada Lincoln y nos fuimos a luchar a España y los dos brindaron y recordaron y siguieron así hasta el amanecer cuando por la ventana y sobre el mar vieron del lado derecho la salida de una gran bola anaranjada que se fue convirtiendo en el sol y papá empacó y se despidió de Ed y regresó a casa y le contó a mamá lo que le contó.

Se lo contó entrecortadamente como cuenta las cosas ahora papá pues ahora que ya platica un poco a cada rato se interrumpe y busca una palabra y como no la encuentra dice Ya no tengo vocabulario porque dice que ya todo se le olvida y no es que se le olvide porque dos o tres días después encuentra la palabra que buscaba sólo que ahora ya no le sirve y si la usara resultaría inoportuno porque ésta no es la que viene al caso y entonces más bien lo que le sucede es que su vocabulario funciona a destiempo pero nada más porque vocabulario sí tiene. Olvide esto o aquello o no por un tiempo largo o corto lo que sabemos que papá no olvida es lo que suponemos que querría olvidar y no ha olvidado.

Pero a propósito de vocabulario un sábado en la mañana hace unos meses papá se encontró con uno de nosotros y le dijo Qué bueno que te encuentro y le contó que iba a buscar a un zapatero para que le tiñera los zapatos. En una bolsa de plástico llevaba un viejo par de zapatos y se lo mostró al de nosotros con quien se topó y luego le preguntó en inglés Por cierto dime cómo se dice teñir en español y luego ante él ensayó la frase completa que debía decirle al zapatero y una hora después cuando regresó con el par de zapatos teñido se encontró a otro de nosotros y le dijo en inglés Llegué con el zapatero y le dije Cuánto cuesta y cuánto tarda teñir estos zapatos en español y cuando dijo teñir frunció la cara porque sí, le costaba trabajo pronunciar este verbo y le contó que mientras el zapatero teñía los zapatos él había aprovechado y ahí en la acera se había comido un helado doble de vainilla y café con chocolate derretido y nueces picadas encima porque ésta siguió siendo su combinación favorita y a cada rato rompía su dieta para pedir un barquillo y comérselo y ser feliz.

Y así le ha estado y le estaba yendo a papá en su largo retiro y tenía una rutina que lo ocupaba y que a veces lo entretenía y aunque por lo general estuviera callado y pareciera estar triste estaba bien y a veces sonreía y hacía mucho que no lo veíamos llorar y ni siquiera sollozar y mamá por lo tanto aunque estuviera preocupada no estaba tan preocupada pues después de todo recibían el cheque del Seguro Social y con eso y con el dinero de los terrenos de La Florida que papá lograba vender los dos se las iban arreglando y a veces estaban a gusto y contentos.

Sin embargo una mañana hace unos meses cuando papá salió con el perro a caminar por el puente a papá se le olvidó

quitarse el reloj de oro con nuestros nombres grabados y de-
jarlo en la mesita de noche y contó a mamá que por lo tanto
cuando se dio cuenta de que lo llevaba puesto empezó a preocuparse y que en eso vio que por una esquina se acercaba un
hombre haraposo y que aunque le hubiera molestado que
un pobre le inspirara dudas había silbado al perro para regresar
a casa cuanto antes pero el perro estaba muy contento y la-
draba y seguía corriendo y papá por ir tras él se cayó y estaba
agitado y preocupado pero por fin se encaminaba hacia casa
con el perro al lado cuando el hombre haraposo se les acercaba y papá trataba de apresurarse y al mismo tiempo de guardar la compostura cuando los alcanzó la patrulla del barrio y
se detuvo a su lado y los dos tripulantes abrieron las portezuelas y se bajaron y el perro empezó a ladrarles y entonces
papá lo detuvo del cuello con una mano y uno de los vigilantes a su vez detuvo la mano de papá pero en eso el otro le dijo
a su compañero Déjalo porque no fue él y a su vez le daba
una palmada en el hombro a papá para que se tranquilizara y
el hombre haraposo pasó enfrente de ellos sin decir nada por
supuesto y por supuesto sin hacer nada y cuando se perdió de
vista uno de los vigilantes le insistió a su compañero que sol-
tara a papá y el otro por fin soltó la mano de papá y papá no
lograba tranquilizarse entre otras cosas porque el perro no dejaba de gruñir y de ladrar y papá no lo soltaba y no siguió su
camino hasta que los patrulleros no se metieron de nuevo a
la patrulla y cerraron las portezuelas y a una velocidad exagerada ellos sí siguieron su camino y entonces papá llegó a
casa y mamá estaba desayunando y él entró a verla y cuando
se sentó a su lado y empezó a contarle se dio cuenta de que a
pesar de todo o precisamente por todo ahora sí ya no llevaba
el reloj y al darse cuenta y antes de poderle contar más a
mamá papá volvió a encorvarse y sus hombros subían y bajaban y no había nada que hacer.

Ya no puedo salir sin alguien que me cuide decía papá cuando se fue reponiendo aunque de ésta no se repusiera para nada y ahora es cada vez más frecuente cuando lo vamos a visitar a su cuarto con vista al puente verlo desde temprano mucho antes de que oscurezca ya en bata y oírlo decir No me importa si vivo o muero.

Por esos días pasaron una serie de televisión en conmemoración de la Guerra Civil de España y papá se encerraba a verla y le pedía a mamá que lo acompañara y mamá se sentaba a su lado y la veía con él y entonces veía a papá sollozar y lo oía decirle No sabes cuántos de mis amigos murieron ahí y mamá cruzaba los dedos para que la serie terminara y para que papá pudiera estar en paz.

El día en que papá regresó a casa después del entierro del ex embajador en México de la República Española en el Exilio nosotros estábamos en el jardín y se nos acercó sonriente de traje oscuro y corbata y se sentó y aceptó una taza de café y conseguimos galletas de almendra hechas por mamá y nos dispusimos todos a platicar y entonces papá empezó a hablar de su amigo que acababa de morir y decía que habría sido diferente si hubiera muerto todavía como Embajador y a lamentarse de que la situación hubiera dado lugar a que la idea de una España en el Exilio hubiera terminado y que lo mejor de todo habría sido que aunque muriera hubiera muerto en España sólo que por supuesto en una España nuevamente republicana y de ahí fue pasando al tema del negocio que significaba morirse y de que durante el entierro un amigo le había dicho que él había averiguado y que era imposible conseguir un ataúd de pino sencillamente a menos que uno lo mandara a hacer y que de ahí que hubiera que comprar los que existían que eran caros y feos y sólo negocio y que ser velado en una agencia era negocio y que ser enterrado era negocio porque había que comprar un terreno y era caro y entonces dijo papá que él no quería contribuir a ese negocio de la muerte y fue cuando le dijo al esposo de una de las mujeres de nosotros que le iba a pedir un favor y antes de pedírselo le contó y todos oímos que ya se lo había pedido a un amigo médico de uno de nuestros tíos y que este médico a pesar de ser universitario y de trabajar en la Universidad le había dicho que sí al favor que papá le pedía pero que había pasado el tiempo y no había hecho nada que a papá le constara y que por lo tanto ahora que incluso este médico había muerto se lo pedía a él porque él era su yerno y también trabajaba en la Universidad aunque no en la Facultad de Medicina y le aseguró que en él sí confiaba o que en todo caso el favor consistía en que le consiguiera la solicitud o el papeleo necesario para que él pudiera donar su cuerpo a la Universidad y evitar así contribuir al negocio de la muerte sin contar con que en cambio contribuía a la ciencia y a lo mejor hasta a salvar alguna vida pues él todavía contaba con órganos buenos que podían ser transplantados pues aunque no tuviera ya fuerzas ni oyera bien su corazón estaba bueno y su hígado y sus riñones y le dijo al esposo de una de nuestras hermanas que qué decía al respecto y le pidió que por lo menos le prometiera ahí mismo que cumpliría su promesa y haría lo posible por que la Universidad aceptara su cuerpo y nos contó que él ya había averiguado en la Embajada de los Estados Unidos como ciudadano de ese país que era y que ahí le habían informado que por más que fuera ciudadano norteamericano y por más que hubiera pertenecido al Ejército de ese país aunque sólo en calidad de Soldado raso y encima congelado y por más que recibiera un cheque del Seguro Social y dentro de muy poco pudiera hacer uso de todos los servicios que ofrecía, la Embajada no podía hacerse cargo de enviar su cuerpo a ninguna universidad norteamericana ni mucho menos el Gobierno de ese país hacerse cargo de los gastos pues tendría que ser la propia uni-

versidad la que solicitara el cuerpo de papá y la que se hiciera
responsable de los gastos y entonces nosotros nos empezamos a preocupar y Tito Lovo el esposo de una de nuestras
hermanas para tranquilizar a papá le dijo Sí, te lo prometo y
papá se tranquilizó un poco pero después, ante otra taza de
café y más galletas de almendras hechas por mamá, redon-
deó el asunto y dijo que si en un tiempo prudente su yerno
no le daba a firmar los papeles necesarios para la cesión de su
cuerpo él se olvidaría de eso a pesar de que le pareciera lo
más sensato y optaría por otra cosa.

Y la otra cosa por la que optaría papá consiste en que
cuando sienta llegado el momento y como peregrino que ha
sido o extranjero en un mundo extraño se va a poner el par
de pantalones más viejo que tenga y el suéter más viejo que
tenga y descalzo, puesto que sus dos o tres pares de zapatos
todavía están buenos y todavía pueden servir a los hombres
de nosotros, sin que nadie lo advierta va a dejar su sillón al
lado de la ventana y el libro que esté leyendo con sus anteojos encima y va a abandonar el cuarto que ha sido prácticamente toda su casa y va a bajar las escaleras y caminar por el
patio hacia la reja y va a salir a la calle y va a dirigirse al puente que ha estado viendo desde su ventana todo este tiempo y
va a meterse debajo por primera vez y va a preguntarse por
última vez si son ricos o pobres los que duermen bajo los
puentes y piden limosna por las calles y sin contestarse va a
cubrirse poco a poco de hojas muertas y con tal de no contribuir ni mucho menos perpetuar el negocio de la muerte y
con tal de protestar por todo hasta el último momento sencillamente va a dejarse morir y sí, él siente que de este modo
sí va a poder morir en paz y dejar de ser de una vez por todas
indeseable y peligroso o indeseable o peligroso cubierto por
las hojas muertas y aunque entonces sí que no oirá cuando las mujeres de nosotros y los hombres de nosotros y en

una palabra todos nosotros por más infantiles que parezca-
mos y que sonemos y que de hecho seamos porque todavía lo
busquemos y aunque él no sea nada musical le cantemos Papá
te necesitamos, Papá te queremos, Papá te extrañamos y nos
haces falta, aunque esta última frase no exista en la canción
de la película que vimos con Bette Davis años atrás mientras
papá que había pagado boleto de entrada esperaba en el vestíbulo con un libro abierto en las manos.

Este libro se terminó de imprimir y encuadernar
en el mes de junio de 2010 en Impresora
y Encuadernadora Progreso, S. A. de C. V. (IEPSA),
Calz. San Lorenzo, 244; 09830 México, D. F.
La edición consta de 30 000 ejemplares.